U0803671

互联网+新形态立体化教材

大学体育与健康

（下　册）

主　编　王忠银　林少荣

副主编　农然午　黄　磊　马　林　吕　燕　司高峰

参　编　夏　卿　程江涛　刘　洋　胡　犇　霍贤庭　单晓男　包　娅　张　柳　谈川云　陈　俊　穆然华　连朋举　马　群　张胜利　陈　慰　王佩玲　蔡方家　胡秋雨　王奕文　夏　超　朱　婷　牟　歆　刘佰一　赵　明　宋　歌

電子工業出版社

Publishing House of Electronics Industry

北京·BEIJING

内容简介

本书从大学生体育锻炼现状及现实需求出发，坚持“健康第一”的教育理念，以培养学生兴趣、增强学生体质为目的，对教材内容进行了系统、全面的梳理。本书的内容分为八章，前六章分别介绍了篮球、足球、排球、乒乓球、羽毛球、网球六大球类运动，后两章分别介绍了民族传统体育运动和休闲运动。此外，在书中设置了学海导航、思政名片、名人语录、学识宝典、学思践悟等板块，让学生可以更好地掌握相关知识。

本书既可作为高等院校体育课程的教材，也可作为体育爱好者自主学习、锻炼的指导性用书。

图书在版编目（CIP）数据

大学体育与健康. 下册 / 王忠银，林少荣主编. —北京：电子工业出版社，2023.8

ISBN 978-7-121-46233-7

Ⅰ. ①大… Ⅱ. ①王… ②林… Ⅲ. ①体育－高等学校－教材②健康教育－高等学校－教材 Ⅳ. ①G807.4②G647.9

中国国家版本馆 CIP 数据核字(2023)第 159782 号

责任编辑：邢慧娟

印　　刷：中国电影出版社印刷厂

装　　订：中国电影出版社印刷厂

出版发行：电子工业出版社

北京市海淀区万寿路 173 信箱　邮编：100036

开　　本：787×1092　1/16　印张：14　字数：340 千字

版　　次：2023 年 8 月第 1 版

印　　次：2023 年 8 月第 1 次印刷

定　　价：49.00 元

凡所购买电子工业出版社图书有缺损问题，请向购买书店调换。若书店售缺，请与本社发行部联系，联系及邮购电话：（010）88254888，88258888。

质量投诉请发邮件至 zlts@phei.com.cn，盗版侵权举报请发邮件至 dbqq@phei.com.cn。

本书咨询联系方式：qiyuqin@phei.com.cn。

前　言

坚持将“健康第一”的教育理念作为新时代学校体育工作的指导思想。为进一步加强新时代学校体育工作，贯彻党的二十大精神，落实立德树人的根本任务，加快推进体育强国的建设，切实提高大学生的体质健康水平，根据《全国普通高等学校体育课程教学指导纲要》《关于全面加强和改进新时代学校体育工作的意见》等文件要求，我们在总结多年教学经验的基础上编写了本书。

本书的内容分为八章，前六章分别介绍了篮球、足球、排球、乒乓球、羽毛球、网球六大球类运动，后两章分别介绍了民族传统体育运动和休闲运动。此外，在书中设置了学海导航、思政名片、名人语录、学识宝典、学思践悟等板块，让学生可以更好地掌握相关知识。

本书在遵循体育课程建设的客观规律的前提下，参考了众多优秀教材和参考书，结合大学生的特点编写而成。与其他同类教材相比，本书具有以下四个特点：

第一，强调知识性与思想性。本书注重对基本概念与基本技能的介绍，旨在为大学生体育活动提供理论知识与实践手段，促进大学生养成终身体育意识。在此基础上，本书设置了思政名片板块，向学生介绍我国体育运动员的光荣事迹，将思政教育融入课堂，有效激发学生的爱国情怀与拼搏精神。

第二，突出直观性与趣味性。首先，本书配有丰富的插图，内容更加直观，能够加强学生对知识的理解程度。其次，在学识宝典板块中，向学生介绍有趣的体育小知识，拓宽学生的知识面。最后，在书中设置了多个运动小游戏，能够极大地激发学生的学习兴趣。

第三，注重系统性与全面性。在对不同的运动项目进行介绍时，均从该项目的起源与发展、基本技能、基本战术、竞赛规则等方面进行阐述，让学生对该项目有较为全面的了解；并且，针对每一章的内容都提供了思维导图，可以帮助学生系统地梳理知识。

第四，引导学生积极思考。在每章末尾，均设置了与本章内容相关的问题，引导学生复习、思考，进一步加深其对知识的理解与记忆。

本书既可作为高等院校体育课程的教材，也可作为体育爱好者自主学习、锻炼的指导性用书。

本书由王忠银、林少荣担任主编，由农然午、黄磊、马林、吕燕、司高峰担任副主编。参加编写工作的还有夏卿、程江涛、刘洋、胡犇、霍贤庭、单晓男、包娅、张柳、谈川云、陈俊、穆然华、连朋举、马群、张胜利、陈慰、王佩玲、蔡方家、胡秋雨、王奕文、夏超、朱婷、牟歆、刘佰一、赵明、宋歌。

由于本书涉及内容广泛，编者水平有限，书中难免存在不准确或不足之处，恳请读者批评指正，以便后续改进和完善。

编者

2023 年 7 月

目　　录

第一章　篮球运动

学海导航

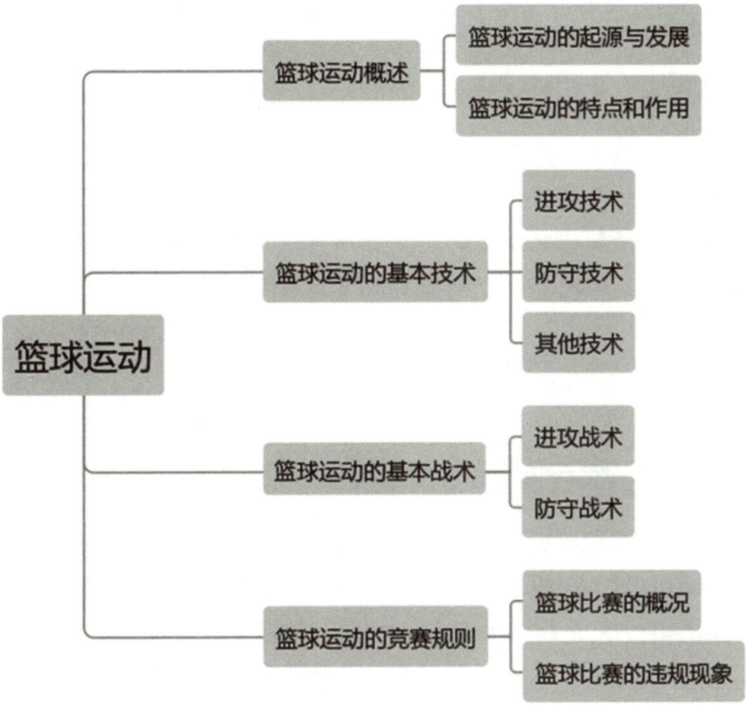

思政名片

中国女篮

在这个世界上，一切都是轮回的，没有谁能永远成功，也没有谁会一直失败。

1994年，在澳大利亚悉尼，中国女篮在这里摘取了第一块世锦赛银牌。

然而在世锦赛后期改制世界杯后，中国女篮却没有在世界杯中取得过太出彩的成绩。20世纪初期，随着郑海霞等队员因伤病、年龄等原因陆续退役，中国女篮的整体实力也不可避免地下滑。1994—2014年，中国女篮除在北京奥林匹克运动会（简称奥运会）拿下第四名外，在其他世界级的比赛中一直都没能跻身世界前五名，甚至在2006年、2010年的世锦赛中都跌出了前十名。在2016年里约奥运会中，中国女篮也仅获得第十名，中国女篮进入了低谷期。

2017年，在姚明担任中国篮协主席，许利民担任中国女篮主教练后，开始着手对年轻球员的历练和培养。在参加2018年雅加达亚运会时，中国女篮阵容的平均年龄只有23.1岁。主力选手李缘和韩旭此时只有18岁，王思雨、杨力维、李梦、黄思静、李月汝等众多选手也都不足25岁，在所有选手的努力与完美配合下，中国女篮以71：65战胜韩朝联队，夺回了久违的亚运会金牌。

2022年，中国女篮再次获得世界杯银牌，这是一个让14亿中国人民为之振奋的时刻！

可以说，今天中国女篮的胜利是几代篮球人不懈努力的结果。许利民作为曾经的主教练，带着伤病、坐着轮椅临场指挥，为中国女篮的成长和崛起付出了汗水和心血；助理教练郑薇在2022年年初接棒主教练后，又将女篮的成绩推进了一大步，才有了今天的成绩。

中国女篮的姑娘们一路过关斩将，关关难过关关过。体育，从不是一个人的荣耀。中国女篮无私奉献、团结协作、顽强拼搏、永不言败的精神一直激励着一代又一代的球员，更激励着无数的球迷们。她们将这种体育精神一代代传承下来，才有了今天的进步。

学习目标

- 了解篮球运动的基本技术。
- 能够进行简单的篮球比赛中的进攻、防守、全队攻守等基本配合。
- 懂得怎样观看篮球比赛，了解篮球比赛的规则。

第一节　篮球运动概述

一、篮球运动的起源与发展

篮球运动是美国麻省春田青年会学校的教授奈·史密斯在 1891 年发明的。一开始是将竹篮子钉在墙上，用向篮子里投球的方法进行的，所以取名为“篮球”。最初的篮球比赛，参赛人数是没有限制的，只是将参赛者分为两队，相互争夺将球投进篮子。到 1892 年才制定了简单的 13 条规则，1893 年又规定了每队上场人数为 5 人。由于这种篮球比赛的竞争性强，具有较高的锻炼价值，所以很快流传到世界各地，成为正式的体育运动项目。

1932 年，国际篮球联合会（原名为国际业余篮球联合会）在瑞士日内瓦成立。国际篮球联合会负责制定国际篮球比赛规则，制定篮球比赛用的篮球场和篮球规格（如篮球架的高度、篮球场的长阔度、禁区的大小、三分线的距离和比赛用球等），控制球员的转会，批准可以在国际篮球比赛执法的裁判资格和举办大型篮球比赛等。

1936 年，在柏林举办的第 11 届奥运会中，男子篮球被列为正式比赛项目。1976 年，在蒙特利尔举办的第 21 届奥运会中，女子篮球被列为正式比赛项目。

二、篮球运动的特点和作用

（一）篮球运动的特点

1. 对抗性

篮球运动的持续时间可长可短，但需要参与者快速奔跑、突然与连续起跳、敏捷反应与力量抗衡。

2. 集体性

篮球运动不仅要求运动员具有技战术能力，以及在比赛中表现出的智慧、胆略、意志、活力与创造力，还要求运动员必须具备勇敢顽强的斗志和团结协作的精神。

3. 观赏性

在篮球比赛中，我们可以欣赏到娴熟的运球、巧妙的传球、准确的投篮、机智的抢断、精彩的扣篮和出奇的封盖，再加上攻守交错、对抗变换，从而使比赛双方斗智斗勇，球场形势变化富有戏剧性，无论是参与者还是观看者都能得到心理的满足和愉悦。

4. 趣味性

篮球运动简单易行，趣味性很强，可以因人、因地、因时、因需而异。篮球运动凭借其自身的魅力与趣味性，吸引人们的参与，以达到活跃身心、健身强体的目的，进而营造社会的文明氛围，充实人们的业余文化生活。

5. 健身性

人们通过参与篮球运动，既可以强身健体，又可以使个性、自信心、审美情趣、意志力、进取心、自我约束等能力得到很好的发展，还有利于培养团结合作、尊重对手、公平竞争的道德品质。

（二）篮球运动的作用

（1）篮球运动的集体性，能培养团队精神和集体荣誉感，增强球员的组织纪律性，这种团队精神无论是对个人的发展还是社会的进步都具有积极的意义。

（2）增进身心健康。篮球运动对力量、速度、耐力、灵敏性等素质的全面发展，分配和集中注意能力的提高，神经系统中枢的灵活性、协调支配各器官能力的提高，内脏器官的生理功能的改善，良好的心理素质、坚强的意志品质的形成等均具有十分积极的作用。

（3）促进人际关系。通过篮球运动，不仅可以相互切磋技艺，还可以为广大青少年之间相互了解、增进友谊、友好交往提供有效的途径，对青少年正确认识和处理人际关系、更好地融入社会、促进青少年人格的健康发展具有积极的作用。

第二节　篮球运动的基本技术

篮球技术是进行篮球比赛所必需的专门动作和技巧的总称。篮球技术可以分为进攻技术、防守技术与其他技术三大部分。

一、进攻技术

（一）传球

传球的方式有双手胸前传球、双手胸前反弹传球、低手传球、双手头上传球、单手肩上传球、单手背后传球和单手体侧传球等。不管哪一种传球，都是由传球的动作方法、球的飞行路线和球传到的位置 3 个方面组成的。所有传球方式都是下肢蹬地，全身协调用力，最后通过手腕抖动、手指拨动动作完成的。特别是运用最多的中、近距离传球，主要靠前臂的伸展、手腕的翻转抖动和手指的拨动来控制球的飞行方向，用力将球传出。单手肩上传球、双手胸前反弹传球，如图 1-2-1、图 1-2-2 所示。

图 1-2-1　单手肩上传球

图 1-2-2　双手胸前反弹传球

（二）接球

接球的方式可以分为双手接球和单手接球两种。不论采用哪一种方式接球，在接球时都要眼睛注视来球，肩臂放松，手臂伸出迎球，手指自然分开。当手指触球时，瞬间屈肘、手臂后引来缓冲球的力量，两手握球，保持身体平衡，以便做下一个动作，如图 1-2-3 所示。

图 1-2-3　接球

（三）运球

运球是持球队员在原地或移动中，用手连续拍按由地面反弹起来的球的动作，运球是比赛中最基本也是最重要的技术之一。运球的基本动作一般是两脚前后或左右开立，两腿弯曲，上身稍前倾，眼睛平视前方。两腿弯曲的程度视其运球高低的重心而定，高运球重心稍高，低运球重心降低。运球的手臂自然弯曲，以肘关节为轴，前臂做上下伸屈动作；另一手臂屈肘外展于胸前空间，以便保护球和维持身体平衡。运球时手指自然张开，用手指及手指根部以上的部位触球（手心空出）。运球时，主要以肘关节为轴，用前臂、手腕、手指的力量运球。当球从地面反弹起来时，用前臂、手腕和手指的力量缓冲球向上反弹的力量，以控制球的反弹高度、速度和角度。一般运球的落点应在运球手的同侧脚的外侧前方。

运球的方法有行进间快速高运球、运球急停急起、体前变向换手运球等，如图 1-2-4 至图 1-2-6 所示。

图 1-2-4　行进间快速高运球

图 1-2-5　运球急停急起

图 1-2-6　体前变向换手运球

（四）投篮

投篮是持球队员将球投入篮圈所采用的各种动作方法的总称。投篮是篮球运动的主要进攻技术，同时也是得分的唯一手段。投篮技术包括投篮动作、球的旋转、瞄准点、抛物线等方面。

1. 投篮动作

投篮时下肢自然站立，前脚掌用力蹬地，膝关节自然伸展，腰腹用力向上，手臂向前向上伸直，手腕前屈，手指指根以上部位拨动篮球，协调全身力量将球投出。选择正确的出手力量、投篮角度和出手速度才能将球投进。

2. 球的旋转

球的旋转是依靠伸臂举球、手腕前屈、手指拨球动作所产生的力作用于球体，使球产生一种有规律的旋转。一般中、远距离高手投篮时，大都是使球围绕横轴向后旋转的，这样不但可以保持球飞行过程中的稳定性，而且有助于加长球的飞行弧线，从而增大入射截面，有利于提高投篮命中率；篮下低手投篮时，应使球围绕横轴向前旋转；篮下擦板投篮时，应使球向侧旋转或向后旋转。

3. 瞄准点

瞄准点是投篮时眼睛注视篮圈或篮板的某一点。瞄准点有两种：第一种是直接命中的瞄准点，通常是篮圈前沿的正中点；第二种是擦板投篮的瞄准点，就是投篮时将球投向篮板上能够碰板入篮的一点。持球队员在与篮板成 15°～45° 角的位置时，采用擦板投篮的效果较好，尤其是接近 30° 角的位置最为适宜。

4. 抛物线

投篮时，球出手后在飞行过程中受重力影响形成一条弧线轨道，称为投篮抛物线。抛物线可分为低弧线、中弧线和高弧线 3 种。

通常 4 米距离的原地投篮，其抛物线的最高点离地面 3.5 米左右；5～6 米距离的原地投篮，其抛物线的最高点离地面 3.8～4.2 米；7 米及以上的原地投篮，其抛物线的最高点离地面可达 4.5 米以上。

学识宝典

扣 篮

扣篮是指运动员用单手或双手持球起跳，在空中自上而下直接将球扣进篮筐里。扣篮具有护球好、持球点高和不容易被封盖等优点。扣篮可以分为原地起跳扣篮和行进间起跳扣篮，单、双手的正扣篮和反扣篮等。

（五）持球突破

持球突破是持球队员运用合理的脚步动作与运球技术，快速超越防守队员的一项攻击性很强的进攻技术，主要由蹬跨、侧身探肩、推放球和加速几个环节组成。

1. 蹬跨

突破时跨出的第一步要稍大些，抢占突破的有利位置，但要控制不能影响前进速度，跨出的脚要落在紧靠对手的侧面，脚尖指向突破的方向，以便第二步蹬地加速突破防守。

2. 侧身探肩

上身前移与侧身探肩同时进行，重心向里靠，内侧手臂前摆，迅速占据有利的空间和位置，便于突破对手和保护球。

3. 推放球

突破前，双手持球于腰腹部位，在侧身探肩的同时将球稍向侧前移，同侧手扶球的后上部，另侧手托球的后下部。突破时立即向前下方推放球，迅速追赶球，要做到以球领人，以利于衔接下个动作和提高速度。

4. 加速

在完成上述动作之后，中枢脚迅速蹬地，加速前进摆脱防守。以上 4 个动作相互衔接、相互促进，必须熟练掌握这几个动作，才能很好地完成持球突破。

二、防守技术

防守是指防守队员合理地运用脚步移动和手臂动作积极地占据有利位置、阻挠和破坏对手的进攻行动，并以争夺控制球权为目的的行为。防守时务必积极主动、认真负责，不仅需要快速的脚步动作和灵活的手部动作，还需要宽阔的视野和敏捷的反应能力。

防守可以分为两种：防守无球队员和防守有球队员，下将被防守队员统称为对手。

1. 防守无球队员

（1）防守无球队员的基本原则。

防守队员必须随时抢占人球兼顾的有利位置，做到内紧外松，近球紧、远球松和松紧结合。要阻截对手接球的移动路线，防止对手的摆脱和空切，及时进行协防。

（2）防守无球队员的基本方法。

防守队员要根据对手、球篮、球的位置和距离，以及对手的身高、速度、进攻特点、战术需要和防守队员的防守能力来选择防守位置和距离，要以能控制对手的行动为原则。防守离球较近的对手时，经常采用面向对手侧向球的斜前站立姿势，靠近对手侧的脚在前，伸前脚一侧的手臂，封锁接球的路线；防守离球较远的对手时，经常采用面向、侧向对手的平行站立姿势，在防守住自己对手的基础上，便于断球或进行协同防守配合，做到人球兼顾。防守时，防守队员要根据球和进攻队员的移动，运用上步、撤步、滑步、交叉步、碎步和快跑等脚步移动，随时抢占有利的防守位置，堵截对手的移动路线，不让对手在有利进攻的位置上传接球。

2. 防守有球队员

（1）防守有球队员的基本原则。

要站在对手与球篮之间的有利位置。要观察并判断对手的进攻意图，合理地运用防投、防传、防运球的“三威胁”技术，不要被对手的假动作所迷惑，要及时发现对手的进攻特点，采取有针对性的防守行动。

（2）防守有球队员的基本方法。

当对手持球时，应站在对手与球篮之间的位置上。一般来讲，对手离球篮远则离对手远些，对手离球篮近则离对手近些，并根据对手的进攻技术特点，即善投、善传、善突破等特点，以及防守战术的需要来调整防守位置。从脚步动作来分有两种站法防守：一种是平步防守（两脚平行站立，两臂侧伸不停地挥动）；另一种是斜步防守（采用两脚斜向站立的防守姿势，前脚同侧的手臂向斜上方伸出，另一手臂侧伸）。

三、其他技术

（一）移动

1. 侧滑步

技术要领：由两脚平行站立姿势开始，向左滑步时，左脚向左跨步，落地的同时右脚蹬地跟随左脚滑动，保持屈膝低重心的姿势。滑步时两腿不要交叉，重心在两脚之间，身体不要上下起伏。向右滑步时动作相反，如图 1-2-7 所示。

2. 跨步急停

技术要领：快速移动中先向前跨出一大步，再上第二步，屈膝降重心，前脚掌内侧蹬地，保持身体平衡，如图 1-2-8 所示。

图 1-2-7 侧滑步

图 1-2-8 跨步急停

3. 练习方法

（1）由基本防守姿势开始，听信号或看手势向左侧、向右侧滑步。

（2）由基本防守姿势开始，左、右往返侧滑步或三角形连续侧滑步。

（3）在慢跑中徒手接球跨步（两拍）急停。

（4）传球后接回传球跨步（两拍）急停。

4. 注意事项

（1）两脚协调，脚、腿、腰胯用力。

（2）两膝微屈，重心要低、要稳，保持身体平衡。

（3）应做好与其他步法的衔接。

（二）抢篮板球

抢篮板球是指比赛中双方队员争抢投篮未中从篮板反弹或篮圈边缘落下的球，分进攻篮板球和防守篮板球两种。抢篮板球主要是由抢占位置、起跳动作、抢球动作和得球后动作组成的。

1. 抢占位置

无论是进攻队员还是防守队员，都应抢占在对方与球篮之间靠近内线的有利位置，力争把对手挡在自己的身后。卡位时，应正确判断篮板球落下的角度，以及反弹的方向、距离。

2. 起跳动作

起跳前两腿屈膝，重心降低，上身稍前倾，两臂稍屈并举于体侧，重心位于两脚之间，注意观察并判断球的方向，及时起跳。起跳时，两脚用力蹬地，同时两臂上摆，手臂向上伸展，腰腹协调用力。一般情况下，防守队员多采用转身跨步的双脚起跳的方法，进攻队员则多采用助跑单脚起跳或跨步双脚起跳的方法。

3. 抢球动作

根据进攻队员、防守队员的位置及球的方向，抢球动作可以分为单手抢篮板球、双手抢篮板球和单手点拨球 3 种。

（1）单手抢篮板球。

身体在空中达到最高点时手臂伸向球落下或弹下的方向，指端触球，用力屈腕、屈指迅速握住球，前臂随之将球拉回胸前或腰腹间，另一手护球。

（2）双手抢篮板球。

起跳到最高点时，两臂用力伸向球落下或弹下的方向，双手将球握紧，腰腹用力，迅速屈臂将球拉回胸前或腰腹间。

（3）单手点拨球。

当自己抢占的位置不好，或队友处在更加有利位置，或对手身材比自己高大时，可采用单手点拨球，用指端点拨球的侧方、侧后方或下方，将球点拨给自己的队友。

4. 得球后动作

进攻队员抢到篮板球后应迅速投篮，如果没有投篮机会，则应将球重新传给队友再次展开进攻；防守队员抢到篮板球后应迅速将球传给前场队员进行快攻，如果没有快攻机会，则应将球传给后卫，以展开进攻。

第三节 篮球运动的基本战术

篮球运动的基本战术是篮球比赛中队员相互协同作战的策略，其目的是更好地利用本方队员的技术与特长，制约对方，力争掌控比赛的主动权。

一、进攻战术

（一）进攻基础配合

进攻基础配合包括传切配合、突分配合、掩护配合、策应配合。

1. 传切配合

传切配合是进攻队员之间利用传球技术和切入技术组成的简单配合。

传切配合要求切入队员根据场上情况掌握切入的时机，迅速摆脱对手切入篮下，并接住队友的传球；负责传球的队员要使用投篮、运球或传球的“三威胁”假动作来吸引并牵制对手，当切入队员摆脱对手跑到较有利的地理位置时，本方队员应及时、准确地将球传给切入队员，快速展开进攻投篮。

2. 突分配合

突分配合是持球队员突破对手后，遇到对方队员的补防或协防时，及时将球传给队友进行攻击的一种配合方法。

突分配合要求突破要突然、快速，在突破过程中既要做好投篮或上篮的准备，又要随时注意观察场上攻守队员的位置和行动，以便抓住有利战机，及时准确地把球传给有利进攻的队友。

3. 掩护配合

掩护配合是队员利用身体合理地挡住防守队员的移动路线，或是主动利用队友挡住防守队员的移动路线，从而摆脱防守队员，获得进攻机会的一种战术配合方法。掩护队员给队友做掩护时，要根据队友和其对手的站位，迅速跑到队友对手的侧身，两脚开立，双膝微屈，两臂屈肘于胸前，来切断其运动的路线；而当被掩护的队员摆脱防守后，应立即转身跑到与队友运行轨迹不同的方向（但是始终是朝向球篮的方向），去和队友进行传接球投篮或拼抢篮板球。

根据掩护队员与被掩护队员的防守者的身体位置和方向的不同，掩护配合可分为前掩护、后掩护、侧掩护 3 种形式。

（1）前掩护是指，掩护队员站在被掩护队员的防守队员前面，用身体挡住防守队员向前移动的路线，使被掩护队员借机摆脱防守的一种配合方法。

（2）后掩护是指，掩护队员站在被掩护队员的防守队员身后，挡住防守队员的移动路线，使被掩护队员借机摆脱防守的一种配合方法。

（3）侧掩护是指，掩护队员站在被掩护队员的防守队员侧面，挡住防守队员的移动路线，使被掩护队员借机摆脱防守的一种配合方法。

4. 策应配合

策应配合是指，处于内线的队员侧向或背向球篮接球，以内线队员作为枢纽，与外线队员配合而形成的一种里应外合的进攻方法。

策应配合主要是策应队员要及时抢位要球，接球后，两手持球于胸前，两肘外展保护球。策应队员如果身材高大，则可把球举过头顶，要随时观察场上情况，以便及时把球传给处于最有利位置的队友，同时注意自己的进攻机会，根据攻防情况，处理好内外结合的关系。在策应时，要用转身、跨步等动作协助队友摆脱防守或个人进行攻击。配合队员要根据策应队员的位置，及时把球传到远离防守的一侧，做到人到球到，并设法摆脱防守，准备接球。配合结束（投篮）后，两人立即跟进抢篮板球。

（二）快攻

快攻是由防守转为进攻时，进攻队在最短的时间内以最快的速度将球推进至前场，争取人数上和位置上的优势与主动，果断合理进行攻击的一种进攻战术。

1. 发起攻击的时机

发起攻击的时机有：抢到后场篮板球之后，迅速发起快攻；抢断得球之后，迅速发起快攻；掷界外球时，力争发起快攻；跳球时获球，迅速发起快攻。

2. 快攻战术的形式

快攻战术包括：长传快攻、短传快攻、运球突破快攻和防守快攻。

（1）长传快攻。

长传快攻是队员在后场获得球后，用一次或两次传球将球传给已摆脱防守并在前场奔跑的队友进行投篮的一种配合方法。

（2）短传快攻。

短传快攻是防守队员获得球后，立即以快速的短传和快速的跑动获得投篮机会的一种配合方法。

（3）运球突破快攻。

运球突破快攻是指个人抢断或抢篮板球后，运用个人运球技术超越对手直攻篮下的一种形式。

（4）防守快攻。

防守快攻是防守战术的重要组成部分。它是进攻转为防守的瞬间，快速地、有组织地降低对手快攻的成功率，制约对手的反击速度并破坏对手快攻路线的配合方法。

（三）进攻区域联防

进攻区域联防是针对区域联防的阵型和特点所采用的进攻战术。

1. 进攻区域联防的阵型介绍

进攻区域联防有“1-3-1”阵型、“2-1-2”阵型、“2-2-1”阵型、“1-2-2”阵型、“1-4”阵型等。以“1-3-1”阵型为例，此阵型队员分布面广，攻击点多，便于内外联系、左右配合，有利于组织拼抢篮板球及保持攻守平衡。

2. 进攻区域联防战术的要求

（1）进攻区域联防必须强调针对性，寻找对方阵型中防守的空隙和漏洞，攻其薄弱区域，破坏其防守阵型。

（2）根据区域联防随球的转移出现移动和补位的特点，利用传球来调动对方的防守侧重点，打乱其防守阵型，通过寻找薄弱点，伺机出击。

（3）要有目的地穿插移动或溜底线活动，进入对方防守空区，打乱对方阵型，形成局部以多打少的局面，伺机进攻。

二、防守战术

（一）防守基础配合

防守基础配合包括：抢过配合、穿过配合、交换防守配合、“关门”配合、夹击配合、补防配合、绕过配合。

1. 抢过配合

抢过配合是指对方进行掩护时，防守队员在掩护队员接近自己的一瞬间，要迅速向前跨出一步，靠近对手，从两个进攻队员之间侧身挤过，继续防守自己的对手。防守掩护者的队员应及早提醒队友并后撤一步，以备补防。

2. 穿过配合

穿过配合是指当对方进行掩护时，及时防守自己对手的配合。防守掩护者的队员要及时提醒队友并主动后撤一步，让队友及时从自己和掩护队员之间穿过，继续防守自己的对手。

3. 交换防守配合

交换防守配合是指进攻队员利用掩护已经摆脱防守时，防守掩护者的队员及时发出换防的信号，与队友互换各自的对手，在适当时候再换防原来的对手。

4. “关门”配合

“关门”配合是指，当进攻队员运球突破时，对其进行防守的队员向侧方移动挡住其移动路线，临近突破一侧的防守队员，应及时快速向突破队员的前进方向移动，向突破的队员靠拢，通常在区域联防和半场人盯人防守战术中运用。

5. 夹击配合

夹击配合是两个及两个以上防守队员利用对手在场地边角运球或运球停止时，突然快速上前封堵和围夹对手的一种防守配合方法。

6. 补防配合

当队友防守的进攻队员突破防守，靠近篮筐，将要进行有威胁的投篮时，应主动放弃自己防守的对手，同时以最快速度跑到制造威胁的进攻队员身前进行防守的一种配合。

7. 绕过配合

当进攻队员进行掩护时，防守掩护者的队员主动贴近对手，让队友从自己的身旁绕过，继续防守各自对手的一种配合。

（二）防守

防守分为半场人盯人防守与进攻半场人盯人防守。

1. 半场人盯人防守

半场人盯人防守总的要求是，“以人为主，人球兼顾”。要全面观察场上的情况，抢占有利位置，遵循有球紧、无球松，近篮紧、远篮松的原则，积极移动，控制对手行动，随时掌握球的动向，准备随时向对手做出补防、夹击、抢断等技术动作。对方球员接球时，应运用小步幅跑动或滑步来调整防守位置，有效控制防守范围。

2. 进攻半场人盯人防守

进攻半场人盯人防守是由各种传切、突分、掩护、策应等小配合组成的全队战术。以一种或多种战术配合组成本队的进攻战术，用来进行不同类型的人盯人防守，争取比赛的主动权。

（三）区域联防

区域联防是由攻转守时，每个队员各负责防守一个区域，严密防守进入本区域内的任何进攻队员，与队友协同防守的一种防守战术。

1. 区域联防阵型介绍

区域联防有“2-3”阵型、“3-2”阵型、“1-3-1”阵型、“2-1-2”阵型等。以“2-1-2”阵型为例，此阵型队员分布均衡，移动距离近，有利于协防和调整阵型。

2. 区域联防战术要求

（1）5 名队员需要协同一致，做到紧密联系，协同防守，特别是共管区要共同防守。

（2）对持球队员要按人盯人方法防守，重点阻止对方投篮或把球传入内线。

（3）对运球队员要跟随防守，与邻区队友进行“关门”协防，阻止其运球突破到篮下，迫使其将球传出。

（4）对无球队员要注意防背插或溜底，设法卡断其移动接球路线，特别注意对居中策应的进攻队员的防守。一般采用侧前或绕前方法进行防守，不能让其轻易接球。对背插或溜底的对手一定要紧跟防守，直到交给邻区的队友为止。在特殊情况下可以跟踪盯人，其他队友进行补位或换区防守。

第四节　篮球运动的竞赛规则

一、篮球比赛的概况

篮球比赛由 2 个队参加，每队上场 5 人，其中 1 人为队长，替补球员有 7 人。

在 3 分区内将球投入球篮得 2 分，在 3 分区外投入球篮得 3 分，罚球中 1 次得 1 分。

一场篮球比赛由 4 节组成，每节 10 分钟。节与节之间休息 2 分钟，上下半场之间休息 15 分钟。此外，在预定的比赛开始之前，有 20 分钟的休息时间。如果在第 4 节比赛结束时比分相等，为打破平局，则需要一个或多个 5 分钟的决胜期来决出胜负。

整个比赛过程由裁判员（三人制：主裁判员，第一副裁判员和第二副裁判员。二人制：主裁判员和副裁判员）、记录台人员（记录员、助理记录员、计时员和 24 秒计时员）和技术代表管理。

二、篮球比赛的违规现象

篮球比赛中有违例和犯规两类违规现象。

（一）违例

违例是指轻度违反规则，有以下 10 种情况。

（1）带球走——当持活球的队员用同一只脚向任何方向踏出一次或多次，其另一只脚（称为中枢脚）不得离开与地面的接触点，如果中枢脚离开了这个接触点，则构成违例。

（2）非法运球——队员在运球后，用双手同时触及球或球在一手或双手中停留时，便视为运球完毕。运球结束后，除非失去控球权后又重新控制球，否则不得再次运球，如果再次运球，则构成违例。

（3）拳击球或脚踢球——比赛中队员不得故意用拳击球，不得用腿的任何部分去阻挡球，也不能用脚踢球，否则构成违例。

（4）球回后场——在比赛中，前场控制球的队，不得使球再回到后场，否则构成违例。具体判定球回后场有 3 个条件：该队必须控制球；球进入前场后，在球又回到后场前该队队员（或裁判员）最后触及球；球回后场后，该队队员在后场最先触及球。这 3 个条件必须依次连续发生。

（5）干涉得分和干扰得分——投篮（罚球）的球在飞行至最高点后下落并完全在篮圈水平面之上时，双方队员不可触及球。当投篮的球触及篮圈时，双方队员都不得触及球篮或篮板，不得从下方伸手穿过球篮并触及球，不得使篮板和篮圈摇动。如果进攻队员违反这一规定，则投篮无效，将球判给对方在罚球线延长部分的界外掷球入界；如果防守队员违反这一规定，则不论是否投中，均判投篮（罚球）队员得分。

（6）3 秒违例——当某队在前场控制球并且比赛计时钟正在计时时，该队队员在对方的限制区内持续停留的时间不得超过 3 秒，否则便构成违例。

（7）5 秒违例——进攻球员必须在 5 秒之内掷出界外球；或在被严密防守时，必须在 5 秒钟之内传、投或运球；当裁判员将球递给罚球队员时，该队员必须在 5 秒内出手，否则便构成违例。

（8）8 秒违例——进攻队从后场控制活球开始，必须在 8 秒内使球进入前场（对方的半场），否则便构成违例。

（9）14 秒违例——在进攻队完成一次投篮后，如果球没有进筐，则攻击队需要在 14 秒内重新获得球并进行下一次进攻。如果进攻队在 14 秒内没有重新获得球权，则构成违例。

（10）24 秒违例——一个队在场上控制活球时，必须在 24 秒内尝试投篮且球必须触及球篮，否则便构成违例。

（二）犯规

犯规是指严重违反规则，包括与对方队员的非法身体接触或违反体育道德的举止。对违犯者登记犯规并按规则予以处罚。犯规有以下 3 种。

（1）侵人犯规——队员与对方队员的接触犯规。无论球是活球还是死球，队员均不得通过伸展其手、臂、肘、肩、髋、腿、膝或脚来拉、推、撞、绊、阻止对方队员行进；也不得做任何粗野或猛烈的动作。如出现上述情况，则要给犯规队员登记 1 次侵人犯规。如果对未做投篮动作的队员犯规，则由非犯规队在靠近犯规地点的界外掷球入界重新开始比赛。如果犯规队处于全队犯规处罚状态，则应判给未做投篮动作的队员 2 次罚球，代替掷球入界。如果对正在做投篮动作的队员犯规，若投篮成功，则应计得分并判给 1 次罚球；如投篮未中，则要根据投篮的地点，判给 2 次或 3 次罚球。

（2）技术犯规——球员未与对方队员发生身体接触的犯规。如不顾裁判员警告；无礼地冒犯裁判员、技术代表、记录台人员、球队席人员；使用冒犯或煽动观众的语言或举止；戏弄对方队员或在对方队员的眼睛附近摇手妨碍其视线；在球穿过球篮后，故意触碰球以延误比赛；阻碍迅速地执行掷球入界以延误比赛；假摔或表演以伪造犯规等。队员技术犯规，应给其登记一次技术犯规，作为全队犯规之一计数。教练员、替补队员和随队人员的技术犯规，对每一起违犯行为都要给教练员登记一次技术犯规，但不作全队犯规之一计数。对技术犯规的处罚，是判给对方 2 次罚球，以及随后在记录台对面的中线延长部分掷球入界或在中圈跳球开始第一节（如犯规发生在第一节比赛前）。

（3）违反体育道德的犯规——根据裁判员的判断，一名队员不是在规则规定的范围内合法地试图去直接抢球而发生的接触犯规是违反体育道德的犯规。应给犯规队员登记 1 次违反体育道德的犯规，并判给对方罚球，以及随后在记录台对面的中线延长部分掷球入界或在中圈跳球开始第一节（如犯规发生在第一节比赛前）。罚球的次数按如下规定：对没有做投篮动作队员的犯规应判给 2 次罚球；对正在做投篮动作的队员发生的犯规，如投篮成功，应计得分并加判给 1 次罚球。如投篮未中，则应判给 2 次或 3 次罚球。

名人语录

我不知道需要多长时间才能取得辉煌，我只是想尽我所能去成为最出色的篮球运动员。

——科比·布莱恩特

学思践悟

一、学有所思

（1）篮球有哪些基本技术?

（2）篮球有哪些基本战术?

（3）篮球比赛有哪些规则?

二、知行合一

篮球小游戏

1. 游戏目的

在学生学习篮球的基本理论与技术后，组织运传球比赛，能够对学生掌握运传球技术起到事半功倍的效果，并且能够调动学生的课堂积极性。

2. 游戏内容

运传抢游戏：利用篮球场，游戏内与之平行1米处划一线为禁区（只许接球队员在内，其余任何人不许进），每队人数4～7人。游戏开始时，在中圈跳球，获得球权的队通过运球和传球组织进攻，设法将球传给本队的接球员，接球员接到球后，该队得1分。同时，守队则积极组织防守，努力断抢，利用运球和传球转守为攻。在规定的时间内，以得分多者为胜。

3. 游戏规则

（1）不得推、拉、打、摔对方队员，不得持球跑。否则，算犯规，就近罚界外球。

（2）球出界外，由对方在出界地点发界外球（不能直接传球给接球员）。

（3）双方争球或同时击球出界，应在中央跳球。

（4）接球员出界接球或接球后出界均不得分，应发界外球。

（5）一队得分后，应由另一队在端线发界外球（接球员此时不得干扰球）。

第二章　足球运动

学海导航

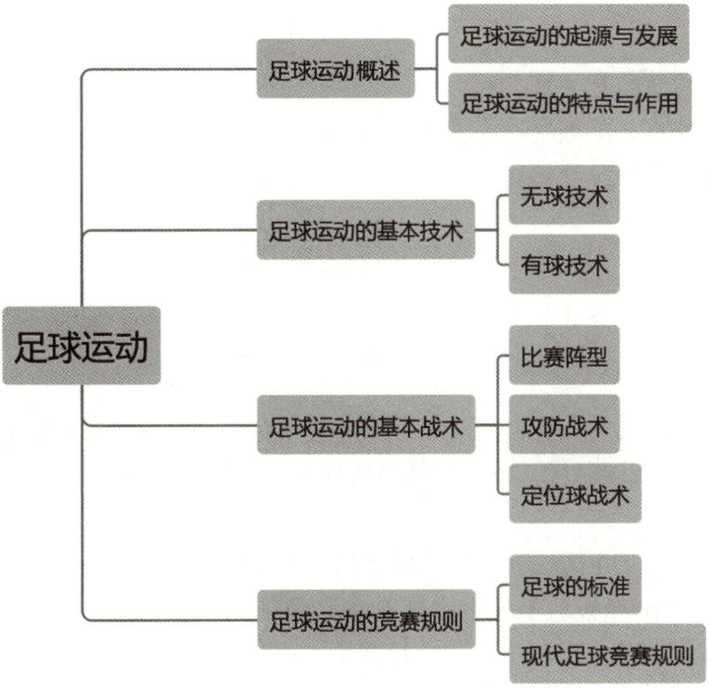

思政名片

中国女足

1984年，中国国家女子足球队（以下简称中国女足）正式成立，隶属于中国国家足球队，由中国足球协会直接管理。1986年，中国女足在意大利举办的国际邀请赛中，分别获得了冠军和季军。同年，中国女足以全部比赛不失一球的纪录荣获第六届亚洲杯女子足球锦标赛冠军，实现了女足冲出亚洲的愿望。此后，中国女足在1989年、1991年、1993年、1995年、1997年、1999年、2006年又多次获得亚洲杯冠军。

然而，自2006年之后，中国女足仿佛走入了低谷期，十几年没有再获得过国际赛事的冠军，中国女足承受着极大的压力。

2022年2月6日，中国女足3比2击败韩国女足，成功夺得冠军，第9次捧起亚洲杯冠军奖杯。中国女足用一场史诗般的大逆转，时隔16年再次登上女足亚洲之巅。在中国足球历史上，这注定是浓墨重彩的一笔。在危局中，女足姑娘们不屈不挠、敢打敢拼，用荡气回肠的方式，把困境转为顺境，让不可能变成可能。坚韧不拔的“铿锵玫瑰”，不论成败得失，拼到最后一秒，这是对足球的尊重，更是对无数球迷的尊重。

中国女足的前行之路，并不是一帆风顺的。我们看到过女足姑娘们经历的低谷与坎坷，也能够体会到她们身上肩负的责任和压力。因为精神的力量，因为信仰的支撑，中国女足扛住了种种困难，成就了“一棵大树的茁壮”。正因如此，中国女足精神，受到了全社会的珍视、爱戴和发扬，这是中国女性的骄傲，是中国体育的骄傲，更是中国精神的骄傲。在新的时代背景下，相信女足精神还会历久弥新、不断丰富，影响更多敢于追梦的奋斗者。

学习目标

- 掌握足球运动的基本技术。
- 领会攻防技术，了解战术阵型及各位置的职责分工。
- 理解足球比赛的一般规则，能够看懂足球比赛。

第一节　足球运动概述

一、足球运动的起源与发展

我国是具有悠久历史的文明古国。据有关史料记载，我国古代足球游戏起源于公元前475—公元前221年的战国时代。古代足球游戏称为“蹴鞠”，“蹴”是踢的意思，“鞠”则是指足球。

古代足球运动起源于中国，而现代足球运动的发源地则在英国。据史料记载，在公元476年，英国便有了类似今天的足球运动。到19世纪初，足球运动已在英国非常盛行。1863年10月26日，英国成立了世界上第一个足球协会——英格兰足球协会，并制定和通过了世界上第一部较为统一的足球竞赛规则。此后，人们就将这一天定为现代足球运动的诞生日。

新中国成立后，足球运动得到大力发展，深受广大群众特别是青少年的喜爱，我国的足球水平不断提高，但同世界先进水平相比，仍有较大的差距。20世纪末，我国足球运动踏上了职业化的道路，受到社会各界的普遍关注，足球运动出现了前所未有的发展前景。

二、足球运动的特点与作用

（一）足球运动的特点

（1）竞争激烈、对抗性强。

（2）比赛参加人数多，运动量大，比赛时间长。

（3）技术动作多，战术种类和变化多。

（4）比赛的场面壮观，激动人心，吸引着无数的球迷，足球成为世界上拥有球迷最多的体育项目。

（二）足球运动的作用

经常参加足球运动能有效地锻炼身体，全面提高人的身体素质、心理素质。长期参加足球运动有助于培养勇敢顽强、机智果断、勇于拼搏、团结互助、热爱集体的优良品质。同时，还能提高对足球比赛的欣赏能力和鉴赏水平。

第二节　足球运动的基本技术

足球技术是指运动员在足球比赛中，在遵守比赛规则的前提下，运用身体有效部位合理地完成各种动作方法的总称，主要包括踢球、停球、运球、抢截球、头顶球、假动作、掷界外球和守门员技术。足球技术在比赛中有着非常重要的地位，它是运动员进行比赛活动的基本手段和能力，是完成战术配合、决定战术质量的前提和保证。

一、无球技术

（一）起动

起动是跑动技术的重要环节，起动速度是评价运动员跑动能力的主要指标。

技术要点：注意力集中，降低身体重心，协调身体各部分，爆发式起动。

（二）跑动

跑动能力是现代足球运动员竞技能力体系中最重要的一方面，越是高水平运动员，其跑动能力越突出。现代足球比赛对足球运动员跑动能力的要求越来越高，即跑动速度更快、跑动距离更长，跑动能力是支撑比赛的基础。足球运动中的跑动与田径项目中的跑动有很大不同，田径项目中的跑动追求绝对速度和绝对距离，而足球运动中的跑动更追求跑动的突然起动速度、速度的变化和方向的变化，即变速跑动和变向跑动的能力。

技术要点：身体重心稍前倾或正直，手臂、躯干、腿协调配合发力，注意力集中，时刻观察周围情况，依据临场态势迅速调整跑速及路线。

（三）急停

急停是指在高速跑动过程中迅速停止的能力。在比赛中，急停急转是过人常用的方法。急停的能力是足球运动员身体协调性、柔韧性和力量素质的综合表现。

技术要点：快速变化并适当降低重心，上身主动向原跑动方向的反向移动，双脚做制动性支撑、缓冲，制动停止后身体迅速做好再次起动的准备。

（四）转身

转身是指快速改变自身身体方向的能力，是身体协调性、灵敏性和力量素质的综合表现。转身速度与运动员的腰腹肌力量有很大关系。

技术要点：注意力集中，身体重心向目标方向快速移动调整，腹肌群配合髋关节迅速完成转身动作，四肢协调配合。

（五）假动作

无球状态下的假动作主要是指快速改变跑动方向、跑动路线，以迷惑对手的技术动作。

技术要点：注意力集中，头脑中先形成预计的跑动方向及路线设计，然后选择路线的反向或侧向进行实际移动，在此过程中要综合运用起动、跑动、急停、转身等技术。

二、有球技术

（一）颠球

颠球是指运动员用身体的各个有效部位连续地触击球，并加以控制，尽量使球不落地的技术动作。颠球是运动员熟悉球性的一种练习手段，用来增强对球的弹性、重量、旋转及触球部位、击球时用力轻重的感觉。

1. 技术动作要领

（1）脚背颠球。

脚向上摆动，用脚背击球，击球时踝关节固定，击球的下部。两脚可交替击球，也可一只脚支撑，另一只脚连续击球。击球时用力均匀，始终把球控制在身体周围。

（2）脚内侧颠球。

支撑腿的膝关节微屈，身体重心转移到支撑腿上。当球落到膝关节的高度时，颠球脚屈膝盘腿，脚内侧向上摆，脚内翻，即脚内侧成水平状态。用脚内侧轻击球的下部，将球向上颠起。

（3）脚外侧颠球。

支撑腿的膝关节微屈，上身向支撑脚一侧稍倾斜，中心转移至支撑脚上，当球下落至膝关节的高度时，颠球脚屈膝撇腿，脚外侧向上摆，脚外翻轻击球的下部，将球向上颠起。

（4）大腿颠球。

抬腿屈膝，用大腿的中前部位向上击球的下部，两腿可交替击球，也可一条腿支撑，另一条腿连续击球。击球时用力均匀，始终把球控制在身体周围。

（5）头部颠球。

两脚开立，膝盖微屈，用前额部位连续顶球的下部。顶球时，两眼注视球，两臂自然张开，以维持身体平衡。

（6）多部位连续颠球。

根据上述单一颠球技术动作要领，用多部位配合连续颠球，配合的部位越多，难度越大。颠球的部位有脚背、脚内侧、脚外侧、大腿、头部、肩等。

2. 练习方法

（1）一人一球颠球。

体会触球的时间、触球的部位、触球的力量和整个动作的协调配合。

（2）两人一球颠球。

用脚背、大腿、头部及身体多部位触球，掌握触球的力量，尽量不让球落地。每人可触球一次颠给对方，也可触球多次互颠。

（3）四人（五人）一组，用两球颠球。

可规定每人触球的次数与部位，也可自由选择触球的次数与部位。颠传时要注意观察，防止两个球同时颠传给同一人。

3. 易犯错误

（1）脚背击球时踝关节松弛，造成用力不稳定。

（2）击球时脚尖向下或向上勾，造成球受力后向前或向后触碰身体，使球难以控制。

（3）颠球时身体其他部位不够放松，动作僵硬。

（4）头部颠球时，腿部、躯干、颈部配合用力不协调，仅靠颈部发力。

（二）运球

运球是指运动员在跑动中用脚连续拨球，使球处于自己控制范围内的触球动作。在比赛中，运球是运动员控制球和进攻能力的集中体现，是完成战术配合和个人突破的主要技术之一。常用的运球方法有：脚背正面运球、脚背内侧运球、脚背外侧运球。

1. 运球动作要领

（1）脚背正面运球。

身体为正常跑动姿势，上身稍前倾，步幅不宜过大，运球脚提起，膝关节微屈，髋关节前送，脚跟提起，脚尖下指，在迈步前伸脚着地前，用脚背正面推拨球前进，如图 2-2-1 所示。

（2）脚背内侧运球。

运球时，支撑脚稍向前跨，踏在球的前侧方，膝稍弯曲，上身前倾向里转。随着身体向前移动，运球脚提起时，膝关节弯曲，脚跟提起，脚尖稍外转，用脚背内侧推拨球前进，拨球后运球脚及时落地支撑，如图 2-2-2 所示。

（3）脚背外侧运球。

跑动时身体放松，上身稍前倾，两臂自然摆动，步幅要小。运球脚提起时，膝关节微屈，脚跟提起，脚尖稍内转。在迈步前伸脚着地前，用脚背外侧推拨球前进，如图 2-2-3 所示。

2. 练习方法

（1）在直线慢跑中，分别练习脚背正面运球、脚背内侧运球、脚背外侧运球。

（2）在慢跑中，单脚交替用脚背内侧运球和脚背外侧运球沿曲线运行。

（3）曲线运球绕过 10 根标杆（杆距 2 米），熟练后由慢到快。

图 2-2-1　脚背正面运球

图 2-2-2　脚背内侧运球

图 2-2-3　脚背外侧运球

3. 易犯错误

（1）初学者运球时眼睛直盯着脚下的球，观察不到周围环境，因而不能根据场上的情况及时采取措施。这主要是由于控制球的能力不强，没有抬头观察而造成的视野狭窄。

（2）运球时步伐过大、重心过高，因而变向不突然，不易摆脱对手。

（3）运球者身体离球太远，重心没有跟上，易被对手抢断。

（三）踢球

踢球是指运动员有目的地利用脚的某一部位把球击向预定目标的技术，是足球运动中最主要的技术之一。在比赛中，常用的踢球方法有脚内侧踢球、脚背正面踢球、脚背内侧踢球和脚背外侧踢球。

1. 技术动作要领

（1）脚内侧踢球。

直线助跑，最后一步稍大，支撑脚脚后跟先着地，脚尖指向出球方向，踏在球侧 12～15 厘米处，膝关节微屈。支撑脚落地的同时，踢球脚大腿带动小腿由后向前摆动，并屈膝外展，使踢球脚的脚弓正对出球方向，脚尖微上翘，脚底与地面平行，踝关节功能性紧张并固定脚型。当膝关节摆至接近球的正上方时，小腿以膝关节为轴做爆发式加速，用脚内侧击球的后中部，髋关节前送，身体随之前移。

这种踢球方法也可称为“脚弓踢球”。其特点是脚与球的接触面积较大，动作幅度小，触球平稳准确，易于掌握。但是由于踢球时大腿、小腿动作受到限制，故出球力量小。脚内侧踢球是比赛中运用最多的一种方法，如图 2-2-4 所示。

（2）脚背正面踢球。

直线助跑，最后一步稍大，支撑脚脚后跟先着地，脚尖指向出球方向，踏在球侧 10～12 厘米处，膝关节微屈，以形成稳固支撑。同时，踢球腿以髋关节为轴后摆，大腿带动小腿由后向前摆动。当膝关节摆动至接近球的正上方时，小腿做爆发式前摆，以脚背正面击球的后中部，踢球腿前送，身体前移，如图 2-2-5 所示。

图 2-2-4　脚内侧踢球

图 2-2-5　脚背正面踢球

踢反弹球时，要准确判断球的落点、落地时间和反弹起来的路线与高度。身体正对来球反弹起来的方向，支撑脚踏在球的侧方。当球将要落地时，踢球腿小腿急速前摆，在球刚反弹离地时以脚背正面击球的后中部。踢倒勾球时，支撑脚先向前跨一步，膝关节微屈，上身后仰，踢球腿以髋关节为轴尽量向上方摆动。当球落在头的前上方时，用正脚背向后勾踢。

跳起踢倒勾球时，先判断好球的运行路线并确定好击球点，然后踢球脚上步蹬地起跳，同时另一腿上摆使身体腾空后仰，两眼始终注视来球。同时，踢球腿以大腿带动小腿急速摆动，两腿在空中做剪式交叉动作，以脚背正面踢球的后中部。踢球后，两臂微屈，手掌向下撑地，手指向出球的相反方向，屈肘，然后背部、臀部依次着地。

（3）脚背内侧踢球。

斜线助跑，与出球方向约成 45° ，最后一步稍大，支撑脚脚后跟外沿先着地，踏在球侧 20～25 厘米处，膝关节微屈。支撑的同时，踢球腿以髋关节为轴前后摆，然后大腿带动小腿由后向前摆动。当膝关节摆至接近球的正上方时，小腿做爆发式地摆动，踢球脚的脚尖外旋，以脚背内侧击球的后部，踢球腿及身体继续随球前移，如图 2-2-6 所示。

（4）脚背外侧踢球。

脚背外侧踢球是指用脚背外侧部位接触球的踢球方法。常用的有脚背外侧踢定位球、弧线球、弹拨球等。这里简单介绍一下脚背外侧踢定位球。

踢定位球时，助跑、支撑脚的位置和踢球腿的摆动，基本上与脚背正面踢球相同。只是用脚背外侧接触球，在踢球腿的膝盖摆到接近球的垂直上方的一刹那，小腿加速前摆，膝盖和脚尖内转，脚面绷直，脚趾扣紧，以脚背外侧踢球的后中部。踢球后，踢球腿随球继续前摆，如图 2-2-7 所示。

图 2-2-6　脚背内侧踢球

图 2-2-7　脚背外侧踢球

2. 练习方法

（1）通过无球模仿练习，加强对各种踢球技术动作要领的认识；通过想象，在头脑中形成各种技术动作概念。

（2）一人用脚底踩球、挡球，另一人进行各种脚法的踢固定球练习。

（3）利用“足球墙”进行各种踢球技术的练习。

（4）两人一组，互相做踢球练习。

3. 易犯错误

（1）脚内侧踢球时翻脚底，脚弓与出球方向不一致。注意踢球腿前摆时，大腿充分外展，脚尖适当翘起。

（2）脚背外侧踢球时，脚尖没有内收，脚面没有绷直，脚踝没有固定，导致出球没有形成外旋球。

（3）脚背松弛，容易造成出球无力或方向不准确，并容易导致脚趾受伤。注意踢球时脚背一定要绷紧，用正确的部位触球。

（4）支撑脚位置偏后，踢球时身体后仰或臀部后坐，脚触击球的后下部，会造成出球过高。这种情况下应注意在脚触球后髋关节沿水平方向送出，适当调整动作即可纠正。

（5）踢球腿的后摆较小或没有后摆便将球踢出，以致前摆过多，会造成出球无力且偏高。注意在后摆时小腿要充分折叠，大小腿后摆幅度大即可。

（四）接球

接球的方法有很多种，常用的有脚内侧接球、脚背外侧接球、脚背正面接球、脚底接球、大腿接球、胸部接球等。

1. 脚内侧接球

支撑脚脚尖正对来球，膝关节微屈，同侧肩正对来球，接球腿提膝，大腿外展，脚尖微翘，脚底基本与地面平行，脚内侧正对来球并前迎，当脚内侧与球接触的一刹那迅速后撤，把球接在脚下。若需将球接在侧面，支撑脚脚尖应向同侧斜指，来球力量不大时，只需要将脚提到一定的高度，并使脚内侧与地面形成锐角，轻触球，也可在出球时用下切动作使球前进之力部分转变为旋转力，从而将球接在脚下，如图 2-2-8 所示。

2. 脚背外侧接球

将接球点放在接球腿的一侧，支撑腿膝关节微屈。接球腿提起屈膝。脚内翻使小腿和脚背外侧与地面形成锐角，并对着接球后球运行的方向，脚离地面的高度应略等于球的半径，然后大腿向接球后球运行的方向推送，同时身体随球移动，如图 2-2-9 所示。

图 2-2-8　脚内侧接球

图 2-2-9　脚背外侧接球

3. 脚背正面接球

这种方法多用于接有较大抛物线的来球。要根据球的落点，及时移动到位，用脚背正面迎下落的球，当球与脚面接触的一瞬间，接球脚与球同步下撤，此时大腿膝关节、踝关节、脚趾均保持适度的紧张，脚尖微翘，将球接到目标点。脚背正面接高空落下的球时，也可以将脚微抬起，并适度背屈，当球接触脚背的瞬间，踝关节放松并将球接到身体附近。

4. 脚底接球

身体正对来球方向，移动前迎，支撑脚站在球的侧面（或前后均可），脚尖正对来球方向，膝关节微屈。同时，接球腿提起，膝关节微屈，脚背略屈，使脚底与地面的夹角小于 45°（脚跟离开地面）。一般以前脚掌接触球的上部为宜。在触球瞬间接球脚可轻微跖屈（前脚掌下点）将球停住，也可根据需要在接球的同时将球推向前方或拉向身后，如图 2-2-10 所示。

图 2-2-10　脚底接球

5. 大腿接球

身体面对来球方向站立，根据来球高度，接球腿大腿微屈，送髋前迎来球，当球与大腿接触瞬间大腿下撤，使球弹落在脚前，如图 2-2-11 所示。

图 2-2-11　大腿接球

6. 胸部接球

身体面对来球方向站立（两脚左右或前后开立），两膝微屈，重心置于支撑面内，上身后仰，下颌微收，两臂自然张开，维持身体平衡，接触球的瞬间，两腿蹬地，膝关节伸直，用胸部轻托球的下部，使球微微弹起于胸前上方，如图 2-2-12 所示。

图 2-2-12　胸部接球

5. 练习方法

（1）停地滚球。两人面对面站立，相距 5 米左右，一人踢球或抛地滚球，另一人迎上去用各种脚法停球。

（2）跑动中停对面来球。多人分为甲乙两队（竖列），面对面相距 20 米左右，甲队第一个人将球踢向乙队方向后跑到本队队尾，乙队第一个人迎上停球，然后踢给甲队下一人后，跑回本队队尾。也可以甲队的人踢完球后跑到乙队的队尾，乙队的人停球后跑到甲队的队尾，依次进行，甲乙两队均可以练习踢球与接球。

（3）跑动中停侧面来球。三人成等边三角形，相距约 5 米并按逆时针方向跑动，甲传地滚球给乙，乙停球后传地滚球给丙，丙停球后传地滚球给甲。练习几次后，改为顺时针方向练习。

（4）停空中球。两人一组，互抛互停空中球，逐渐改变球的弧度、落点，使停球者练习移动停球。

（5）停反弹球。两人一组，相距 15 米左右，一人踢出带有一定弧度的抛物线球，另一人迎下落球停反弹球。

（6）自己颠球数次后，向空中踢球，待球下落时，用合理的停球方法停球。

（7）两人一组，相距 20 米左右，一人有目的地用脚背内侧向同伴体侧、体前、胸部踢高空球或平直球，另一人练习停球。

（五）头顶球

头顶球是运动员在比赛中，为了争取时间和取得空中的优势用头触击球的动作，可分为前额正面顶球和前额侧面顶球。这两个部分都可以做原地顶球、跳起顶球、跑动中顶球和鱼跃顶球。下面主要介绍原地前额正面顶球、跳起前额正面顶球。

1. 原地前额正面顶球

身体正对来球，两脚前后站立，膝关节微屈，上身稍后倾，重心在后脚，两臂自然张开，两眼注视来球。当球运行到身体垂直部位前的刹那，后脚用力蹬地，重心移到前脚，同时迅速向前摆体，颈部紧张，迅速甩头，用前额正面顶球的后中部，上身随球继续前摆。

2. 跳起前额正面顶球

两腿先屈膝，重心下移，然后两脚用力蹬地向上跳起，同时两臂屈肘上摆，在跳起上升过程中挺胸展腹，两臂自然张开，双眼注视来球。在跳到最高点准备顶球时，身体成背弓；当球运行到身体垂直部位前的刹那，快速收腹，体前屈并甩头，用前额正面将球顶出；顶球后，两腿同时自然落地，如图 2-2-13 所示。

图 2-2-13　跳起前额正面顶球

3. 练习方法

（1）做各种顶球的模仿练习。

（2）自抛自顶，体会顶球部位和动作要领。

（3）两人一组，一人抛球，一人顶球。

（六）抢截球

抢截球的方法包括正面抢截球、侧面抢截球和侧后面抢截球。

1. 正面抢截球

正面抢截球是控制对方队员从正面运球前进时采用的方法，有正面跨步抢截球（如图 2-2-14 所示）和正面倒地铲球。

2. 侧面抢截球

当与对方队员并肩跑动时，身体重心稍下降，同对方队员接触一侧的臂要紧贴身体。当对方队员靠近自己一侧的脚离地时，用肘关节以上部位冲撞对方队员的相应部位，使其失去平衡而离开球，乘机将球控制过来，如图 2-2-15 所示。

图 2-2-14　正面跨步抢截球

图 2-2-15　侧面抢截球

3. 侧后面抢截球

侧后面抢截球有同侧脚铲球和异侧脚铲球两种方法。同侧脚铲球以脚外侧沿地面向前外侧滑出，用脚背或脚尖将球踢或捅出，然后小腿外侧、大腿外侧和臀部依次着地。异侧脚铲球是当控球者拨出球的一刹那，抢球者后脚（同侧脚）用力后蹬成跨步，前脚（异侧脚）以脚外侧沿地面向前内侧滑出，用脚底将球蹬出来，然后小腿外侧、大腿外侧和臀部依次着地，如图 2-2-16 所示。

图 2-2-16　侧后面抢截球

4. 练习方法

（1）两人一组，做各种抢截球的模仿练习。

（2）两人并肩慢步跑，并做冲撞练习，观察对方重心的变化，掌握冲撞时间。

（3）对固定球做铲球动作，先慢后快，然后助跑两三步铲球。

（4）一人直线运球，另一人做侧面抢截球或侧后面抢截球练习。

（七）假动作

在比赛中，为了摆脱对手的阻挠、突破对手的防守、抢夺对手的球或破坏对手对球的控制，经常采用一些假动作，大致可分为有球假动作和无球假动作两类。无球假动作有改变速度的假动作、改变方向的假动作、抢截假动作（如图 2-2-17 所示）；有球假动作有传球假动作、停球假动作、过人假动作（如图 2-2-18 所示）、假动作停球、顶球改为停球的假动作和顶球假动作。

图 2-2-17　抢截假动作

图 2-2-18　过人假动作

学识宝典

无影脚

巴西足球运动员罗德里戈·塔代伊不仅拥有丰富、充足的赛场经验，还有个技惊四座的绝招。他的足球技术娴熟，身体协调性出众，喜欢做一些杂耍动作，特别是在运球过人时，他“踩单车”式的假动作，速度快、动作逼真，令对手难以分辨，堪称“无影脚”。

（八）掷界外球

掷界外球时，身体面对出球方向，双脚前后或左右开立，膝关节微屈，上身后仰或背弓，双手持球屈肘置于脑后。掷球时，脚用力蹬地，两腿迅速伸直并快速摆体，同时两臂急速前摆重心前移，当球摆到头上时，用力甩腕将球掷入场内，掷球动作要连贯，两臂用力一致。后脚可沿地面向前滑动，两脚不得离地或任意一脚进入场内，如图 2-2-19 所示。

图 2-2-19　掷界外球

（九）守门员技术

守门员是全队的最后一道防线，他的主要任务是，阻止对方将球射入本队球门内。守门员要善于观察全局，起到协助指挥全队防守和初始组织进攻的作用，并且随时注意比赛的发展情况，力争扩大自己罚球区内的防守范围，以便尽早截获对方的各种来球，并快速、及时地把球传到有利进攻的位置上，组织发动进攻。

守门员技术有位置选择、准备姿势、移动、接球、扑球、拳击球、托球、掷球和抛踢球等。

1. 位置选择

守门员为了守住球门不失球，首先要选择正确合理的位置。位置的选择应根据对方的射门地点和射门角度来决定。在一般情况下，守门员应站在两球门柱与射门时球所处的位置所形成的分角线上。当对方接近门时，守门员可靠前一些，这样可以缩小射门角度；当对方远射时，可适当前移，但要防备对方吊球进门；当球向中场或前场运行时，守门员前移到球门区线附近，并根据球的发展及时调整自己的位置；当对方在中场直接插入突破时，守门员应抓好时机及时出来截球。

2. 准备姿势

两脚左右开立与肩同宽。两膝自然微屈并稍内扣，脚跟稍提起，身体重心落在前脚掌上，上身稍前倾。两臂于体前自然屈肘，手指自然张开，掌心相对，两眼注视来球。

3. 移动

守门员为了更好地堵截和接住对方的传球和射门，必须根据对方射门前球和人的位置变化而相应调整自己的位置，向左右调整位置的移动，一般采用侧滑步和交叉步。

侧滑步移动：当对方向球门两侧射低平球时，守门员身体正对来球，两眼注视来球。方法是向左（右）侧滑步，先用右（左）脚用力蹬地，左（右）脚稍离地面并向左（右）侧滑步，右（左）脚快速跟上。

交叉步移动：接两侧高球或扑接球时，守门员为了便于蹬地跃起，多采用交叉步。例如，向左（右）侧做交叉步移动时，身体先向左（右）侧倾斜，同时右（左）侧脚用力蹬地，并快速向左（右）前方跨出一步成交叉步。然后左（右）脚向左（右）侧移动，右（左）脚和左（右）脚依次快速移动，并蹬地跃出。

4. 接球

接球是守门员的基本技术，包括接地滚球、平直球、高球等。接地滚球有直腿式和单腿跪撑式两种方法。这里主要介绍单腿跪撑式接球，其动作方法是，身体正对来球，两腿前后开立，前腿弯曲支撑身体重心，后腿跪立，膝盖接近地面并靠近前脚脚后跟。上身前倾，手臂下垂，手掌对准来球，稍向前迎，两手接球的后底部。在手触球的一刹那，两手后引，屈肘屈腕，两臂靠近将球抱于胸前，然后起立。

5. 扑球

当守门员来不及采用其他接球动作时，常采用扑球动作把球接住。扑球分为腾空跃起侧扑接球和倒地侧扑接球，如图 2-2-20 所示。

（a）腾空跃起侧扑接球　　（b）倒地侧扑接球

图 2-2-20　扑球

6. 拳击球

在守门员没有把握接住球或在对方猛烈冲击球门的情况下，为了避免接球脱手，可采用拳击球。拳击球有单拳、双拳击球两种方法。单拳击球动作灵活，活动范围较大，击球点高，击球力量大，多用于击场地两侧的传中球和高吊球。双拳击球动作的准确性高，接触球的面积大，多用于击正面高球或平高球。

7. 托球

托球主要是在来球弧度较大，其落点又在球门横梁附近，守门员起跳接球把握性不大时运用。跳起托球时，一臂快速上伸，掌心向上，用手掌前部触球，将球稍往后上方托起使球越横梁上方而过。

8. 掷球

为了争取时间组织快速反击，守门员经常把获得的球用手掷给同队队员。掷球有单手肩上掷球、单手低手掷球、手掷球等动作。

9. 抛踢球

抛踢球是守门员把获得的球直接传给远离自己的同队队员的技术动作。抛踢球可以分为踢自抛的下落空中球和踢自抛的反弹球两种方法。

第三节　足球运动的基本战术

一、比赛阵型

比赛阵型是指比赛场上队员基本位置的排列，是本队攻守力量组织和分工的形式。选择阵型要以本队队员的特长、体能、技术水平以及比赛对手的特点为依据。

场上位置根据队员的职责和排列的层次分为后卫线、前卫线和前锋线。阵型的人员的排列原则是从后卫排向前锋的，守门员不做计算。

目前，世界上普遍采用的阵型有“5-4-1”“4-4-2”“4-3-3”“4-5-1”“3-5-2”等，在以上阵型中，除了“5-4-1”阵型以防守为主、反击为辅，其他阵型均以进攻为主，尤以“3-5-2”阵型最为突出。

阵型绝不是僵化的规定，它只是队员在场上活动的大体安排，可根据临场情况灵活地变化，场上每个队员都应在明确基本位置和主要职责的前提下，进行创造性的活动。

二、攻防战术

（一）局部进攻配合

比赛中经常使用的两人配合进攻方法有踢墙式二过一、交叉掩护二过一、回传反切二过一。二过一是足球比赛中最常用的进攻配合方法之一。

1. 踢墙式二过一

踢墙式二过一是两名攻击队员通过两次传球越过一名防守队员的配合方法。持球队员迎面向防守队员运球，距对手 2～3 米处，抬头观察接应同伴的位置后，突然传球给同伴，并向防守队员身后奔跑以摆脱其防守，做好接球准备，如图 2-3-1 所示。

2. 交叉掩护二过一

交叉掩护二过一是两名进攻队员通过运球和身体的掩护越过一名防守队员的配合方法。一般在摆脱防守队员、掩护本方队员意图时使用。持球队员故意运球到防守队员前，进攻同伴由外线迎面跑动，两人在防守队员前交叉，持球队员拨球给同伴并引开防守队员，同伴运球迅速摆脱防守，如图 2-3-2 所示。

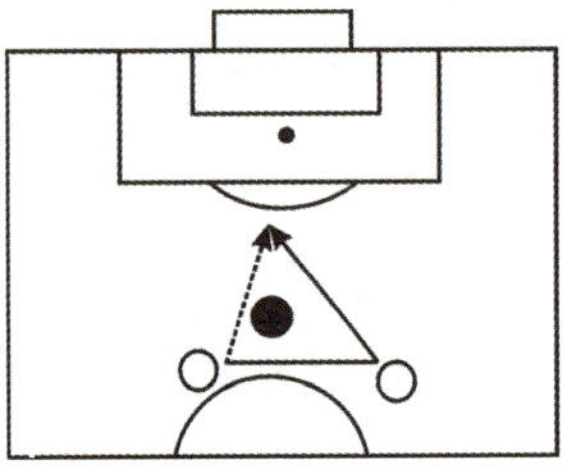

图 2-3-1　踢墙式二过一

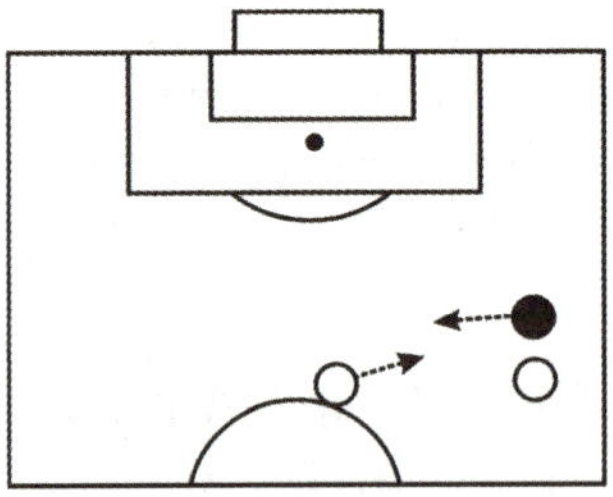

图 2-3-2　交叉掩护二过一

3. 回传反切二过一

该方法一般是在被对手紧逼情况下使用，要求队员事先观察队友的情况，在不能转身突破时，及时把球回传给队友，自己则快速反切至对方队员身后接队友的传球。

（二）基础进攻战术

基础进攻战术一般有边路进攻、中路进攻、快速反击和转移进攻。

1. 边路进攻

边路进攻是指在对方两侧地区展开的进攻，主要通过边锋、交叉到边路的中锋、直接插上的前卫或后卫，运用个人带球突破或传球配合突破对方的防线，达到传中（外围传中、下底传中、下底迂回传中）的目的，然后由中锋跑位至另一侧包抄射门。有时根据场上的情况也可以直接射门。

2. 中路进攻

中路进攻是指在对方半场中间地区展开的进攻。中间地带正对着球门，一旦突破就能直接威胁球门，但中间防守队员密集，不易攻破。中路进攻主要是通过中锋、内切的边锋、插上的前卫之间配合或依靠个人技术运球过人等方法突破对方的防线。

3. 快速反击

在一方进攻时，其后卫压至中线附近，由于后卫参加进攻而防守的人数减少，后场空区大，在进攻失误后，来不及回防或回防中位置出错或有漏洞时，另一方迅速带球反击或快速长传进攻往往会取得较好的效果。

4. 转移进攻

当进攻在一侧展开，难以突破防线时，应及时转移进攻方向。因此，当另一侧的防守队员较少时，应抓住时机，及时传球转移。这样，防守方需要一定的时间进行转移和调整防守位置，可能出现空当和漏洞，要抓住机会，实施突然快速的攻击。

（三）防守战术

防守战术一般有区域防守、盯人防守、混合防守等。

1. 区域防守

队员分工负责一定的防守区域，进攻队员进入防区就有队员盯防，离开防区就不再盯防，这种战术节省体力，但在两个防区的重叠处或同一防区内出现两名进攻队员时容易漏人。

2. 盯人防守

盯人防守分全场盯人、半场盯人、后场盯人。被盯防的队员跑到哪里就盯防到哪里，即使离开自己的位置，也要盯住自己的对手。该战术的特点是分工明确，体力消耗较大，对身体素质要求高，一般防守效果较好。但且有一人被突破后，防守容易出现漏洞。

3. 混合防守

混合防守战术是指有的队员进行区域防守，有的队员进行盯人防守，两者结合运用；或者有的地区进行盯人防守，有的地区进行区域防守。混合防守的具体方法较多，目前被普遍采用。

三、定位球战术

定位球战术分为角球战术、球门球战术、任意球战术、点球战术等。

1. 角球战术

角球战术有两种：一种是直接将球踢向球门，由头球能力强的同伴争抢头球射门；另一种就是短传配合，该战术一般在本方队员在对方的门前没有身高优势或碰到较强逆风时运用。

2. 球门球战术

发球门球的原则是及时、快速、准确、有效。守门员与后卫做配合，由守门员发球进攻，也可以踢远球给进攻的中前场队友。

3. 任意球战术

任意球分为直接任意球和间接任意球两种。罚直接任意球可采用穿墙或弧线球直接踢入球门，或采用过顶吊入传切配合。罚间接任意球时，传球次数要少，运用假动作声东击西，传球要及时，以免越位。

4. 点球战术

点球要求主罚队员沉着、机智，有高度信心，有熟练的假动作技术和过硬的脚法。

第四节　足球运动的竞赛规则

足球运动竞赛规则是双方运动员都必须遵守的行为规范和准则，其精神实质在于：保护运动员的身体健康，公平合理地进行比赛，对故意犯规与不道德行为予以判罚，促进足球运动的健康发展。

一、足球的标准

足球是圆形的，以皮革或其他合适的材料制成，一般是用 12 块黑色正五边形面料与 20 块正六边形面料拼合而成的。球体的圆周，不得超过 71 厘米，不得少于 68 厘米。球的重量，在比赛开始时，不得超过 453 克，不得少于 396 克，充气后其压力应等于 0.6～1.1 个大气压力（以海平面标准大气压为准）。在比赛进行中，未经裁判员许可，不得更换比赛用球。如果在比赛中，球破裂或不合标准，则应停止比赛，并更换标准的球。在更换完毕后，在球破裂的地点，坠球重新开始比赛。

如果球是在球门区内破裂的，则坠球的地点在平行球门线的球门区线上，最接近比赛停止时球的位置的地点。

如果不是在比赛中，如中场开球、球门球、角球、自由球、罚球点球或掷球入场时，球破裂或不合标准，则依照规则重新开始比赛。

二、现代足球竞赛规则

（一）比赛场地

在正式比赛中，球场面积必须符合规定。比赛场地应为长方形，其长度不得多于 120 米或少于 90 米，宽度不得多于 90 米或少于 45 米。国际足球联合会规定世界杯足球赛决赛阶段比赛场地的长为 105 米、宽为 68 米。练习的场地可以因地制宜，但是在任何情况下，球场的长度要大于宽度。球场由边线、端线、中线、球门线、球门区、罚球区、角球区、罚球点、开球点、中圈、罚球弧、罚角球标识构成，简称为“四线、三区、两点、一圈、一弧、一标识”。足球比赛场地如图 2-4-1 所示。

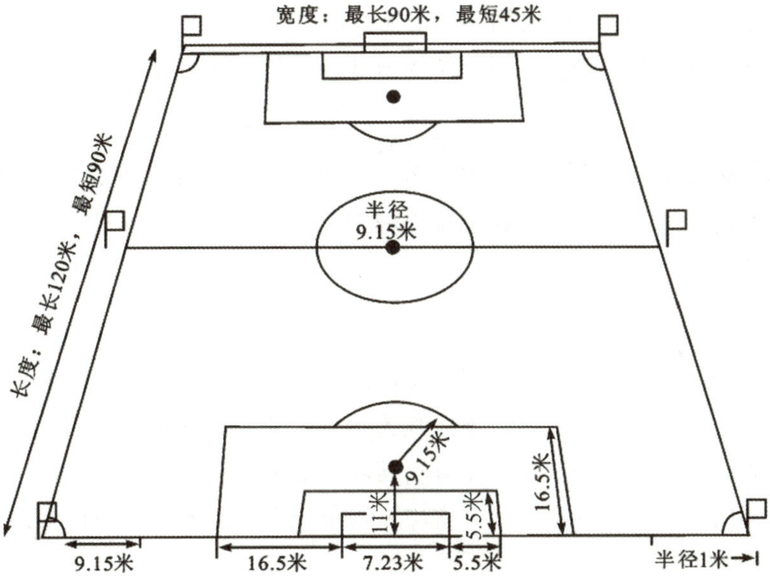

图 2-4-1　足球比赛场地

（二）比赛用球

足球的标准在前文已经介绍了，此处不再赘述。

（三）队员人数与队员装备

1. 队员人数

每个队参加比赛的队员不得超过 11 名，其中必须有且只有 1 名守门员。在比赛开始或比赛进行中，某队队员人数不足 7 人时，该场比赛应被视为无效（比赛中有多名队员被罚出场时，人数不受此限制）。

2. 队员装备

同队队员的服装必须一致，并与对方队员的服装有明显的区别，守门员的服装颜色必须与其他队员及裁判员的服装颜色有明显区别。裁判员在比赛前必须检查双方队员的服装，尤其应认真检查鞋钉，符合规定后方准其参加比赛。

（四）比赛时间、比赛开始、比赛进行及死球、计胜方法

1. 比赛时间

正式比赛的比赛时间为 90 分钟，分上、下两个半场，各 45 分钟。除了特殊情况，上、下半场之间的休息时间为 15 分钟。

2. 比赛开始

比赛开始前，裁判员应该召集双方队长，用抛硬币的方式决定场地选择或开球权。下半场开始时，两队互换场地，交换开球权。

开球时，球应放在开球点上。在裁判员用哨音发出信号后，由一名队员将球踢入对方半场，球踢出并滚动至与球的圆周相等的距离时，比赛方为开始。如果球未向前越过中线，或在比赛开始前队员越过中线进入对方半场或守方队员进入中圈，则应重新开球。

3. 比赛进行及死球

球的整体在地面或空中越出了边线、端线，或裁判员鸣哨停止比赛，即成“死球”，除此之外，比赛均在进行当中。球碰到场内裁判员、助理裁判员或门柱横木、角旗杆弹回场内，应继续比赛。

4. 计胜方法

球的整体从两门柱中间横木下面越过球门线外沿的垂直面，即为得 1 分。如果球进门前受外界干扰停止，则应暂停比赛，不能判为得分。如果观众直接入场企图阻止球入门，但未触及球，若该球进门，则应判得 1 分；若观众触击球或妨碍比赛，则应暂停比赛。在比赛中，得分多的一队为得胜队，如双方均未得分或得分数相等，则这场比赛应为平局。

（五）犯规

1. 可警告的犯规（违例）

当队员做出以下行为时，将被警告并出示黄牌。

（1）犯有非体育道德行为。

（2）以语言和行动表示异议。

（3）持续违反规则。

（4）延误比赛重新开始。

（5）当以角球或任意球重新开始比赛时，不退出规定的距离。

（6）未得到裁判员的允许进入或重新进入比赛场地。

（7）未得到裁判员允许故意离开比赛场地。

2. 罚令出场的犯规

当队员做出以下行为时，将被出示红牌并罚出场。

（1）严重犯规。

（2）暴力行为。

（3）向对方或任何人吐唾液。

（4）故意用手球破坏对方的进球或明显的进球得分机会。

（5）用可判为任意球或点球的犯规来破坏对方向本方球门移动着的明显的进球得分机会。

（6）使用无礼的、侮辱的或辱骂性的语言及动作。

（7）在一场比赛中得到两次黄牌。

3. 越位

越位是足球运动中的一项特殊规则，并不是所有处于越位位置的越位都要判罚，为此要重点关注以下 5 个方面。

（1）发生在对方半场。

（2）较球更靠近对方的球门线。

（3）与对方球门线之间的防守队员不足 2 人（包括守门员）。

（4）以上 3 条都成立时，队员企图获得利益或干扰对方比赛。

（5）判罚的关键是看同队队员触球的一瞬间，进攻队的队员是否符合以上 4 个条件。

如果以上 5 个条件同时成立，即可判罚处于越位位置的进攻队员越位。

4. 守门员违例

如果守门员在本方罚球区内违反下列 4 种犯规中的任何一种，将判给对方踢间接任意球。

（1）守门员控球后，在发出球之前持球超过 6 秒。下列情况视为守门员已经控球：球在他两手之间或在他的手和其他物品表面之间（例如，用手按到地面上）；当用张开的手控球时；向地面拍球或向空中抛球时。

（2）守门员在发出球后未经对方队员触及，再次用手触球。当守门员用手控制了球后，一旦将球置于地上或传出，即为进入比赛状态。只有当处于罚球区外的同队队员或对方队员触球之后，该守门员才能再次用手触球。

（3）守门员用手触及同队队员故意踢给他的球。

（4）守门员用手触及同队队员直接掷入的界外球。

（六）裁判行为

1. 裁判员的哨声

裁判员的哨声有：

比赛开始——长音响亮；一般犯规——短促有力；严重犯规——有力洪亮，带有拖音；比赛结束——两短一长或三短一长；制止有可能发生纠纷的行为——连续短声。

2. 裁判员的手势

常见的裁判员手势有：

直接任意球——单臂前举或侧平举，指向罚球方向；间接任意球——单臂上举，掌心向前；球门球——单臂平举或侧平举，掌心向下，指向球门区；角球——单臂斜上举 60°，指向执行角球的角球区；界外球——手势与直接任意球相同，单臂指向掷球队员进攻方向；罚球点球——单臂向前斜下举，明确指向执行罚球点球的罚球点。

3. 旗示

旗示是助理裁判员表示应对场上发生的情况进行某种判罚时与裁判员的联系信号，主要包括以下几种：

界外球——单臂执旗上举 45°，指向掷球方向；球门球——单臂执旗前平举，指向球门区；角球——单臂执旗呈 45° 斜下指，指向角球区，同时向球门线跑动；越位——先单臂执旗上举，待裁判员鸣哨判罚后，再呈斜上举（远端越位）、前平举（中端越位）或斜下指（近端越位）；犯规——单臂执旗上举，直臂左右摇动，待裁判员鸣哨后，再下落至斜上举，指向罚球方向；队员替补——双手执旗杆两端平举过头，将旗在头上展开。

学思践悟

一、学有所思

（1）足球有哪些基本技术？

（2）足球有哪些基本战术？

（3）足球竞赛有哪些规则？

（4）请你谈谈中国男足的未来发展之路。

二、知行合一

足球热身游戏

1. 游戏目的

该游戏可以有效锻炼学生的带球能力及方向感，并且能够调动学生的课堂积极性。

2. 游戏内容

一半队员岔开双腿站在训练区域内，另一半队员带球，在一定的时间内使球穿过尽可能多的隧道（站立队员两腿之间的空隙）。到时间后队员互换角色和任务。

第三章　排球运动

学海导航

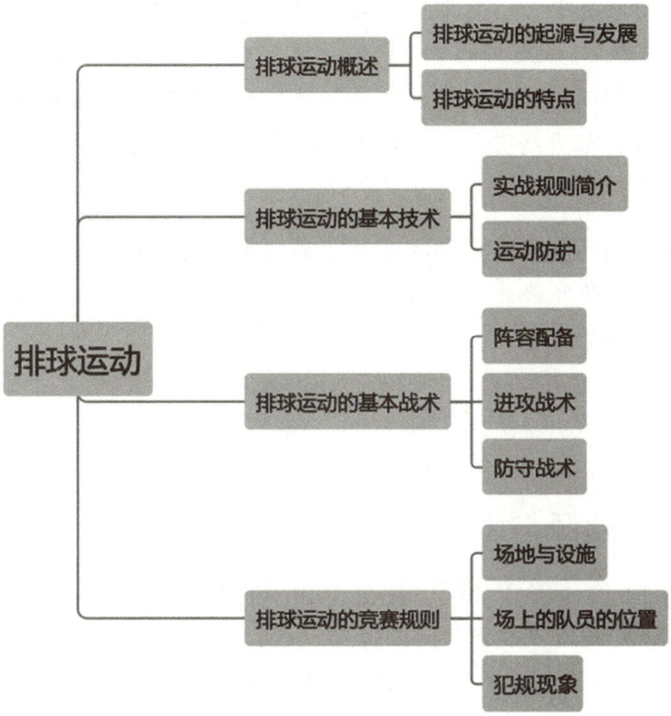

思政名片

中国女排

女排精神，是20世纪80年代中国女排夺得世界大赛“五连冠”之后的经验总结，其内涵如中国女排原主教练郎平所说：“女排精神，不是赢得冠军，而是有时候知道不会赢，也竭尽全力！”

2019年，在第十三届女排世界杯比赛中，中国女排以十一连胜的骄人成绩夺得了冠军，成功卫冕，为祖国和人民赢得了荣誉。女排姑娘们不畏强手、敢打敢拼，打出了风格、赛出了水平，她们用不抛弃、不放弃的姿态，再一次完美诠释了女排精神。在提前一轮锁定冠军的情况下，她们在最后一场比赛中没有丝毫懈怠，尊重对手，尊重自己，坚持打好每一个球，很好诠释了奥林匹克精神和中华体育精神。

中国女排夺得了第五个女排世界杯冠军，第十次荣膺世界排球“三大赛”冠军，这激发了全国人民的爱国热情，增强了全国人民的民族自信心和自豪感。

拼搏，就是怀着坚定的信念拼搏到底。就像中国女排那样，不论是对战巴西队、荷兰队，还是决赛，中国女排都是咬着牙拼搏，一分一分地拼，一球一球地搏。人在两种情况下，会不顾一切、奋力拼搏——无上的憧憬和面临绝境之时。为了心中想要达到的高度，人愿意抛弃一切，甚至是生命，不断努力、超越自我，为的就是看到自己战胜自我、取得胜利时的样子。当我们在危急存亡之际，如在荒原上被野狼不断追赶，这时别无他选，必须迎战、奋力一搏。不论是何种状况，要生存下来、活出精彩、怒放生命，就要有不留后路、拼尽全力的精神状态。

如今的年轻人通常在安全、富裕、父母精心照顾的环境中成长，在安逸现状中，年轻人虽也常有“改变现状”“做更好的自己”的愿望，但人们更愿意在得过且过中度过漫长的一生。然而，中国女排精神告诉我们，无论何时，无论何地，我们都应该努力拼搏、奋斗到底。树立长远目标，努力刻苦拼搏，争做新时代的有志青年。

学习目标

- 学习排球运动的基本技术和战术，了解排球运动的竞赛规则。
- 在排球运动中锻炼身体并陶冶身心。
- 享受排球运动带来的趣味性。

第一节 排球运动概述

一、排球运动的起源与发展

排球运动于 1895 年起源于美国，并在 1900 年传入亚洲。百余年来，排球经历了 16 人、12 人、9 人、6 人制比赛的发展演变过程。1947 年，在巴黎成立了国际排球联合会并统一了 6 人制的排球规则。1964 年，第 18 届东京奥运会将排球列为正式比赛项目。近年来，沙滩排球、软式排球的盛行为排球运动带来了新的发展空间。

早在 1905 年，排球就已经传入我国个别沿海城市，直到 20 世纪 50 年代初，我国才开始学习、推广 6 人制排球。1954 年，我国加入国际排球联合会后，我国国家排球队的技战术水平得到快速提高，创造了“快板球”“平拉开”等打法，逐渐成为世界强队，为世界排球运动做出了贡献。

二、排球运动的特点

1. 广泛的群众性

排球场地设备简单，比赛规则容易掌握。既可在球场上比赛和训练，也可以在一般空地上活动，运动量可大可小，适合于不同年龄、不同性别、不同体质、不同训练程度的人。

2. 技术的全面性

排球规则规定，场上每个队员都要进行位置轮转，既要到前排接球、扣球与拦网，又要到后排防守与接应。这要求每个队员必须全面地掌握各项技术，能够胜任各个位置。

3. 高度的技巧性

排球规则规定，比赛中球不能落地，不得持球、连击。击球时间的短暂、击球空间的多变，决定了排球的高度技巧性。

4. 激烈的对抗性

在排球比赛中，双方的攻防转换始终是在激烈的对抗中进行的，夺取一分往往需要经过多个回合的交锋。水平越高的比赛，对抗争夺也越激烈。

5. 技术的两重性

在排球比赛中，每项技术都具有攻防的两重性，各项技术都既能得分，又能失分，攻中有防，防中有攻，相互转化，相互制约。

6. 严密的集体性

排球比赛是集体比赛项目，除发球外，其他环节都是在集体配合中进行的。没有严密的集体配合，再好的个人技术也难以发挥，更无法发挥战术的作用。水平越高的队，集体配合就越严密。

第二节　排球运动的基本技术

排球技术是指队员在比赛中所采用的合理击球动作及其他配合动作的总称。熟练地掌握基本技术是各种战术运用和发挥的基础。每个队员不仅需要全面、准确地掌握各种基本技术，还需要有自己的特长。在掌握技术的过程中，必须遵循全面、熟练、准确、实用的原则。

一、实战规则简介

（一）准备姿势和移动

准备姿势和移动是各项技术和战术串联、衔接的基础。

1. 动作要领

以半蹲姿势为例，两脚自然开立，屈膝半蹲（脚尖、膝关节稍内扣），含胸、收腹，重心略前倾，两手置于小腹前，肘微屈，身体放松，两脚始终保持微动，眼睛目视前方，如图 3-2-1 所示。然后，练习各种移动动作，包括并步、滑步、跨步、跨跳步、交叉步、侧身跑、后退跑等。

2. 重点

身体重心偏前，身体放松，两脚保持微动，把准备姿势和移动结合起来。

图 3-2-1　准备姿势

3. 难点

每一次移动均从准备姿势开始，要养成做完一个技术动作立即回到准备姿势的习惯，这对排球运动来讲极为重要。

4. 练习方法

（1）结合口令、手势进行练习。

（2）与球结合进行练习，一人抛球，另一人由准备姿势开始，移动到位，双手接球，将球抛回。根据距离的远近来选择合适的移动步法。

（3）与场地结合进行练习，目的是熟悉准备姿势，以及移动到位后，身体应面对的方向。

（二）传球

传球是排球运动的基本技术动作之一，是进行比赛与战术组织的基础，常用的有正面上手传球、背传球等。

1. 动作要领

（1）正面上手传球。

两膝微屈，抬头看球，两手十指张开呈半球形置于额上 10～15 厘米处，手腕后仰、手肘微屈并适当外展。用蹬地、伸臂、手腕屈伸和手指弹拨的方式将球向前上方传出。用拇指的内侧，食指的全部，中指的二三指节触球。无名指和小指在两侧辅助控制传球的方向，如图 3-2-2 所示。

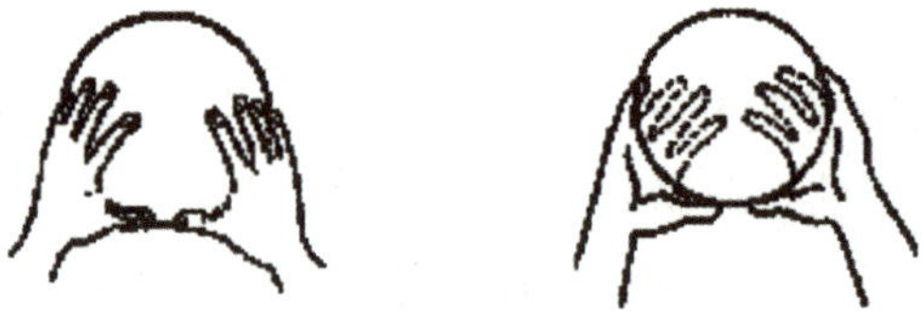

图 3-2-2　正面上手传球

（2）背传球。

身体基本姿势同正面上手传球。击球点仍在额头上方，手腕后仰（掌心向上），以上身后仰展腹、蹬地、伸臂、手掌伴送、手指弹拨的方式将球向后上方传出，如图 3-2-3 所示。

图 3-2-3 背传球

2. 重点

手形呈半球形，用蹬地、伸臂和手指的力量将球传出。

3. 难点

手腕回落以缓冲来球力量；手掌伴送球，控制出球的方向，使出球柔和；手指弹拨球也是难点之一。

4. 练习方法

（1）徒手练习：注意手形和用力方法。

（2）分组练习：每组由一人持球，其余组员轮流上前对着球摆手形，体会发力动作。

（3）对墙练习：距墙 10～20 厘米，以四指、六指或十指对墙轻传，定位手形，体会手指弹拨球。

（4）一人一球，自抛自传，体会手掌伴送球和发力动作。

（5）两人一球对传，培养判断、取位、传球到位的能力。

（6）三到四人一球，逆时针方向传球，培养变方向传球的能力。

（三）垫球

垫球是排球的基本技术中用得较多的一项技术。垫球的方式有很多，如单手、双手、正面、背面、侧面、跨步、前扑、鱼跃、滚翻等。其中，正面双手垫球是最常用的。

1. 动作要领

以正面双手垫球为例，从半蹲准备姿势开始，两手手指重叠合掌互握，两拇指并拢，手腕下压，两臂外翻，前伸至球下方。接着，蹬地、提肩、抬臂、跟重心，用腕关节上方约 10 厘米处击球的后下部，垫球的准备动作如图 3-2-4 所示，送出动作如图 3-2-5 所示。

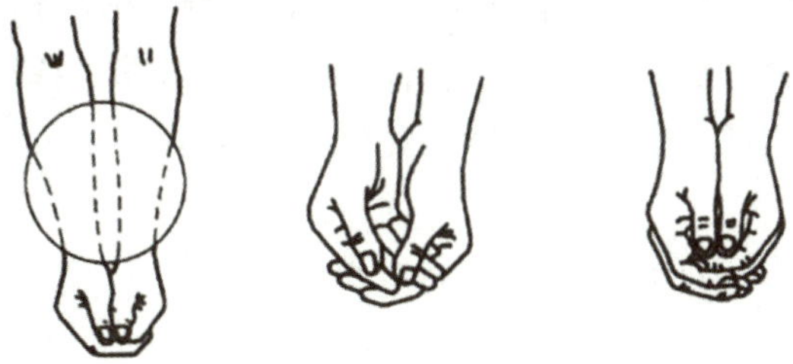

图 3-2-4 准备动作

图 3-2-5　送出动作

2. 重点

含胸、弯腰、臂伸直，用蹬地、提肩、抬臂的力量将球送出。

3. 难点

判断来球力量的大小，大则撤臂缓冲，小则抬臂迎击。

4. 练习方法

（1）徒手练习垫球的基本姿势，体会蹬地、提肩、抬臂、跟重心的动作组合。

（2）分组练习，每组由一人持球，其余组员轮流上前垫击球，体会触球部位和全身协调用力。

（3）对墙练习，距墙 3 米左右，将球轻抛向墙，同时预判球可能会反弹到什么位置，做好准备，以正确的姿势垫击球。

（4）两人一球，一人抛球一人垫球或一人发球一人垫球或两人对垫。

（5）三人两球，两人抛球，一人垫球，一远一近，保持重心平衡，快速移动。

（6）隔网接发球，培养预判、取位、垫球到位的能力。

（四）扣球

扣球是最具魅力的进攻技术之一，是得分的重要手段，也是初学者最感兴趣的技术。扣球的形式很多，如近体快、短平快、平拉开、时间差、探头及后排攻等。但扣球的动作大同小异，基本动作是一致的。除近体快和一些近网球多以挥小臂甩腕快打外，其余均以大力收腹挥臂的方式重击。

1. 动作要领

首先应明确，扣球是由准备姿势、预判、助跑、起跳、击球、落地缓冲、站稳等环节构成的。以两步助跑双脚起跳为例，取稍蹲准备姿势，左脚前迈一步，右脚前跨一步，左脚随即并上踏在右脚左侧前约 10 厘米处（两膝弯曲，脚尖稍内扣）；接着摆臂、蹬地向上跳起，同时展髋、屈右肘引臂（肘关节高于肩）；最后以收腹、挥臂、甩腕的动作，用手掌包击球的中上部。完成扣球后，落地缓冲、站稳，衔接下一技术，动作如图 3-2-6 所示。

图 3-2-6　扣球

2. 重点

两步助跑起跳的第一步步幅要小（单脚迈步），第二步步幅要大（双脚跨步），屈膝缓冲向上跳（控制前冲）。

3. 难点

选择好起跳点，把球控制在人与球网之间合适的距离、右肩的前上方。

4. 练习方法

（1）原地或助跑起跳击吊球，体会展髋、引臂、收腹、挥臂包击球。

（2）对墙练习助跑起跳，控制前冲。

（3）对地扣球，经墙反弹，继续扣球，练习判断、取位。

（4）用手握小沙袋助跑、起跳，练习挥臂、甩腕的动作。

（5）扣近体快球与高抛球（教师抛球）。

（6）3 米线后持球，自抛自扣。

（7）结合站位接一传、扣二传组织的球。

学识宝典

近体快

近体快是排球运动中快球的一种。近体快指扣球队员在接近二传队员体前或体侧80厘米范围内所扣的快球。它的节奏快、威力大，具有良好的掩护作用。高水平的近体快球，扣球队员必须在二传队员出手之前的瞬间起跳，在空中捕球扣杀。它不仅是为了实扣，也用于掩护队友进攻，以组织多种灵活多变的集体战术。

（五）发球

发球是指队员在发球区内将球抛起后，用一只手直接将球击入对方场区内的一种击球方法。发球主要有正面下手发球、侧面下手发球、正面上手发球、勾手发球，正面上手和勾手发飘球等。下面主要介绍正面下手发球、正面上手发球。

1. 动作要领

（1）正面下手发球。

面对球网，两脚前后开立，左脚在前（以右手发球为例），两膝微屈，上身稍前倾，重心在两腿之间，左手持球于腹前。左手将球上抛在右肩前约 40 厘米，离左手约 20 厘米的高度。同时，右臂伸直后摆，身体重心适当后移。以肩为轴，右臂由后经下方向前摆动，身体重心也随之前移，在右肩的前下方腹部高度用全掌、掌根或虎口击球的后下部。击球后，随着身体重心前移之势迅速跨步入场，如图 3-2-7 所示。

图 3-2-7　正面下手发球

（2）正面上手发球。

面对球网，两脚前后开立，左脚在前（以右手发球为例），左手持球于腹前。左手托球上送，将球平稳上抛于右肩前上方，高度适中。同时，身体稍右转，右臂抬起，屈肘后引，肘部与肩平齐，手掌自然张开，上身稍向右侧转动，抬头、挺胸、展腹、身体重心移至后脚。击球时，利用蹬地转体和快速收腹的动作，带动手臂迅速而猛烈地向前上方挥动，手臂挥直在右肩前上方最高点，以全手掌击球的后中下部，身体重心随着前移至左脚，手掌触球时，手腕继续有一个向前推压的动作，使球向前旋转飞行。击球后，右脚随着上身前压动作自然前移，并迅速入场，如图 3-2-8 所示。

图 3-2-8　正面上手发球

2. 重点

抛好球，以蹬地、转体的力量带动挥臂，用掌根或半握拳的拳面等部位击球。

3. 难点

把握抛球的高度，以及蹬地、转体、挥臂击球的时机。

4. 练习方法

（1）做空抛动作，引臂击定位球或吊球，体会蹬地、转体、挥臂动作。

（2）对墙发球或两人一球近距离隔网对发，掌握击球动作与发力大小。

（3）进入发球区，发球过网，求稳，过网即可。

（4）把球发至对方场区的固定区域，提高发球的准确性。

（5）在稳、准的基础上，把球大力发至对方场区，以体现发球的进攻性。

（六）拦网

拦网是指队员在球网上空拦阻对方击来的球，它是防守反击的第一道防线，因为可以拦死对方的进攻性击球（发球除外）而直接得分，所以它是积极主动并具有攻击性的防守。从技术上讲，可分为单人拦网和集体拦网两种。

1. 动作要领

面对球网，两脚左右开立，两膝弯曲，两臂屈肘置于肩侧，距网 30～40 厘米，注视对手动向，判断对手的攻击点后，迅速以并步、交叉步或侧身跑对准对手的进攻位置，接着蹬地、摆臂起跳，双手十指张开伸臂过网，封住来球角度，在对手击球的同时压腕将球拦死、拦回或有效拦起。

2. 重点

十指张开、绷紧，伸臂过网罩住球，之后压腕将球拦住。

3. 难点

准确判断对手的攻击点，并及时起跳完成拦网。

4. 练习方法

（1）把网高降至 1.8～2 米，两人一球，隔网做拦网动作，体会含胸、收腹、伸臂过网及拦网手形的变化。

（2）面对矮墙或单杠，移动起跳做拦网动作，体会压腕的感觉，并纠正压小臂、触网等错误。

（3）两人一球，一人自抛自扣，另一人隔网起跳拦网。

（4）单人或集体拦高台定位扣球，注意拦网手形的变化及相互间的配合。

（5）开展排球比赛，练习单人和集体拦网。

二、运动防护

（一）常见运动损伤及现场紧急处理

排球运动同其他体育运动一样，方法、动作不当会使身体受伤，如擦伤、扭伤等。受伤后，若能及时采取措施妥善处理的话，可减少病痛并加快恢复的时间。下面就介绍一些常见的运动损伤及现场紧急处理的方法。

1. 出血

打排球时，擦伤是很常见的。擦伤后，要尽快清洗伤口，然后涂碘伏消毒液或消炎软膏。碘伏消毒液起隔离、干爽、消毒作用，一般不用于关节部分和面部。如果伤口较大、较深，出血较多，则应先抬高肢体，包扎伤口近端（最好垫些软物），并立即去医院诊治。同时要注意，如果伤口在上肢部位，则应每隔 30 分钟松开包扎部位进行放松；如果伤口在下肢部位，则应每隔 60 分钟松开包扎部位进行放松，以防肢体缺血坏死。如果是穿刺伤，则应特别注意破伤风感染，须去医院注射破伤风针剂。

2. 挫伤和扭伤

挫伤和扭伤是排球练习中经常发生的运动损伤，其中最常见的就是踝关节扭伤。扭伤后要立即先捏紧小腿下端的动脉血管，冷敷扭伤部位，目的是防止内部继续出血，防止扭伤部位瘀血肿大。可用冰块冷敷，没有条件的也可用冷水冲，冷敷的时间大约在 30～120 分钟。然后用绷带包扎固定，并注意抬高患部。冷敷、包扎、抬高患部是为了减少患部活动范围，使毛细血管收缩，减少出血，防止进一步肿胀。注意，包扎时要使受伤的韧带处于相对松弛状态，不能影响血液的流通。伤后的 24～48 小时之内，不要对扭伤部位进行扭动、按摩或热敷，以免加重内部出血。48 小时后，待伤处血管愈合后，方可进行热敷和按摩。当然，还可以配合针灸与理疗，帮助恢复。另外，在受伤后至少一周内不要运动。

3. 脱位

脱位在业余练习中并不多见，在摔倒时用手撑地时有可能发生肘、肩关节脱位。脱位的处理方法是，立即用木板或硬纸板等夹住脱位关节，并用捆扎带、绳子、鞋带扎牢，然后立即去医院诊治，在这期间要尽量保护脱位关节部位，不要晃动、扭动。

（二）水的补充

人体进行体育活动，会由于排汗而丧失水分，当失水量占体重的 4%～5%时，肌肉的活动能力会下降 20%～30%；当失水量占体重的 10%时，会造成循环衰竭。因此，运动者应及时补充体内丧失的水分。

运动者最好在平时饮食中注意吃些含足够水分的食物，在运动时尽量不喝或少喝水。在热天出汗很多的情况下，需补充水分，但要少量多次。研究表明，人体每小时最多能吸收约 0.8 升水。在剧烈运动中或运动后，不应一次饮水过多，大量水分一下子进入体内会稀释血液，增加血量，加重心脏负担。血液中过多的水分要由肾脏排出，因而又加重肾脏的负担，并会导致盐分的散失，而过多地散失盐分，容易引起肌肉痉挛。当出现盐分散失过多的情况时，要适当喝些盐水补充。另外，在大量饮水后，由于不能吸收，水在胃中储存，稀释了胃液，影响消化和食欲。若此时继续运动，水在胃中晃动，使人不舒服，还可能引起呕吐。因此，不要过于集中地大量饮水，要遵循少量多次的原则。

（三）其他注意事项

剧烈运动后，身体会大量地排汗，体温升高，汗毛孔张开，此时应注意不要坐在阴凉潮湿的地方，以免引起感冒和其他疾病，更不宜在满头大汗时用凉水冲洗头部，这样会使血管紧急收缩，影响恢复过程的血液循环，或造成汗毛孔保护性反射闭合，导致汗排不出。由于体内温度很高，有时会因循环障碍而产生眩晕、恶心等中暑现象，严重时会晕厥休克。要注意在剧烈运动后，做好拉伸，并及时用毛巾把汗擦干。

第三节　排球运动的基本战术

排球运动的基本战术是在规则允许的前提下，由技术组合而成的套路，包括阵容配备、进攻战术与防守战术等。

一、阵容配备

阵容配备是合理地使用本队队员的一种组织形式，其目的是把全队的力量有效地组织起来，最大限度地发挥每个队员的特长和作用。排球比赛中常见的阵容配备是“四二配备”和“五一配备”，如图 3-3-1 所示。

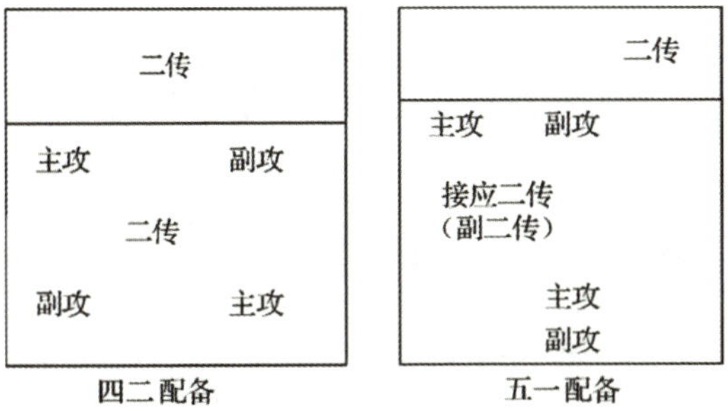

图 3-3-1　阵容配备

二、进攻战术

排球运动的进攻战术主要采用“中一二”进攻阵型、“边一二”进攻阵型、“插上”进攻阵型。

1. “中一二”进攻阵型

由 3 号位队员作二传，把球传向 2、4 号位队员或后排组织进攻。该阵型易学、易组织，但进攻点少，缺少变化，易被对方防守，如图 3-3-2 所示。

2. “边一二”进攻阵型

由 2 号位队员作二传，把球传向 3、4 号位队员或后排组织进攻。该阵型与“中一二”相比，进攻点多，且富于变化，如图 3-3-3 所示。

3. “插上”进攻阵型

后排一个队员在对方发球后，跑到前排并插到 2、3 号位队员之间作二传，把球传向 2、3、4 号位或后排组织进攻，形成多点立体交叉的攻势。在大型比赛中，常可以看到这种阵型，如图 3-3-4 所示。

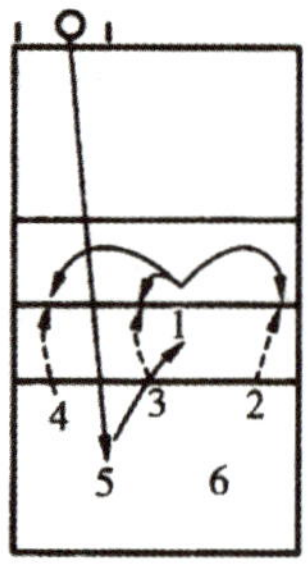

图 3-3-2 “中一二”进攻阵型

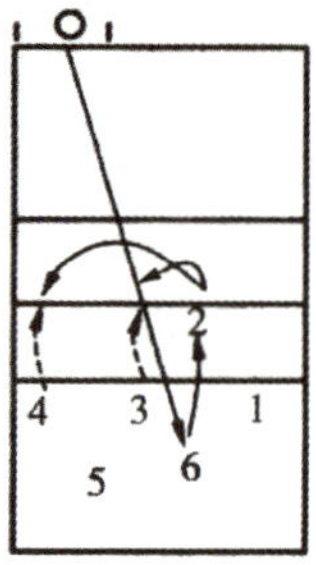

图 3-3-3 “边一二”进攻阵型

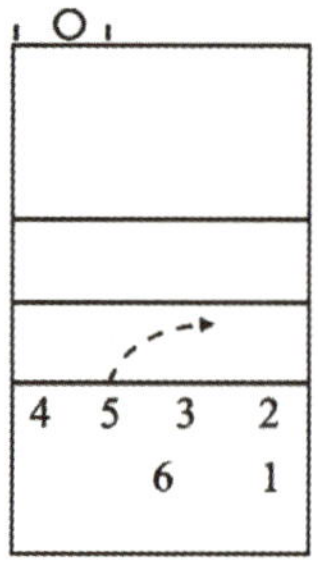

图 3-3-4 “插上”进攻阵型

三、防守战术

排球运动的防守战术常采用的阵型有无人拦网防守阵型、单人拦网防守阵型。

1. 无人拦网防守阵型

无人拦网防守阵型常在对方扣球攻击力弱或来不及拦网的情况下使用。

2. 单人拦网防守阵型

单人拦网防守阵型一般在对方扣球线路变化少、威力小时使用。

第四节 排球运动的竞赛规则

一、场地与设施

（1）排球比赛场地分为比赛场区和无障碍区。比赛场区为 18 米 × 9 米的长方形，其四周至少有 3 米宽呈长方形对称的无障碍区，从地面量起至少有 7 米高的无障碍空间。国际比赛的场区边线外的无障碍区至少宽 5 米，端线外至少宽 8 米，上空的无障碍空间至少 12.5 米。

（2）球网长 9.5 米、宽 1 米。男子排球比赛的网高 2.43 米，女子排球比赛的网高 2.24 米。网的两端有标志带和标志杆，标志杆总长 1.8 米，设在两侧标志带的外沿，高出球网 80 厘米。

二、场上队员的位置

靠近球网的 3 名队员为前排队员，左为 4 号位，右为 2 号位，中间为 3 号位；另外 3 名队员为后排队员，左为 5 号位，右为 1 号位，中间为 6 号位。

三、犯规现象

1. 发球犯规

（1）取得发球权的队未按记录表上所登记的发球次序进行发球。

（2）发球时球未抛起。

（3）第一裁判鸣哨发球后 8 秒内未将球击出。

2. 击球时的犯规

（1）没有将球击出，而是接住或抛出。

（2）一名队员连续击球 2 次或球连续触及其身体的不同部位。

（3）一个队连续击球 4 次。

（4）借助同伴或任何物体的支持击球。

3. 球网附近的犯规

（1）在对方场区空间内击球。

（2）从网下穿越进入对方空间并妨碍对方比赛。

（3）比赛中，队员的整个脚或身体的任何部位越过中线触及对方场区时为过中线犯规。

（4）触网，队员击球时或在干扰比赛的情况下触及 9.5 米以内的球网、标志杆、标志带。

4. 后排队员进攻性击球犯规

后排队员在前场区，将高于球网上沿的球击入对方场区。

5. 击发球犯规

在前场区，当对方的发球在球的整体高于球网上沿时完成进攻性击球。

6. 拦网犯规

（1）在对方进攻性击球前或击球时，在对方场区空间拦网触球。

（2）后排队员或后排自由防守队员完成拦网或参加了拦网。

（3）拦对方发球。

（4）从标志杆外伸入对方空间拦网并触球。

学识宝典

持球犯规

持球犯规是排球运动中的犯规动作之一。在排球比赛中，队员可用身体任意部位触球，但不得停留，如出现捞、捧、推、掷球的情况则被判为持球犯规，并判对方得一分。

学思践悟

一、学有所思

（1）排球运动有哪些基本技术？

（2）排球运动有哪些基本战术？

二、知行合一

排球小游戏

1. 游戏目的

在学生学习了排球的垫球、传球等的基础上，组织进行“三球不归一”游戏，能够让学生更好理解、掌握排球的基本技术，享受排球带来的乐趣。

2. 游戏内容

三球不归一：在排球场，将学生分成人数相等的两队，各在球场一边。其中一队持两球，另一队持一球。教师吹哨示意开始，两队同时把球击打向对方，当三个球同时在一侧时，另一侧的队得一分；当一侧的队击球出界时，另一侧的队得分。基础差的可以用手扔球，基本功较好的垫传皆可。

第四章　乒乓球运动

学海导航

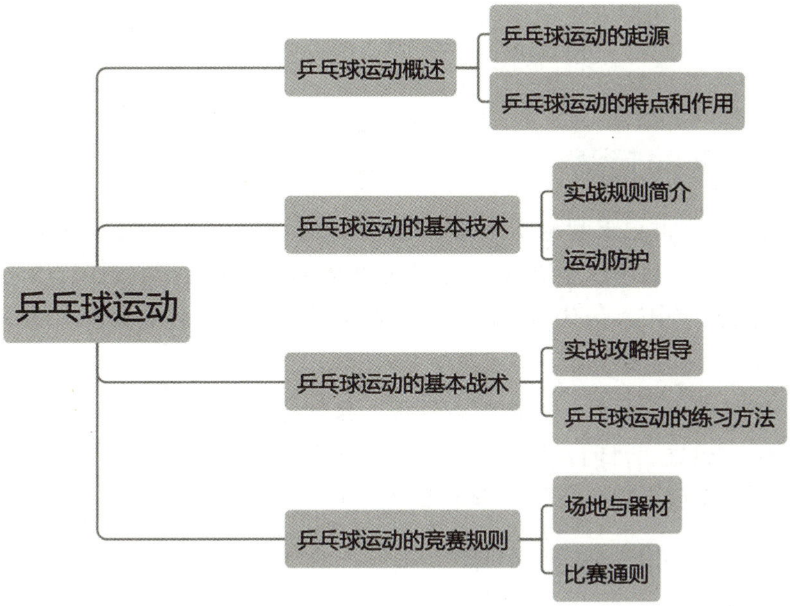

思政名片

马　龙

马龙从5岁开始学习乒乓球，2003年进入国家队。2006年，18岁的马龙随中国乒乓球队出征不莱梅世锦赛团体赛，并获得了自己的第一个世界冠军。此后，在多个世界级的比赛中，马龙均获得冠军。年少成名的背后，是马龙对自己近乎偏执的苛刻，每次大赛前，哪怕他的回球已如教科书般标准，但他还是邀请陪练继续加练。正是由于他的这种刻苦努力，让他成了乒乓球界最成功的球员之一。2022年10月，马龙率领中国男子乒乓球队获得第56届世界乒乓球团体锦标赛冠军的消息登上微博热搜，集“双圈大满贯”“超级全满贯”于一身的他，再一次创下了后人难以超越的纪录。

带着伤病，30多岁的马龙依旧能跟年轻运动员们一争高下，他的这种运动精神让人佩服。他认为，每个人对成功的定义不一样，他觉得只要自己还在比赛，甚至能在队里多待一天，都是一种成功，而不是非要以“再拿一个冠军结束职业生涯”为目标。现在，他还在要求自己跟上队伍的节奏，在职业生涯中，真正去享受乒乓球。

输赢只是一时的结果，结果固然重要，但贯穿于整个过程中的体育精神才是一个运动员应该追求的目标。在今天的体育教育中，如果让输赢成为孩子的唯一信仰，那将是违背体育精神的做法。从体育运动和体育精神中所学到的东西，如友谊团结、公平竞争、自强不息、更高更强的精神等，是孩子能够受用一生的“宝贵财富”。

学习目标

- 掌握乒乓球运动的基本知识和基本技术。
- 了解乒乓球运动的基本战术。
- 了解乒乓球运动的竞赛规则，学会欣赏乒乓球运动。

第一节　乒乓球运动概述

一、乒乓球运动的起源

乒乓球运动于19世纪末起源于英国，是由网球运动派生而来的。据说在1890年，几个英国人偶然发现在一张不大的台子上玩网球颇为刺激。后来，他们用空心的小皮球代替弹性不大的实心球，并用木板代替了网球拍，在桌子上进行这种新颖的“网球赛”，这就是table tennis的由来。

因击打小球时发出“乒乓”的声响，其被形象地命名为乒乓球。1926年，国际乒乓球联合会在德国柏林成立。目前，世界乒乓球的重大赛事主要有：奥运会乒乓球比赛、世界乒乓球锦标赛、乒乓球世界杯、国际乒联职业巡回赛等。

二、乒乓球运动的特点和作用

乒乓球运动的特点是球小、速度快、旋转性强、变化多。乒乓球运动的设备比较简单，运动量可大可小。另外，它不受年龄、性别和身体条件的限制。因此，此项运动深受我国广大群众，尤其是少年儿童的喜爱，乒乓球也被称为“国球”。

乒乓球的运动量适中，具有较强的娱乐性、竞争性。经常参加乒乓球运动有利于促进人际的交流、合作，增进友谊；能有效地提高人体中枢神经系统的反应能力，缓解工作、学习所带来的精神压力；能有效地提高身体的灵活性，促进身体各方面的协调性和灵敏性，改善心血管系统的功能，增强体质；有助于培养勇敢顽强、机智果断、沉着冷静、勇于进取的优良品质。

第二节　乒乓球运动的基本技术

一、实战规则简介

（一）球拍的选择与握法

初学者一般选择球拍底板弹性适中、海绵胶皮厚度在3毫米左右（单面厚度不得超过

4 毫米）的球拍。

球拍握法主要有直拍握法和横拍握法。

1. 直拍握法

以食指第二关节和拇指第一关节扣住拍柄与拍面结合部，用中指第一关节顶在球拍背面，其余手指自然弯曲并拢，如图 4-2-1 所示。

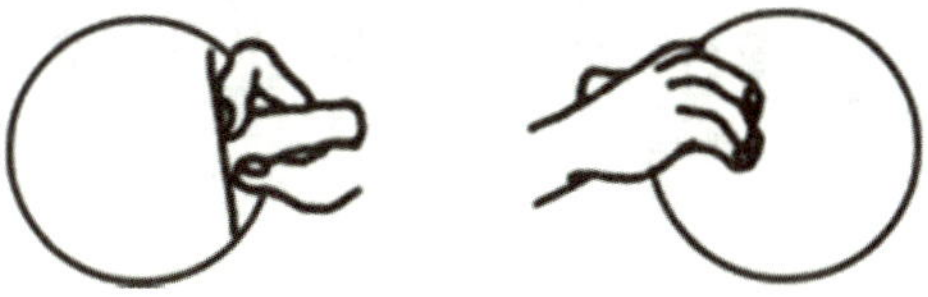

图 4-2-1　直拍握法

2. 横拍握法

虎口贴拍，食指在拍后，拇指在拍前，其余 3 指斜叠于拍后。正手攻球时，食指稍向上移动；反手攻球时，拇指稍向上移动，如图 4-2-2 所示。

图 4-2-2　横拍握法

（二）基本步法

正确的步法移动是正常运用乒乓球技术的有效保障。常用步法有单步、跨步、跳步、并步和交叉步等。

1. 单步

单步动作如图 4-2-3 所示。近距离击球时，以一只脚为轴，另一只脚向前、后、左、右不同的方向移动，当身体重心随之落到移动脚上时，再挥拍击球。

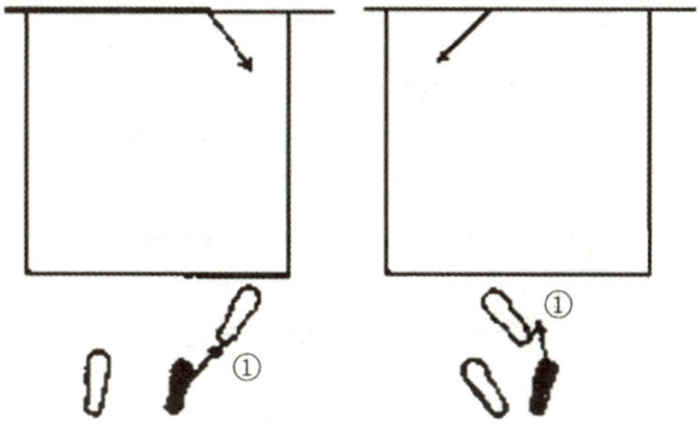

图 4-2-3　单步

2. 跨步

跨步动作如图 4-2-4 所示。以一只脚向前、后或左、右的不同方向跨出一大步，身体重心随即移到摆动脚上，另一只脚迅速滑动跟进，再挥拍击球。

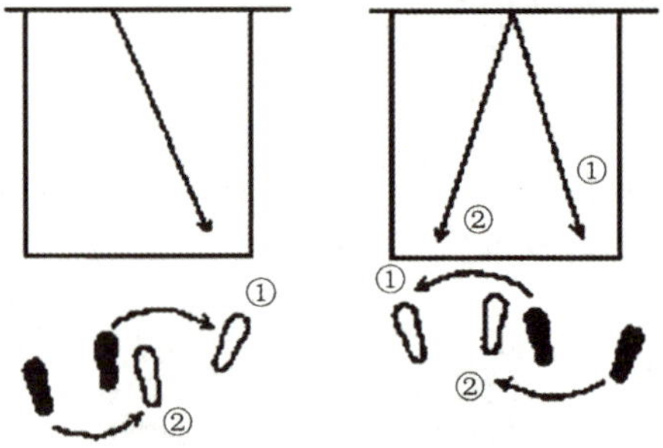

图 4-2-4　跨步

3. 跳步

跳步动作如图 4-2-5 所示。以来球方向的异侧脚用力蹬地为主，两脚几乎同时离地向来球方向跳动，异侧脚与同侧脚先后落地，再挥拍击球。

4. 并步

并步动作如图 4-2-6 所示。来球方向的异侧脚向同侧脚并步，然后同侧脚再向来球方向迈一步，再挥拍击球。

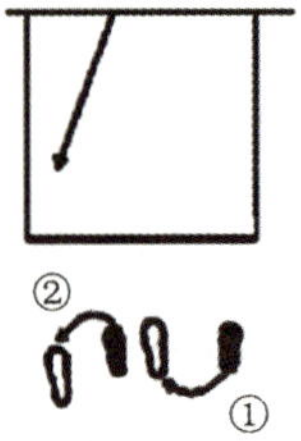

图 4-2-5　跳步

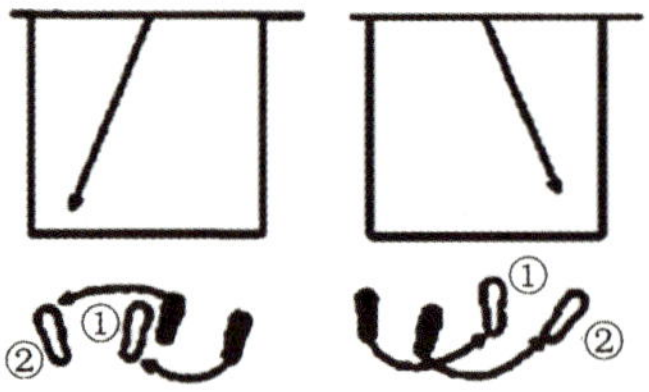

图 4-2-6　并步

5. 交叉步

交叉步动作如图 4-2-7 所示。来球方向的同侧脚发力，异侧脚迅速从体前做平行交叉横跨一大步，同侧脚迅速跟上落地，再挥拍击球。

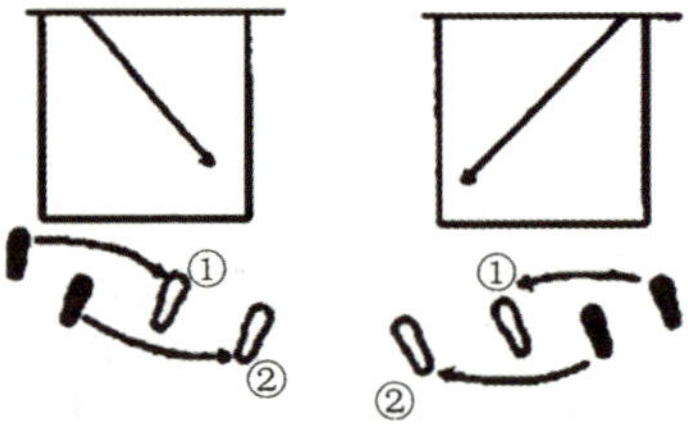

图 4-2-7　交叉步

（三）发球与接发球技术

1. 发球技术

发球技术是由抛球和挥拍击球两个部分组成的。挥拍击球时因用力方向、击球部位、发力方法不同会产生不同旋转性质的球。掌握其基本技术，可以最大限度地运用战术，为主动进攻创造条件，还可以限制对手的技术发挥及战术运用。发球分为正手发平击球、反手发平击球、正手发左侧上旋球、正手发左侧下旋球、反手发右侧上旋球、反手发右侧下旋球、正手发转与不转球、反手发转与不转球。

（1）正手发平击球。

正手发平击球的动作，如图 4-2-8 所示。

动作要点：

①发球前身体稍向右转（以右手握拍为例，下同）。

②持球手将球向上抛起，同时右臂内旋拇指压拍，拍面稍前倾。

③当球落至与网同高或稍低于网时，快速挥拍击球中部偏上的位置。

④球的第一落点在本方球台中区。

图 4-2-8　正手发平击球

（2）反手发平击球。

动作要点：

①发球前身体稍向左转。

②持球手将球向上抛起，同时右臂外旋，拍面前倾。

③当球落至与网同高时，以肘关节为中心，前臂快速向右前方挥拍击打球的中上部。

④球的第一落点在本方球台中区。

（3）正手发左侧上旋球。

正手发左侧上旋球的动作，如图 4-2-9 所示。

动作要点：

①发球前身体稍向右偏。

②持球手将球向上抛起，同时右臂外旋向右后上方引拍。

③当球落至球网高度时，前臂加速向左前下方挥摆，肘关节内收，击球中部并向左上方摩擦。

④球的第一落点靠近端线约 20 厘米处，越网落到对方左角。

（4）正手发左侧下旋球。

动作要点：

①技术动作与正手发左侧上旋球相似。

②击球时拇指压拍，击球的中下部并向左下方摩擦。

（5）反手发右侧上旋球。

反手发右侧上旋球的动作，如图 4-2-10 所示。

动作要点：

①发球前身体稍向左偏。

②向上抛球时，右臂内旋，拍面垂直向左倾斜，同时腰部稍向左转。

③当球落至稍高于球网时，击球中部并向右上方摩擦。

④球的第一落点靠近端线约 20 厘米处，越网落到对方左角。

图 4-2-9　正手发左侧上旋球

图 4-2-10　反手发右侧上旋球

（6）反手发右侧下旋球。

动作要点：

①技术动作与反手发右侧上旋球相似。

②击球前，手腕内屈，拍面较平，拍柄朝下，击球中下部，向右下方发力摩擦。

（7）正手发转与不转球。

正手发转与不转球的动作，如图 4-2-11 所示。

动作要点：

①发转球时，右臂外旋使拍面后仰，前臂、手腕和手指迅速向前下方发力挥摆，摩擦球的中下部。

②发不转球的技术动作与发转球的技术动作大致相同，击球中下部，略加一点前推力即可。

图 4-2-11　正手发转与不转球

（8）反手发转与不转球。

动作要点：

①发转球时，拍面后仰，前臂和手腕发力，从球的中下部向底部摩擦。

②发不转球时，击球中下部，减小摩擦力，略加一点前推力。

2. 接发球技术

（1）接发球的站位：要根据对手的发球位置和自己的打法特点选择站位。

（2）接发球的判断：根据发球方的挥臂动作、手腕动作、触球部位、球拍的移位方向，以及球的飞行弧线、速度、落点来判断球的旋转强度。

（3）接发球的方法：点、拨、带、拉、攻、推、削、搓球等，要根据对来球的判断采用不同的接球方法。

（4）动作要点：接发球时，要仔细观察对手击球瞬间的挥拍方向、摩擦球所产生旋转强弱的变化。

（四）攻球技术（以右手直拍握法为例）

攻球技术包括正手攻球、侧身正手攻球、反手攻球。

1. 正手攻球

正手攻球的动作，如图 4-2-12 所示。

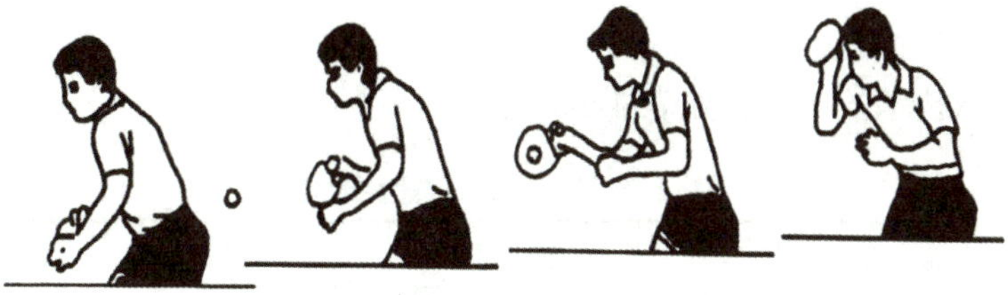

图 4-2-12　正手攻球

动作要点：

①站位近台偏左，身体略向右偏。

②前臂后引，拍面略前倾，以前臂发力为主。

③当来球至上升期时（略同网高），触球中上部向左前上方发力，将球击出。

④击球后手臂顺势挥动，并快速还原。

2. 侧身正手攻球

侧身正手攻球的动作，如图 4-2-13 所示。

动作要点：

①击球前迅速移步成侧身位，左脚在前，重心落在右脚。

②击球于上升期，击打球的中上部，运用下肢和腰腹的力量控制好挥拍方向和击球角度。

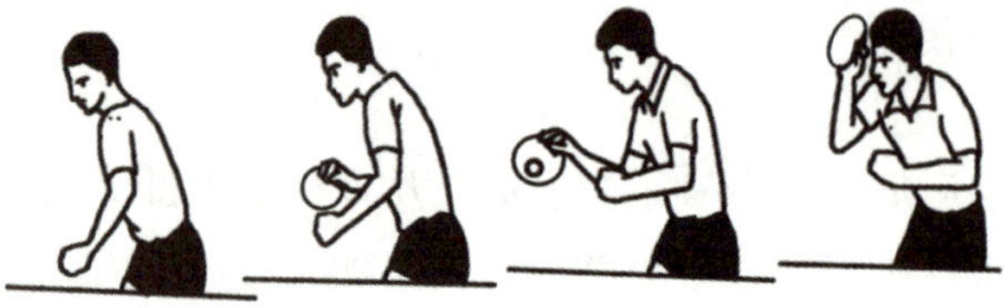

图 4-2-13 侧身正手攻球

3. 反手攻球

反手攻球的动作，如图 4-2-14 所示。

动作要点：

①站位离台约 50 厘米。

②击球前身体略向左转，前臂、肘关节靠近身体，前臂外旋使拍面前倾。

③击球时，肘关节内收，前臂外旋并快速向右前上方挥拍，在来球的上升期击打球的中上部。

图 4-2-14 反手攻球

4. 攻球技术的比较

上述几项攻球技术的比较，如表 4-2-1 所示。

表 4-2-1 攻球技术的比较

名　称	击 球 前	击球时间	击球部位	发力（方法、方向）
正手攻球	手臂自然弯曲并内旋，前臂向后引拍	上升期	中上部	前臂快速向左前上方挥拍，手腕外展
侧身正手攻球	移位转体，身体侧对球台	上升期	中上部	运用下肢和腰腹的力量，控制好挥拍方向和击球角度
反手攻球	前臂外旋使拍面前倾，前臂、肘关节靠近身体	上升期	中上部	肘关节内收，前臂外旋并加速向右前上方挥拍

（五）弧圈球技术

弧圈球技术包括正手弧圈球、前冲弧圈球、侧旋弧圈球。

1. 正手弧圈球

正手弧圈球的动作，如图 4-2-15 所示。

图 4-2-15　正手弧圈球

动作要点：

①站位时要含胸、收腹，重心降低。

②引拍时，手臂稍内旋，拍面前倾，身体随之右转，右肩下沉。

③击球时，脚掌蹬地，大臂（上臂）带动小臂（前臂）向上并向右前方发力击球，摩擦球的中上部。

2. 前冲弧圈球

前冲弧圈球的动作，如图 4-2-16 所示。

图 4-2-16　前冲弧圈球

动作要点：

①击球前，将球拍引至身体右侧偏后，与台面同高，拍面稍前倾。

②击球时，身体重心稍高并前移，在来球的高点期或下降前期击球的中上部，手臂向前稍向上发力摩擦球。

3. 侧旋弧圈球

侧旋弧圈球的动作，如图 4-2-17 所示。

图 4-2-17　侧旋弧圈球

动作要点：

①身体前倾，向后侧方引拍，球拍稍内扣。

②击球时，从外侧向前上方挥拍，使球拍划一个横向的半弧形，在来球的下降期摩擦球的中外侧。

4. 弧圈球技术的比较

上述几项弧圈球技术的比较，如表 4-2-2 所示。

表 4-2-2 弧圈球技术的比较

名　称	击 球 前	击球时间	击球部位	发力（方法、方向）
正手弧圈球	降低重心，右肩下沉，拍面前倾	下降期	中上部	大臂带动小臂向上并向右前方挥拍
前冲弧圈球	向身体右侧偏后位置引拍，拍面稍前倾	高点期或下降前期	中上部	手臂、手腕协调发力，向前上方挥拍
侧旋弧圈球	身体前倾，向后侧方引拍，球拍稍内扣	下降期	中外侧	从外侧向前上方挥拍，使球拍划一个横向的半弧形

（六）推挡球技术

推挡球技术是我国直拍快攻打法的基本技术之一，其特点是站位近、动作小、速度快、变化多，能起到积极防守、由守变攻的作用，如图 4-2-18 所示。推挡球技术可以分为快推、加力推、减力推。

图 4-2-18　推挡球

1. 快推

动作要点：

①身体离台约 40 厘米，双脚平行站立，左脚略前。

②以肩为轴，屈肘，引拍，手臂外旋，拍面前倾并靠近身体右侧。

③当来球至上升前期时，前臂和手腕迅速向前略向上推出，击球的中上部。

2. 加力推

动作要点：

①技术动作与快推基本相同。

②当来球至上升后期或高点期时，上臂、前臂、手腕加速向前下方推压，身体向左转

动配合发力，击球的中上部。

3. 减力推

动作要点：

①技术动作与快推基本相同。

②当来球至上升期时，击球的中上部。

③触球的瞬间球拍停止前推且略有后收，以减弱击球的力量。

4. 推挡球技术的比较

上述几项推挡球技术的比较，如表 4-2-3 所示。

表 4-2-3　推挡球技术的比较

名　　称	击　球　时	击球时间	击球部位	发力（方法、方向）
快推	前臂和手腕迅速向前略向上推出	上升前期	中上部	前臂和手腕向前及略上发力
加力推	上臂、前臂、手腕加速向前下方推压	上升后期或高点期	中上部	充分利用身体前压和肘关节的力量
减力推	触球瞬间停止挥拍并稍作后收	上升期	中上部	控制好击球瞬间的停拍动作

（七）搓球技术

搓球是以类似削球的动作回击对方发过来的或削过来的下旋球的一种技术。其特点是站位近、回球路线短，给对手造成回球困难，利用搓球的落点和旋转变化作为过渡，为自己创造进攻机会。搓球技术可以分为正手搓球、反手搓球、搓侧旋球。

1. 正手搓球

正手搓球的动作，如图 4-2-19 所示。

动作要点：

①拍面稍后仰，并向后上方引拍。

②向前下方挥拍，在来球的上升期快搓，在来球的下降期慢搓，用球拍的下半部摩擦球的中下部。

③击球时，前臂和手腕适当加力。

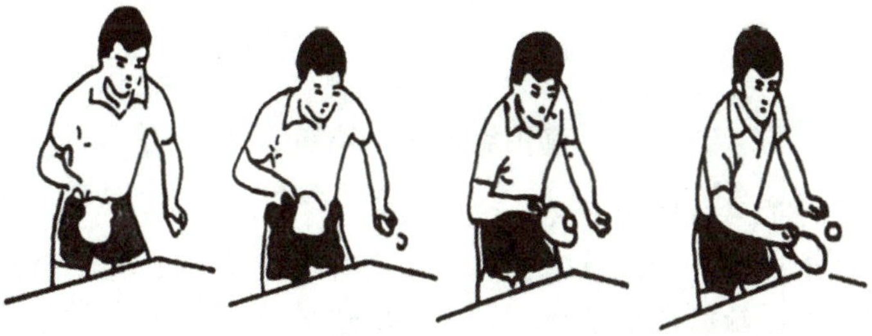

图 4-2-19　正手搓球

2. 反手搓球

反手搓球的动作，如图 4-2-20 所示。

动作要点：

①手臂自然弯曲，向身体左前上方引拍，拍面稍后仰。

②击球时，持拍手臂向前下方挥拍，在来球的上升期快搓，在来球的下降期慢搓，摩擦球的中下部。

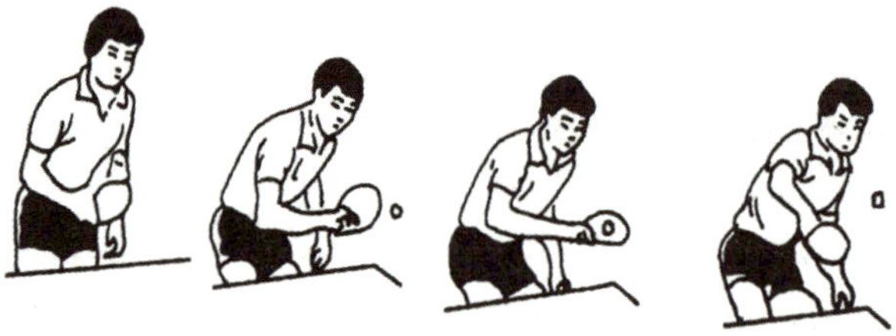

图 4-2-20　反手搓球

3. 搓侧旋球

动作要点：

①正手搓左侧下旋球时，球拍向身体的左前下方挥动，使球拍从球的中下部向左摩擦。

②反手搓右侧下旋球时，球拍向身体的右侧挥动，使球拍从球的中下部向右下摩擦。

③搓球时拍面稍后仰，在来球的高点期或下降前期触球，以前臂和手腕的发力为主。

4. 搓球技术的比较

搓球技术的比较，如表 4-2-4 所示。

表 4-2-4　搓球各项技术比较

名　称	击 球 前	击球时间	击球部位	发力（方法、方向）
正手搓球	向后上方引拍，拍面稍向后仰	快搓：上升期 慢搓：下降期	中下部	前臂、手腕适当加力
反手搓球	手臂自然弯曲，拍面稍后仰	快搓：上升期 慢搓：下降期	中下部	手臂快速向前下方挥拍
搓侧旋球	拍面稍后仰	高点期或下降前期	中下部	以前臂和手腕的发力为主

学识宝典

直拍绝技——快点

直板快点是对付近网短球的一大绝技。

技术要领：由于来球是近网短球，因此击球时上身要贴近球台，前臂伸入台内，球拍拍面后仰，这样才能触球的中下部。在球拍触球的瞬间，利用手腕的转动来摩擦球以制造击球弧线。这个动作容易让人联想到挑球，但二者还是有区别的。挑球发力的不只是手腕，还有小臂，且以打为主，快点则是以摩擦为主。正确运用快点要求判断准确，因为短球离网近，击球时调节弧线的难度也大，所以在击球前必须对来球的旋转性能、旋转程度、落点有一个准确的判断，并基于判断调整拍形。关于快点的路线，一般来讲以斜线为主，这是由于这个动作难度大、直线要求很高。

二、运动防护

（一）腕部损伤及防护

1. 常见损伤原因

腕部（手腕）主要由八块形状各异的小骨构成，正是基于这个特点，手腕才可以灵活地做出各种动作，但同时也容易导致手腕损伤。手腕的活动范围较小，当击球时，整个手臂起到速度杠杆的作用，手腕快速做出内旋外展动作，如果腕关节灵活性不好或腕关节力量较差，则容易发生运动损伤。

2. 防治措施

（1）做好手腕的准备活动。

（2）养成使用护具（护腕）的好习惯，不要发“死”力。

（3）轻度损伤时，手腕出现疼痛、活动受限、肿胀等症状；48～72 小时后，可以用中药熏洗，适当按摩，促进瘀血吸收，此时的治疗效果较好。重度损伤时，需要在医生指导下进行治疗。

（二）腰部损伤及防护

1. 常见损伤原因

在乒乓球运动中，人体始终要保持上身前倾的状态，这时，腰椎的棘上韧带始终保持前倾的状态，骶棘肌也长时间处于收缩紧张的状态，而许多人在运动结束后不注意放松，致使局部过度疲劳，以致受到损伤。在乒乓球运动中，几乎每一次击球都离不开转腰这个动作，腰部活动以大肌肉群为主，如果准备活动不充分，大肌肉群的惰性尚未克服，则也容易造成腰部损伤。

2. 防治措施

（1）打球前一定要做好腰部的准备活动。一般活动腰部 2～5 分钟即可。

（2）损伤较轻：指腰部软组织或韧带轻微损伤，应减少活动或停止活动，适当做些按摩、拔罐、远红外照射、贴膏药等，一般 5～7 日可愈。严重损伤：指腰部软组织或韧带撕裂、小关节明显错位或腰椎间盘突出等，需要卧床休息，并在医生的指导下进行治疗。

（三）膝关节损伤及防护

1. 常见损伤原因

据统计，在各类损伤中，膝关节的损伤比率占30%以上。由于在打球过程中，膝关节始终处于半弯曲状态，周围的韧带处于紧张和牵拉状态（如绷紧的橡皮筋）。如果在运动前膝关节没有进行适应性（或顺应性）训练，那么在突然过度牵伸时，就容易造成膝关节内外两侧副韧带的运动损伤。另外，膝关节损伤和乒乓球的打法有关，拉攻型和削球型打法，下肢的活动范围大、幅度大且速度快，易造成膝关节负担过重，容易导致损伤。因此，要根据个人情况调整打法类型，也可以加强对膝关节的锻炼以减少损伤的发生，如通过站桩、蹲马步来加强股四头肌力量；通过压腿、劈叉来提高股后肌群的柔韧性。

2. 防治措施

为了防止膝关节损伤，打球时应采取一些预防措施。首先，运动前一定要做好准备活动，包括慢跑、关节的旋转及牵拉。其次，使用护具，如护膝等，并科学地增加运动量。再次，打球时不要单面运动，如总是一个角度，老打正手或是反手，这是不平衡的，容易出现肌肉劳损。最后，每半小时应该休息一下，在休息的时候可以稍微走一走，以放松肌肉，消除疲劳。

第三节　乒乓球运动的基本战术

一、实战攻略指导

乒乓球的基本战术主要是指在比赛中根据对手的打法、技术特点及临场变化所采用的各项技术方法。只有技术高、技术掌握得全面，战术才能灵活多变。乒乓球的基本战术包括发球抢攻战术、接发球战术、对攻战术和搓攻战术等。

1. 发球抢攻战术

在比赛中发球时，要充分利用球的旋转、速度及落点变化来破坏对手的接球，为自己的进攻创造机会。

2. 接发球战术

用不同的技术接发球，可直接破坏对手的战术意图，最大限度地控制对方的发球抢攻，为自己的主动进攻创造机会。

3. 对攻战术

对攻战术是进攻型选手常用的战术之一。主要运用反手推挡（或反手攻球）和正手攻球（或拉弧圈球）的技术，将速度、力量和落点结合起来调动对手，以达到攻击对方的目的。

4. 搓攻战术

搓攻战术是进攻型打法的辅助战术。主要用搓球的旋转、速度和落点变化来控制对方，使之降低回球质量，为自己创造进攻的机会。

二、乒乓球运动的练习方法

1. 初学者的挥拍练习方法

掌握正确的握拍方法和挥拍动作，反复练习，使挥拍动作熟练。

熟悉球性：原地托球练习、行进间或小步跑托球练习、对墙击球练习等。

单线练习：正手攻球（或反手推挡），采用定点直线球或斜线球练习。

步法练习：配合挥拍动作进行步法练习（要求上下肢动作协调，身体重心略降低）。

2. 乒乓球体能训练

（1）耐力训练。

长跑：以 400 米跑道为例，女子每次跑 7 圈，男子每次跑 10 圈，要求每圈用时不超过 2 分 20 秒。

（2）力量训练。

大腿力量训练：大腿与地面平行，做“鸭步”状行走，30 米一组，5 组一次，中间不休息。

小腿力量训练：踮脚向前跳，大腿不用力，30 米一组，5 组一次，中间不休息。

上肢力量训练：俯卧撑 8 个一组，做 5 组；引体向上 6 个一组，做 5 组。

腰腹力量训练：仰卧起坐带转体，15～20 次一组，做 3 组。

（3）平衡训练。

单脚平衡：单脚站立，完成多次前俯后仰动作。

动态平衡：选择一个离地窄板，像走平衡木一样行走；单脚跳格子。

（4）柔韧训练。

单杠悬垂，拉伸肢体；压腿，下腰；拉伸身体两侧肌肉。

第四节 乒乓球运动的竞赛规则

一、场地与器材

1. 比赛场地

乒乓球的比赛场地为长方形，其长度不得小于 14 米，宽度不得小于 7 米，天花板高度不得低于 5 米。

2. 球台与球网

球台的长为 2.74 米，宽为 1.525 米，高为 76 厘米。球网的高为 15.25 厘米，长为 1.83 米。

3. 乒乓球

球的直径为 4 厘米，重量为 2.7 克，呈白色或橙色，且无光泽。

二、比赛通则

1. 发球

球自然地置于不执拍手的手掌心上，发球时，需用手把球垂直向上抛起，高度不得低于 16 厘米，当球下降时方可击球。每方发 2 个球后，交换发球权，依此类推，直至该局比赛结束。如双方比分都达到 10 分，这时发球轮次不变，实行每人只轮发 1 分球的轮换发球法。

2. 一局比赛

在一局比赛中，先得 11 分的一方为胜方。比分出现 10 平后，先多得 2 分的一方为胜方。

3. 一场比赛

一场比赛由奇数局组成。单打的淘汰赛一般采用七局四胜制，团体赛中的一场单打或双打一般采用五局三胜制，小组循环赛一般也采用五局三胜制。

4. 一次比赛

一次比赛是指两个队之间比赛一次。在国际比赛规则中称为“一场团体比赛”，国内为了方便常常把其称为“一次比赛”。

学思践悟

一、学有所思

（1）乒乓球运动有哪些基本技术？
（2）乒乓球运动有哪些基本战术？
（3）乒乓球运动有哪些竞赛规则？
（4）请你说说如何提高乒乓球比赛的观赏性。

二、知行合一

活动与探索

在班级内举办一场小型的乒乓球比赛，分为单打和双打两项。自由组队参赛，决出最后冠军。

第五章　羽毛球运动

学海导航

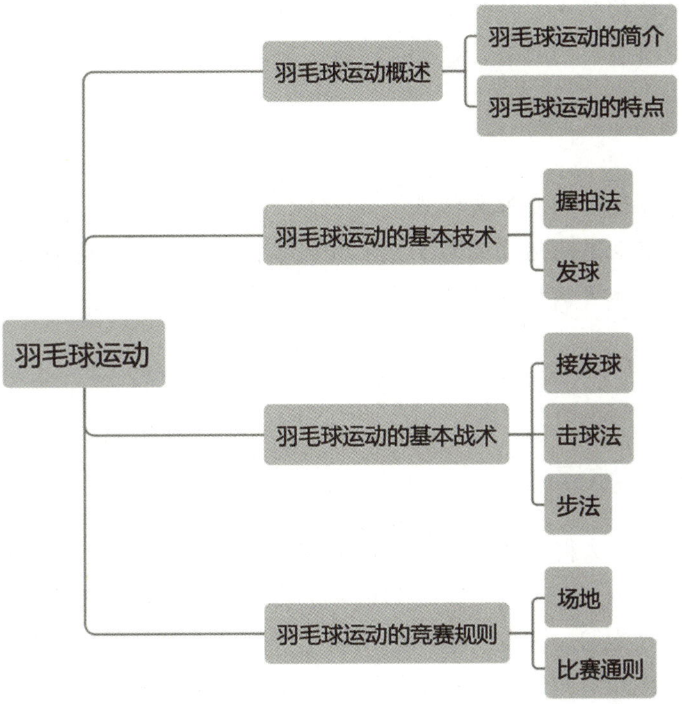

思政名片

赵芸蕾

赵芸蕾，湖北宜昌人，中国女子羽毛球运动员（已于2016退役），擅长双打项目。赵芸蕾与搭档田卿、张楠在世界羽毛球锦标赛中总计获得2次女双（2014年、2015年）及3次混双（2011年、2014年、2015年）冠军，多次以主力身份帮助中国队在尤伯杯、苏迪曼杯赢得冠军。在2012年伦敦奥运会中，赵芸蕾同时获得混合双打及女子双打金牌，成为中国羽毛球历史上第一位奥运双冠王。

2022年6月21日，世界羽毛球联合会宣布，已退役的中国羽毛球双打名将、伦敦奥运会“双冠王”赵芸蕾入选2022年世界羽联名人堂。赵芸蕾在接受采访时表示：“此殊荣不仅代表着对自己职业生涯的肯定，更意味着我步入了为体育事业、为羽毛球发展做贡献的新阶段。”

退役后，赵芸蕾除回到高校深造并取得博士学位外，也一直致力于羽毛球运动的推广和普及。她尤其注重向青少年群体传递奥运精神、体育精神，用自己的故事激励和影响他们。“体育的发展不仅是一条创新之路，更是一条传承之路。”赵芸蕾说，“在时代发展日益创新的大形势下，体育的发展更需要传承追求卓越、敬业热爱的精神。”

每一个人都应享有从事体育运动的可能性，而不受任何形式的歧视，并体现相互理解、友谊、团结和公平竞争的奥林匹克精神。奥林匹克运动是体育、文化、教育相结合的产物，它的教育价值表现在促进人的身心发展、推进社会的发展和进步、维护人和自然的友好关系、构建美好和平的世界。在学校普及开展奥林匹克教育，能够帮助学生树立正确的价值观，即树立全面发展的观点、集体主义的观念、公平竞争的理念和拼搏进取的精神。奥林匹克运动在高校中有重要的教育价值，它能够促进大学生的健康成长，使其树立远大理想，形成终身体育观。

学习目标

- 了解羽毛球运动的起源与特点。
- 学习并掌握羽毛球运动的基本技术和战术，了解羽毛球运动的竞赛规则。
- 培养良好的体育锻炼的习惯。

第一节　羽毛球运动概述

一、羽毛球运动的简介

羽毛球是一项被广大群众喜爱的体育运动项目，它具有球小、速度快、变化多等特点。运动器材设备比较简单，在室内、室外都可以进行。运动量可大可小，不同年龄、性别和身体条件的人都可以参加。因此，这项运动易于开展和普及。经常参加羽毛球运动不但可以发展身体的灵敏性和协调性，提高动作速度和上下肢活动的能力，改善心血管系统的功能，而且有助于培养勇敢顽强、机智果断等品质。

关于羽毛球运动的起源有很多说法，由于国家、民族、文化及语言等的差异，因而对原始羽毛球名称的叫法有所不同。目前，世界上就这项运动始于何时、何地的问题众说纷纭，很难找出一个准确的答案。不过，对现代羽毛球运动名称由来的说法基本一致。据记载，19 世纪中叶，英国公爵鲍佛特在英格兰格拉斯哥郡的伯明顿（Badminton）庄园举办了一次家庭社交活动。由于当时在下雨，客人们只得待在室内，时间一长，不免感到单调无味，于是一位从印度退役的英国军官便将在印度孟买见到的“普那”（Poona，一种类似羽毛球运动的游戏）介绍给大家，这项活动的趣味性较强，很快引起了许多人的兴趣。于是，有人提议就以这个庄园的名字 Badminton 来命名这项运动。

1875 年，羽毛球运动正式出现于人们的视野中。1893 年，英国的羽毛球俱乐部逐渐发展起来，成立了第一个羽毛球协会，规定了场地的要求和运动的标准。1934 年，羽毛球世界联合会成立（原名为国际羽毛球联合会，于 2006 年更名）。1981 年，中国羽毛球协会正式加入羽毛球世界联合会。

二、羽毛球运动的特点

1. 全身性运动

在羽毛球运动中，运动者需要在场地上不停地进行脚步移动、跳跃、转体、挥拍，合理地运用各种击球技术和步法将球在场上往返对击，从而增大上肢、下肢和腰部肌肉的力量，加快全身血液循环，增强心血管系统和呼吸系统的功能。据统计，在高强度羽毛球运动中，运动者的心率可达到每分钟 160～180 次；在中强度羽毛球运动中，运动者的心率可达到每分钟 140～150 次；在低强度羽毛球运动中，运动者的心率可达到每分钟 100～130 次。长期参加羽毛球运动，可使心跳强而有力，肺活量加大，耐久力提高。此外，羽毛球运动要求运动者在短时间内对瞬息万变的球路做出判断，并果断地进行反击，因此，它能提高人体神经系统的灵敏性和协调性。

2. 可调节运动量

羽毛球运动适合于男女老幼，运动量可根据个人的年龄、体质、运动水平等特点而定。对于青少年来说，羽毛球运动可作为促进生长发育、提高身体功能的有效手段，运动量宜为中强度，活动时间以 40～50 分钟为宜。适量的羽毛球运动能促进青少年增长身高，能培养青少年自信、勇敢、果断等优良的心理素质。对于老年人和体弱者来说，可将羽毛球运动作为保健康复的方法，运动量宜较小，活动时间以 20～30 分钟为宜，达到出出汗、弯弯腰、舒展关节的目的，从而增强心血管和神经系统的功能，预防和治疗老年心血管和神经系统方面的疾病。对于儿童来说，可将羽毛球运动作为一种活动性游戏，让他们在阳光下奔跑跳跃，培养他们不畏困难、不怕吃苦、不甘落后的品质。

3. 不受场地的限制

羽毛球运动（非竞赛）对设备的要求比较简单，只需两个球拍、一个球和一条绳索即可，平时进行羽毛球运动只要有平整的空地就可以了。羽毛球运动不仅可以在正规的室内运动场开展，也可以在公园、生活小区等地开展。当在户外进行羽毛球运动时，人们可以呼吸新鲜空气，受到阳光照射，改善人体的血液循环和新陈代谢，同时感受大自然的美丽，在运动中怡心健体。

4. 集体、个人皆宜

羽毛球运动既可单兵作战（单打），又可集体会战（双打）。单打时，运动者可以在规定范围内，随心所欲地打出不同弧线、不同远度、不同力量、不同速度和不同落点的球；双打则可以使运动者养成协调配合的习惯，有助于培养集体主义精神。

名人语录

教育上的秘诀，便是使身心两种锻炼可以互相调剂。

——卢梭

第二节　羽毛球运动的基本技术

一、握拍法

掌握羽毛球拍的正确握法，对于提高羽毛球技术水平有着重要的影响。羽毛球技术中的握拍法是多种多样的，但是基本的握拍法有两种，即正手握拍法和反手握拍法。

1. 正手握拍法

正手握拍法，先用右手拿住球拍，使拍面与地面垂直，然后右手虎口对准拍柄窄面内沿，以握手式握住拍柄，小指、无名指和中指并握，食指稍分开，大拇指与中指相近，拍柄端约与手部的小鱼际肌持平，如图 5-2-1 所示。

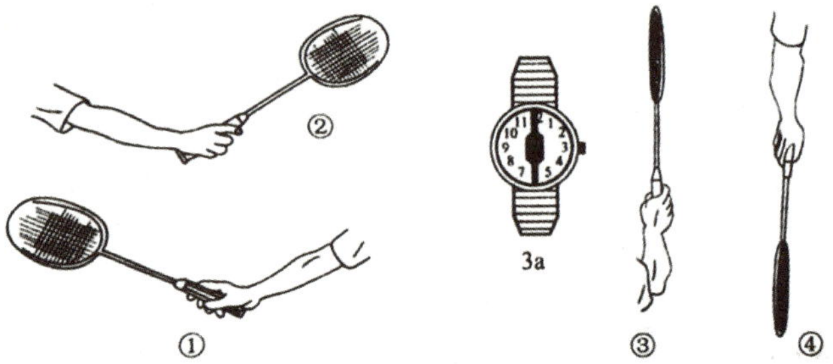

图 5-2-1　正手握拍法

2. 反手握拍法

反手握拍法在正手握拍法的基础上，拍柄稍向外转，食指收回，拇指第一指节的内侧贴在拍柄内侧的宽面上，柄端紧靠小指根部，使手心留有空隙，如图 5-2-2 所示。

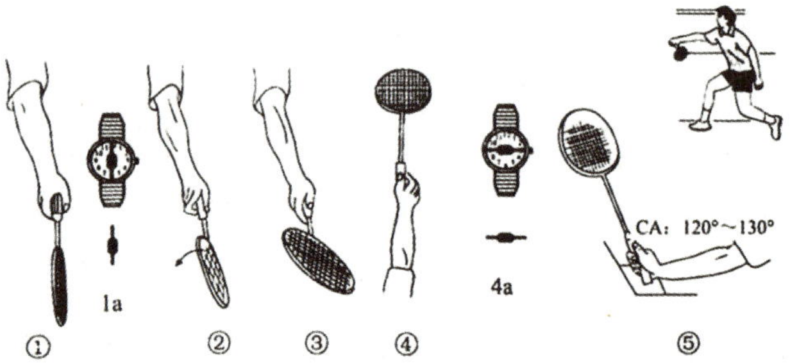

图 5-2-2　反手握拍法

3. 动作要领

（1）正手握拍法如同与人握手的方式。注意虎口不是对着拍柄宽面，而是对着拍柄窄面内沿。

（2）注意握拍的松紧度。握拍太紧，动作必然僵硬；握拍太松，击球无力，且动作可能不正确。

（3）注意调整握拍。击高球和扣杀球时，击球的瞬间需要握紧拍柄发力，握拍有些变化，虎口变成对着侧面的窄面上，才能以球拍正面击球，击球后则应调整恢复到虎口对着拍柄窄面内沿的原有正手握拍法。

4. 练习方法

（1）固定球拍，按照正确方法进行握拍，体会握拍的感觉。

（2）进行正、反手握拍转换练习。从正手握拍举于右肩上，到反手握拍举于左肩上。反复练习，体会拇指和食指将拍柄捻动后，手指和拍柄接触部位不同的要求和变化。

二、发球

单打时站在中线附近，离前发球线约 1 米；双打时可稍站前些。左肩侧对球网，左脚在前，脚尖向网；右脚在后，脚尖稍向右侧，两脚距离与肩同宽，身体重心放在后脚上，右手握拍向右后侧举起，肘部微屈，两眼注视对方所站位置，如图 5-2-3 所示。按照球在空中飞行的弧线，发球可以分为发高远球、平高球、平快球、网前球，如图 5-2-4 所示。

图 5-2-3　发球站位

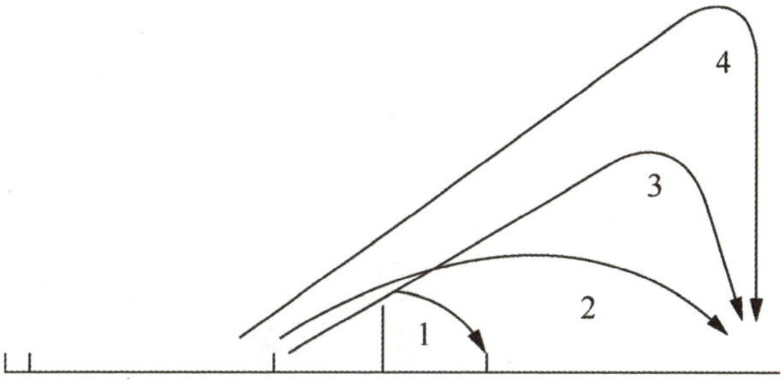

图 5-2-4　发球的种类

注：1—网前球；2—平快球；3—平高球；4—高远球

1. 动作要领

（1）发高远球。

高远球的运行轨迹又高又远，下落时与地面垂直，落点在对方场区底线附近。发球时，左手把球举在身体的右前方并自然放下，使球下落；同时，右手持拍由大臂带动小臂，从右后方向前并向左上方挥动。当球落到右手臂向前下方伸直能触到球时，握紧球拍，并利用手腕的力量向前上方发力击球，击球点在右侧前腰下，击球之后，球拍顺势向左上方挥动缓冲，如图 5-2-5 所示。

图 5-2-5　发高远球

（2）发平高球。

发平高球时，拍面与地面成 45°，飞行弧度比高远球弧度小，其余动作和发高远球相同。

（3）发平快球。

发平快球时，站位稍靠后，拍面与地面成 30°，发平快球带网而过，直插后场。

（4）发网前球。

发网前球时，击球挥拍幅度较小，力量较轻，拍面稍后仰，使球恰好越网，落在对方接球区前发球线附近，如图 5-2-6 所示。

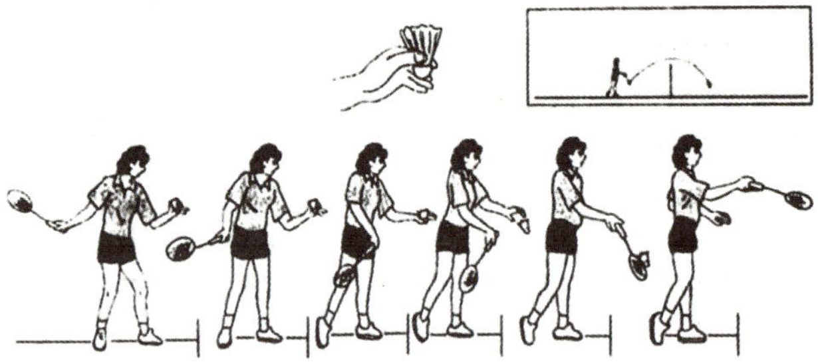

图 5-2-6　发网前球

2. 练习方法

（1）正手向上颠球练习。

首先要求保持展髋，握拍放松，前臂内旋，中指、无名指和小指由松到紧，用手腕的回环动作击球。

（2）用吊线球进行正手发球练习。

将球系在 5 米以上吊线的下端，球的高度调至与练习者膝关节平齐或稍低些。用球拍向前上方击球，模仿正手发高远球的动作。要求以完整的发球动作击吊线球。

（3）对墙发球练习。

体会球下落时间与挥拍速度之间的关系。首先注意技术动作的准确性，然后再强调击球的准确性。

（4）在场地上进行正式发球练习。

注意技术动作的准确性后，再对球的飞行弧度和落点进行质量要求。

（5）上肢力量练习。

①羽毛球掷远或掷垒球练习。

②绕腕练习，手持哑铃于体前或体侧做绕“8”字练习。

③挥拍练习，挥球拍，重点进行前臂、手腕、手指的各种击球动作的练习，感受不同部位的发力特点，以提升击球的爆发力。

④转臂练习，手持哑铃于体侧做旋内、旋外练习。

第三节　羽毛球运动的基本战术

一、接发球

无论是单打还是双打，都应该选择一个合理的接发球站位。单打时，站位离前发球线约 1.5 米处，一般左脚在前，右脚在后，双膝微屈，收腹含胸，身体重心放在前脚上，后脚脚跟稍抬起，身体半侧向球网，球拍举在身前，两眼注视对方，如图 5-3-1 所示。如果站在右发球区，则应靠近中线；如果站在左发球区，则应靠近中间位置，以防对方直线进攻反手部位。双打时，发球线比单打短 0.76 米，发高远球易被扣杀，因此双打多发网前球。接发球时要站在靠近前发球线的地方，球拍要举得高些，在球来到网上最高点时击球，争取主动。

当对方发来高远球时，可用平高球、吊球或扣杀球还击，如图 5-3-2 所示。当对方发来网前球时，可用平高球、高远球、网前球、平推球还击。当对方发来平快球时，可用平推球、平高球还击，以快制快，也可用高远球还击。

图 5-3-1　接发球站位

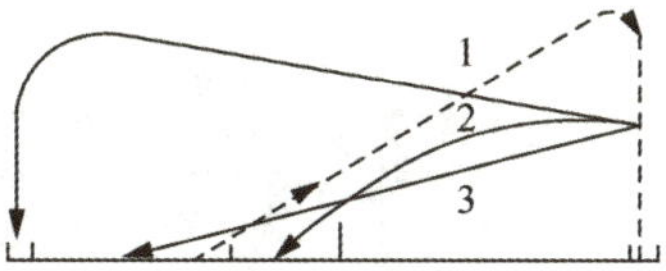

图 5-3-2　高远球的还击方法

注：虚线—高远球；1—平高球；2—吊球；3—扣杀球

二、击球法

1. 高手击球

高手击球的击球点高、速度快、力量大，是快攻打法最基本的技术之一。

（1）高远球。

进攻时，发高远球可逼迫对方退离中心位置，削弱对方进攻威力，消耗对方体力，使对方回球失误；防守时，当对方连续进攻使自己步法慌乱时，可用高远球争取时间，回到中心位置，摆脱被动局面。高远球有高手高远球和低手高远球 2 种。高手高远球又分为正手高远球、反手高远球和头顶高远球 3 种。

①击正手高远球时，判断来球的方向和高度，适当移动位置，使击球点尽量在右肩稍前的上空，左脚在前，右脚在后，身体重心放在右脚前脚掌上；屈臂举拍于肩上，握拍手臂向后摆，肘关节向后侧提高，使球拍后引到头后，自然伸腕；然后在后脚蹬地、转体和腰腹的协调用力下，以肩为轴，大臂带动小臂快速向前上方甩动手腕，在手臂伸直的最高点击球。击球后，持拍手臂顺惯性往前下方挥动并收拍至体前，如图 5-3-3 所示。

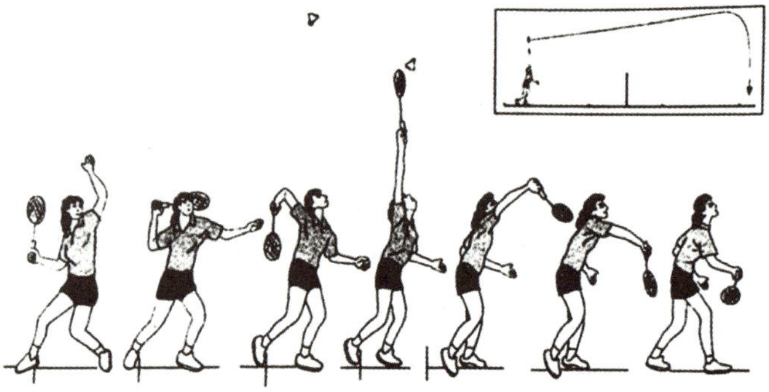

图 5-3-3　击正手高远球

②击反手高远球时，反手握拍，右脚前交叉跨到左侧底线，背向网，身体重心在右脚上，球拍举于左胸前，拍面朝上，双膝微屈，腿和腰腹协调用力，大臂带动小臂，肘部上抬与肩平行时，小臂带动腕部闪动，在右上方伸直手臂向后击球，如图 5-3-4 所示。

图 5-3-4　击反手高远球

③击头顶高远球时，姿势及击球动作同击正手高远球基本一致。不同的是，击头顶高远球的击球点在左肩上方。准备击球时，侧身（左肩对网）稍左后仰，大臂带动小臂，从左上方向前加速挥动，击球时，注意发挥手腕的爆发力，并充分利用蹬地及收腹的力量。

（2）吊球。

吊球是指将对方击来的高远球从后场还击到对方网前区，以打乱对方阵脚。吊球打法用力较小，但要准确地把球击到对方前发球线以内离边线 50 厘米附近。

吊球有多种打法，初学者应先学好高手吊球。高手吊球按球的飞行弧线和击球动作的不同，分为劈吊球和拦截吊球，如图 5-3-5 所示。劈吊球击球用力较轻，挥拍时拍面稍斜，击球一刹那，前臂突然减速，利用手腕快速闪动，向左下切削，球拍触球托的偏右部位，如图 5-3-6 所示。拦截吊球主要用于把对方的平高球拦截回去，拍面正对来球，当拍面和球接触时，轻轻一挡，让球以较平弧线、较慢速度越网垂直下坠。

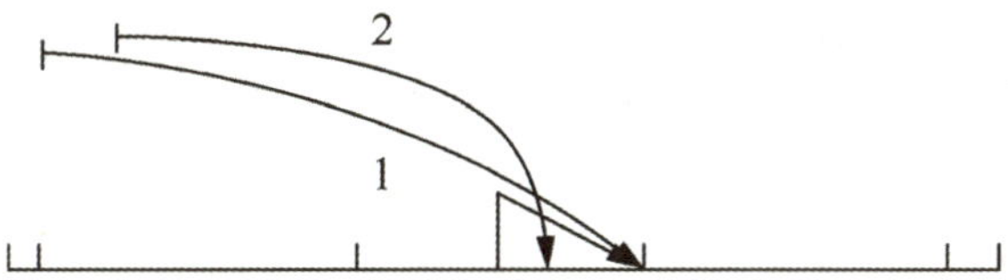

图 5-3-5　吊球种类

注：1—劈吊球；2—拦截吊球

图 5-3-6　劈吊球

（3）扣杀球。

扣杀球是一项进攻技术，可分为正手扣杀、反手扣杀和头顶扣杀 3 种。初学者应先掌握好正手扣杀。击球动作大体和正手高远球一样，不同的是击球一刹那需用全力，前臂快速带动手腕下压，触球时拍面前倾，向前下方用力，击球点在右肩的前上方，如图 5-3-7 所示。

图 5-3-7　扣杀球

（4）练习方法。

①持拍进行准备、引拍、挥拍、击球（还原）的基本功练习。握拍要正确、合理，左右手、前后脚及转体收腹等动作协调，在最高点击球。

②原地进行起跳转体 90°，着地后即返回原地，反复起跳并完成挥臂动作的练习。

③多球式喂球或一对一陪练式喂球，让练习者移动到位击球。

④两人用高吊、高杀直线或斜线球进行对练，注意击球的位置，提高稳定性、准确性。

2. 网前击球

网前击球要求握拍活、击球点高、步法快。网前击球包括搓球、推球、扑球、挑高球、勾球。

（1）搓球。

右脚向前成弓步，侧身对网，重心在右脚上，手臂向前伸出，出击要快，击球点要高，握拍的手腕和手指自然放松，拍面右边稍高，斜对网。击球前，前臂外旋，手腕外展，引拍至右侧。击球时，用手腕和手指发力加快挥拍的速度，切、搓球托的底部使搓出的球翻滚贴网，如图 5-3-8 所示。

图 5-3-8　搓球

（2）推球。

推球是指在网前将球以低平弧线快速推到对方的底线，动作与搓球相似，只是在击球的一刹那，拍面几乎与网平行，靠手腕转动及手指的力量向前快速闪动将球击出，如图 5-3-9 所示。

图 5-3-9　推球

（3）扑球。

扑球是指当对方发网前球（或回击网前球）时，在球刚越网（偏高）时即迅速上网向斜下扑压，是一种威力较大的进攻技术。蹬步上网，身体右侧扑向网前，迅速举拍向前，拍面前倾，击球时用手腕和手指的力量向前下方闪击，拍触球后立即回收，以免球拍触网违例，如图 5-3-10 所示。

图 5-3-10　扑球

（4）挑高球。

挑高球是在被动的情况下使用的防守技术。举拍在身前，前臂略弯曲，右脚向网前跨出一大步，侧身向网。击球时以肩为轴，自下而上用前臂带动手腕和手指快速朝前上方挥拍。若来球离网较远，拍面可后仰向前上方击球；若来球较贴网，拍面应稍向上，击球时要向上提拉，如图 5-3-11 所示。

图 5-3-11　挑高球

（5）勾球。

勾球是指将对方击到自己前场区域位置的球回击到与自己成对角线位置的对方网前区域内的击球技术。它和搓球、推球结合起来运用，常能达到声东击西的目的。

（6）练习方法。

①进行正、反手握拍上网前的移动练习。练习一步垫步上网，两步跨步上网，三步交叉跨步上网。

②两人隔网对练搓球、勾球。

③多球上网，进行搓、推、勾、扑球动作练习。

④吊球上网，进行搓、推、勾、扑球动作练习。

⑤扣杀球上网，进行搓、推、勾、扑球动作练习。

3. 低手击球

低手击球是技术难度较大的防守技术。抽球、网前接杀球均属于低手击球。

（1）抽球。

抽球是应对对方长杀半场球和平球进攻的反攻性技术。有半场正、反手抽球和底线正、反手抽球。半场正、反手抽球时，击球点在肩部以下，用力特点是以躯干为竖轴，做半圆式（与地面平行）的挥拍击球动作，击球点应争取在身前。击球时，脚的步法要配合好。正手抽球时，右脚向侧后方跨出，如图 5-3-12（a）所示。反手抽球时，一种是左脚向侧稍后迈出一步，另一种是右脚前交叉，向左前方迈出一小步，背向网。挥拍发力时，重心放在右脚，要借助腰部的扭转，然后以前臂带动手腕，手指抽鞭式地向前闪动击球，如图 5-3-12（b）所示。

图 5-3-12　抽球

（2）网前接杀球。

网前接杀球时，双脚平行站立，略宽于肩，重心稍下降，双目注视来球方向。接球时，握拍要松，主要靠手腕和手指来控制球拍，预摆动作要小，球拍摆在体侧。挡直线网前球时，拍面稍后仰正对网，身体重心移向接球一侧脚上。球拍触球的一刹那，或稍向上提拉触球，或稍向下削球。挡网前球主要是借来球的速度和力量将球反弹回去的。挡对角线网前球时，要调整拍面朝向对方网前斜对角，如图 5-3-13、图 5-3-14 所示。

图 5-3-13　网前接杀球

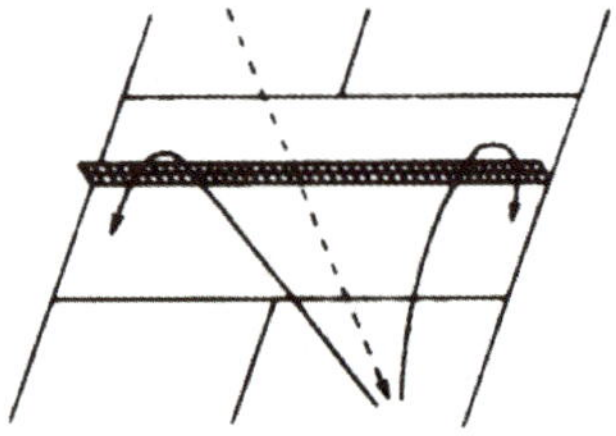

图 5-3-14　挡对角线网前球

（3）练习方法。

①练习半场正手抽球与反手抽球。

②练习正手接杀放网与反手接杀放网。

③进行挥球拍反应速度练习。

④根据口令、信号进行起动练习。

⑤开展听口令快速转身跑击球练习。

⑥进行高频率跨越障碍物练习（可将 10 个羽毛球一字排开，两球间距离 1.2～1.5 米）。

三、步法

1. 步法的构成

初学羽毛球的人往往重视学习手上的击球功夫，而忽略脚上的移动功夫。在羽毛球运动中，如果步子慢、跑不到位，那么球拍就常打不到球。所以，从某种意义上讲，比赛也是在场上比步法，步法稍差的人，常被击败。

羽毛球运动的步法是由起动、移动、到位配合击球和回动 4 个环节构成的。

（1）起动。

起动包括判断和反应，判断正确、反应快，才能迅速起动。因此在起动这一环节中，除提高反应速度外，也要提高判断能力。

（2）移动。

从中心位置移到击球位置，这其中步数多少、步频快慢、步幅大小决定了运动者在场上的速度。

（3）到位配合击球。

到位后，步子做小调整，形成一个合理的击球姿势，以便发力击球；击球时，上肢与下肢要配合好，协调用力；下肢位置的合理性直接影响击球的速度、力量和准确性。

（4）回动。

击球后要尽快恢复身体的平衡，并回到中心位置，做好迎击下一来球的准备。

2. 常用步法

从中心位置开始向场区各个角落移动的常用步法有上网步法、后退步法和两侧移动步法 3 种，如图 5-3-15 所示。

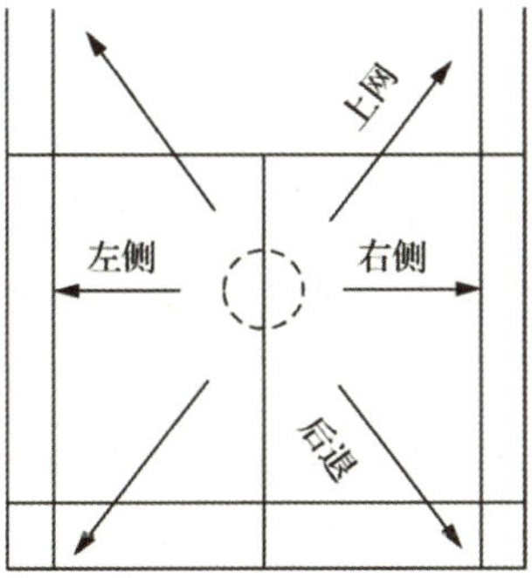

图 5-3-15　移动步法

（1）上网步法。

上网步法是指从中心位置向网前移动的步法，可以分为正手上网步法、反手上网步法及蹬跳上网扑球步法。

①正手上网步法：左右脚稍前后开立，做好准备姿势。距来球较近时，采用一步上网，左脚向后蹬，右脚向前跨一大步，如图 5-3-16（a）所示；距来球稍远时，采用两步上网，左脚向来球方向迈出一小步，接着左脚稍向后蹬，右脚向前跨一大步，如图 5-3-16（b）所示；采用三步上网时，右脚向右前方迈一小步，接着左脚交叉越过右脚向右前方迈出一步，然后右脚冲着来球方向跨出一大步，如图 5-3-16（c）所示。

②反手上网步法：反手上网步法的动作同正手上网步法，只是方向朝左前方移动，用反手握拍法击球；起动后，右侧髋部转向左前方，使得身体右侧斜对反手网前区，如图 5-3-17 所示。

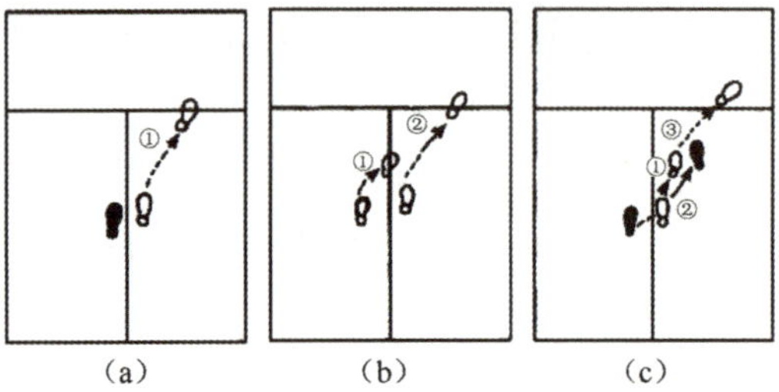

图 5-3-16　正手上网步法

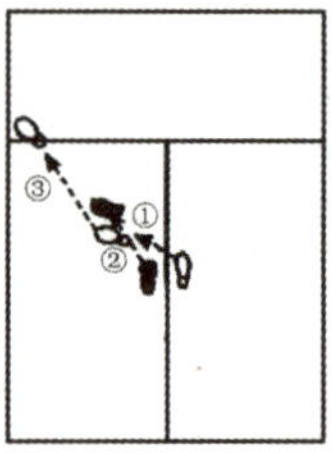

图 5-3-17　反手上网步法

③蹬跳上网扑球步法：蹬跳上网扑球步法是一种特殊的上网步法，当对方发球或回击网前球，球距网顶略高时，为了争取时机，省略了上网步法中的移动过程，从起动开始，身体前倾，双脚蹬地，右脚前跨，身体在空中扑球；扑球后，腾空的身体下降，双脚落地，往往右脚先落地。然后调整身体重心，恢复正常姿势。

（2）后退步法。

后退步法是指从中心位置后退到底线的步法，可以分为正手后退步法和反手后退步法。

①正手后退步法：与上网步法一样，根据来球的远近用一、二、三步后退。一步后退是指右脚尖向后蹬离地面，同时右髋部转向右后方，右脚向右后跨一大步，如图 5-3-18（a）所示；二步后退是指左脚向右后退一小步，右脚向右后迈一大步，如图 5-3-18（b）所示；三步后退是指右脚蹬转后，向右后迈出一步（这时侧身向网），左脚立即向右脚并拢（或左脚后交叉一步），然后右脚再向右后迈一大步，如图 5-3-18（c）所示。

②反手后退步法：脚步移动方法如同正手后退步法，只是向左后方移动，用反手握拍法击球；起动后，右侧髋部转向左后方，背部向网，如图 5-3-19 所示。

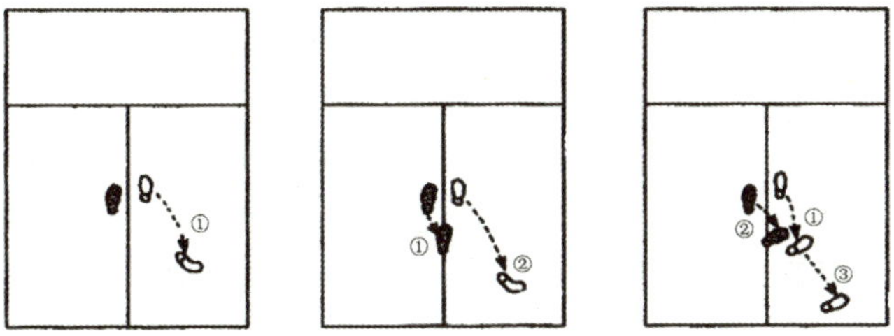

（a）　（b）　（c）

图 5-3-18　正手后退步法

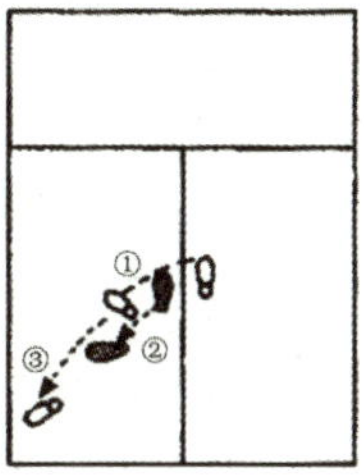

图 5-3-19　反手后退步法

（3）两侧移动步法。

两侧移动步法是指从中心位置移动到击球点的步法，可以分为向右侧移动步法和向左侧移动步法。

①向右侧移动步法：如来球不是很靠近边线，则以左脚内侧蹬地，上身倾向右侧，右脚向右侧跨步，脚尖朝外；如来球较靠近边线，则以左脚向右脚靠拢垫一步，然后左脚蹬地，右脚向右侧跨步。

②向左侧移动步法：如来球不是很靠近边线，则可用右脚内侧蹬地，左脚向左侧跨出一步；如来球较靠近边线，则左脚向左侧迈一小步，右侧髋部转向左侧，右脚前交叉向左侧跨一步，背向网。

（4）练习方法。

①进行垫步、并步、蹬步、交叉步、跨步等单个步法的反复练习。

②进行上网步法练习，移动顺序为中心位置—上右网前—回中心位置—上左网前—回中心位置。

③进行正手后退右后场步法练习。从起动开始，右脚向右后侧移动，髋部带动身体转向右后场，以并步或交叉步向后移动到接近底线的位置，然后起跳（单、双脚均可）击球。完成击球后回中心位置，多次重复练习。

④进行两侧移动步法练习。

第四节　羽毛球运动的竞赛规则

一、场地

标准羽毛球球场为长方形，长度为 13.4 米（单、双打相同），双打场地宽为 6.1 米，单打场地宽为 5.18 米。球场上的各条线宽均为 4 厘米，丈量时要从线的外沿算起。场地中的界线用白色、黄色或其他易于识别的颜色画出。按国际比赛规定，羽毛球场上空 12 米以内，不得有任何障碍物，且球场四周 2 米以内不得有任何障碍物。任何并列的两个球场之间，最少应有 2 米的距离。球场四周的墙壁最好为深色，不能有风。

羽毛球球网长 6.1 米，宽 76 厘米。球场中央网高 1.524 米，球网两端高 1.55 米。球网的两端必须与网柱系紧，它们之间不应有缝隙。

二、比赛通则

（一）挑边

赛前采用挑边的方法（抛硬币）来决定发球方和场区。挑边赢者将优先选择发球权或场区。

（二）计分方法

2006 年 5 月，羽毛球世界联合会在日本东京举行的年度代表大会上决定实行 21 分的新赛制。21 分的赛制对于提高运动员的积极性、减少运动员受伤等方面较 15 分制有更大的优势。

21 分制实行每球得分制，每局获胜分皆为 21 分，最高不超过 30 分。每场比赛采取三局两胜制，先到 21 分的一方赢得当局比赛。如果双方比分为 20：20，则一方需超过对手 2 分才算取胜；如果双方比分打成 29：29，那么先到 30 分的一方获胜。首局获胜的一方在接下来的一局比赛中先发球。

（三）站位方式

1. 单打站位

当发球方得分为 0 或偶数时，双方运动员均在各自的右发球区发球或接发球；当发球方的得分为奇数时，双方运动员均在各自的左发球区发球或接发球。

2. 双打站位

比赛中，当发球方得分为 0 或偶数时，球由右发球区对角发向对方场地的右接发球区；当发球方得分为奇数时，球由左发球区对角发向对方场地的左接发球区。比赛中，当一方连续得分时，发球者必须在右或左发球区交替发球，而接发球方队员的位置不变。

双打比赛采用单发球权规则，也就是每次一方只有一次发球权。发球失误不仅丢失发球权，也将丢失 1 分。如果这时拥有发球权的一方的得分为奇数，则必须由位于左发球区的选手发球；如果此时拥有发球权的一方的得分为偶数，则必须由位于右发球区的选手发球。

在双打比赛中，只有接发球队员才能接发球，若其同伴接发球或被球触及则判违例，判发球方得分。当发球被回击后，球可由发球方二人中的任何一人击回，不得连击，如此往返直至死球。双打比赛发球时，发球队员和接发球队员必须站在规定的发球区和接发球区内发球和接发球，他们的同伴站位可以不受限制，但不得妨碍对方。当运动员发球或接发球顺序有误时，已得比分有效，应及时纠正方位或顺序。

（四）赛中间歇方式

每场比赛均采用三局两胜制。当任一方在比赛中得到 11 分后，比赛将间歇 1 分钟；两局比赛之间的间歇时间为 2 分钟。

（五）赛中常见的违例

（1）发球时，在击球的瞬间，发球员的拍杆应指向下方。否则，判违例。

（2）发球时，在击球的瞬间，整个球应低于发球员的腰部。否则，判违例。

（3）发球开始后，挥拍动作不连贯，判违例。

（4）自发球开始至发球结束，发球员或接发球员的两脚都必须有一部分与球场地面接触，不得移动，且都必须站在斜对面的发球区内，脚不得触及发球区或接发球区的界线。否则，判违例。

（5）最初击球点不在球托上或发球时未能击中球，判违例。最初击球点不在球托上是指发球时，球拍先触及球的羽毛或同时击中羽毛和球托。

（6）发球时，球没有落在规定的接发球区内（如未过网、挂在网上、停在网顶等），判违例。球从网下（网孔）穿过、触及天花板、触及运动员的身体或衣服，均判违例。

（7）球触及球场外的其他物体或人，判违例。击球点超过网的向上延伸面，即在对方场区上空击球，判违例。

（8）运动员的球拍从网上、网下侵入对方场区导致妨碍对方、分散对方注意力或阻挡对方靠近球网合法击球，判违例。

（9）同一运动员连续两次挥拍击中球，或双打的同方两名队员连续各击中球一次，判违例。

（10）球停在球拍上，紧接着被拖带抛出，判违例。

（11）运动员严重违反、屡次违反比赛的连续性规定或运动员行为不端，判违例。如擅自离开比赛场地喝水、擦汗、换球拍、接受场外指导等，或故意改变球形、破坏羽毛球、举止无礼等。

（六）重发球

（1）重发球时，原回合无效，由原发球员重新发球。

（2）除发球外，球过网后，挂在网上或停在网顶，判重发球。

（3）发球时，发球方和接发球方同时被判违例，将重发球。

（4）发球方在接发球方未做好准备时，将球发出，判重发球。

（5）球在飞行时，球托与球的其他部分完全分离，判重发球。

（6）裁判员对该回合不能做出判决时，判重发球。

（7）当出现意外情况时，判重发球。

（七）交换场地

（1）第一局比赛结束时，双方应交换场地。

（2）在第三局比赛开始前，双方应交换场地。

（3）在第三局比赛中，一方得分先到 11 分时，双方应交换场地。

（4）当应交换场地而未交换时，一旦发现应立即交换，已得分数有效。

学识宝典

羽毛球的运动价值

无论是进行有规则的羽毛球比赛，还是进行一般性的羽毛球练习，都要在场地上不停地进行脚步移动、跳跃、转体、挥拍，合理地运用各种击球技术和步法将球在场上往返对击，这可以有效增强上肢、下肢和腰部肌肉力量，加快锻炼者的全身血液循环，增强心血管系统和呼吸系统的功能，有效放松肩部和颈部。同时，羽毛球运动也是一种减压方法，有助于放松和调整心态。

学思践悟

一、学有所思

（1）羽毛球运动的基本技术有哪些？

（2）羽毛球运动的基本战术有哪些？

（3）你知道哪些羽毛球明星？

二、知行合一

羽毛球小游戏

1. 游戏目的

开展羽毛球小游戏，可以有效调动学生的课堂积极性。同时，通过“听口令跑步”的方式，能够有效锻炼学生的反应能力及起跑速度。

2. 游戏内容

将学生分成人数相等的几个小组，每小组由一名学生负责掷羽毛球，其他学生站成一路纵队。掷球者喊“预备”，纵队排头学生做好站立式起跑姿势，掷球者喊“跑”的同时，用力将羽毛球向前上方掷出。在羽毛球被掷出的瞬间，起跑者立即以最快速度向前跑出，争取将羽毛球接住。起跑者接住球后，充当下一轮的掷球者，原先的掷球者则返回队尾，依次进行掷球与接球的练习。

第六章　网球运动

学海导航

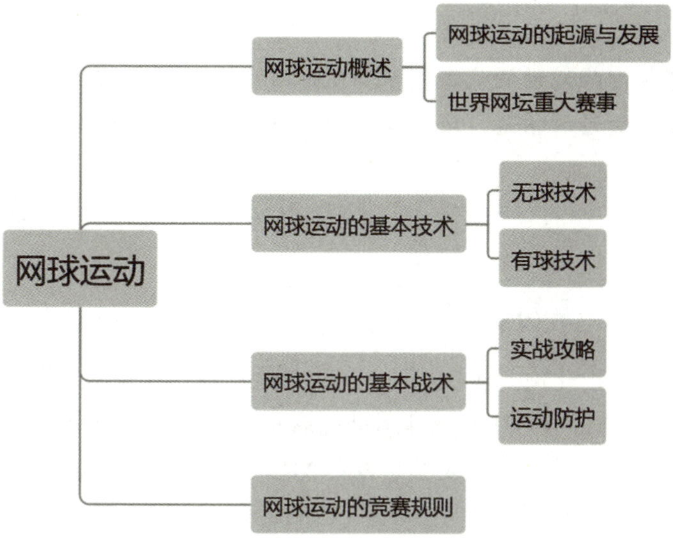

思政名片

郑钦文

郑钦文，中国网球运动员，2002年10月8日出生于湖北省十堰市，6岁的时候便表现出体育天赋，随后开始学习打网球，曾师从李娜的启蒙教练夏溪瑶，后拜师余丽桥进行训练。2020年8月29日，郑钦文在ITF世界女子网球巡回赛W15科尔德农斯站夺得成人赛首个冠军。在2022年法国网球公开赛女单第三轮中，郑钦文成为继郑洁、李娜和张帅之后第四位闯入“法网16强”的中国金花。2022年，郑钦文被新华社体育部评为2022年度“中国十佳运动员”。

在2022年法网的几场比赛中，郑钦文在场上坚定自信、冷静沉着的表现给人留下深刻印象。实际上就在两个多月前，她因为自己的情绪波动丢掉了一场很重要的比赛。那是3月的印第安维尔斯赛场，这是郑钦文的WTA1000级别的赛事首秀。她的第二轮对手是三座大满贯冠军得主、时年35岁的老将科贝尔，赛前业内人士普遍认为，郑钦文极大可能取胜，为自己的职业生涯写下浓墨重彩的一笔。然而，郑钦文在决胜盘4-1领先的情况下，心态方面出现了状况，失去了耐心，被科贝尔抓住了机会，连丢5局，赛后郑钦文流下了伤心的泪水。法网开战前，郑钦文在自己的社交媒体上写下这样一句话：“未来无法预测，过去不可改变，当下正好逐梦。”这是她对自己，也是对所有心怀梦想的青年同伴说的。我们有理由相信，这个女孩必将迎来更美好的明天。

每个人都希望做出一些伟大的成就，但是很少有人认识到，如果想要成功，则应该为之付出努力。如果只是嘴上说着想要成功，却不开始行动的话，那么是不会有任何结果的。我们应该对自己的人生进行详细的规划，并且充满信心、持之以恒地坚持下去，争做有理想、敢担当、能吃苦、肯奋斗的新时代青年。

学习目标

- 了解网球运动的起源与发展。
- 学习和掌握网球运动的基本技术和基本战术，了解网球运动的竞赛规则。
- 通过对网球运动的学习，培养坚强的意志品质及良好的体育锻炼习惯。

第一节　网球运动概述

一、网球运动的起源与发展

网球最早起源于12—13世纪的法国，在当时是一种“掌中游戏”。

1873年，英国人温非尔德在羽毛球运动的启示下，将早期的网球打法进行改进，把在一般土地上的活动移向草地，并出版了专著《草地网球》，提出了一整套较为接近现代网球的打法。

1877年，全英板球俱乐部在温布尔顿举办了第一届草地网球锦标赛，也就是后来闻名于世的温布尔顿网球公开赛。现代网球奠基人亨利·琼斯等人为这次锦标赛制定了全新规则。亨利·琼斯还亲自担任了这次比赛的裁判员。

1878年以后，草地网球相继传入加拿大、斯里兰卡、瑞典、印度、日本、澳大利亚、南非乃至全球。

1881年，美国全国草地网球协会成立，并于同年成功地举办了第一届美国草地网球锦标赛。

19世纪末，现代网球正式形成，并很快在欧美盛行起来，成为一项深受广大群众喜爱的球类运动，许多国家和地区相继成立了网球协会，并定期举行比赛。

1913年，英国、法国、澳大利亚等12个国家的网协代表在巴黎召开会议，成立了国际网球联合会，总部设在伦敦。

二、世界网坛重大赛事

1. 温布尔顿网球公开赛

第一届温布尔顿网球公开赛于1877年在伦敦西郊温布尔顿举办，至今已有百余年的历史，是现代网球史上最早的网球比赛。温布尔顿网球公开赛是网球四大满贯赛事之一，比赛的时间通常为每年的 6 月或 7 月。

2. 法国网球公开赛

第一届法国网球公开赛于 1891 年在巴黎西部的罗兰·加洛斯球场内举行，比温布尔顿网球公开赛迟了 14 年。法国网球公开赛是网球四大满贯赛事之一，比赛时间通常为每年的 5～6 月。

3. 美国网球公开赛

第一届美国网球公开赛于 1881 年在美国罗德岛新港举行。美国网球公开赛是网球四大满贯赛事之一，比赛时间为每年的 8～9 月。

4. 澳大利亚网球公开赛

澳大利亚网球公开赛创办于 1905 年，比温布尔顿网球公开赛晚了 28 年，是网球四大满贯赛事之一。比赛时间在每年 1 月的后 2 周，是每年四大满贯中最先举行的一个赛事，也是最年轻的大满贯。

5. 戴维斯杯网球锦标赛

第一届戴维斯杯网球锦标赛于 1900 年在美国波士顿举行，是世界上极受瞩目的男子网球团体赛事，由国际网球协会负责组织。赛事于一年中的分散的数个星期、于多个地点举行，每年产生一个戴维斯杯总冠军。

6. 联合会杯网球赛

联合会杯网球赛是世界女子网球团体赛，创立于 1963 年，它与戴维斯杯网球锦标赛齐名（一个是女子网球团体赛，一个是男子网球团体赛）。随着赛事的不断发展，联合会杯网球赛已经成为国际网球界重要的赛事之一。

7. 奥运会网球赛

1896 年，首届奥运会在希腊雅典举行，网球是比赛项目之一，也是唯一的球类比赛项目。同年，网球的男子单打与双打被列为正式比赛。后来，由于国际奥委会和国际网球联合会在“业余运动员”问题上有分歧，奥运会网球比赛项目被取消。

1984 年，在美国洛杉矶举行的第 23 届奥运会上，网球被列为表演项目。

1988 年，在汉城（首尔）举办的第 24 届奥运会上，网球被重新列为正式比赛项目。

网球是一项深受人们喜爱、富有趣味的体育活动，是一种自我娱乐和增进健康的手段，同时也是一种观赏性很强的体育竞赛项目。参加网球运动的好处非常多，一是可以增强体质、促进健康；二是可以培养良好的意志和作风、锻炼个人的意志品质和心理素质；三是可以交流球艺、增进友谊、培养团队合作的能力；四是可以愉悦身心、陶冶情操。

第二节　网球运动的基本技术

一、无球技术

下面主要介绍网球运动的握拍法。

常用的握拍法有 3 种，即东方式握拍法、西方式握拍法、大陆式握拍法。

（1）东方式握拍法因最初在美国东部被广泛使用而得名。握拍方法为：让拍面与地面垂直，握拍手虎口对正拍柄右上方的侧棱，以便增大正手击球的力量，如图 6-2-1 所示。双手握拍法是初学者、儿童及女性常用的方法，握拍手的动作与东方式握拍法相同，另一只手握住拍柄下端。

（2）西方式握拍法是在美国西部加利福尼亚州发展起来的一种握拍方法。握拍方法为：让拍面与地面平行，手掌握住拍柄，掌根贴在拍柄右下斜面。这种握拍法适合打旋转球和腰部以上的球，缺点是不容易处理低球，如图 6-2-2 所示。

（3）大陆式握拍法源于欧洲大陆。握拍方法为：将球拍侧立，从上至下抓握拍柄，虎口对正拍柄上侧的棱面正中。这种握拍法在发球跟截击球上有优势，但击球速度较慢，如图 6-2-3 所示。

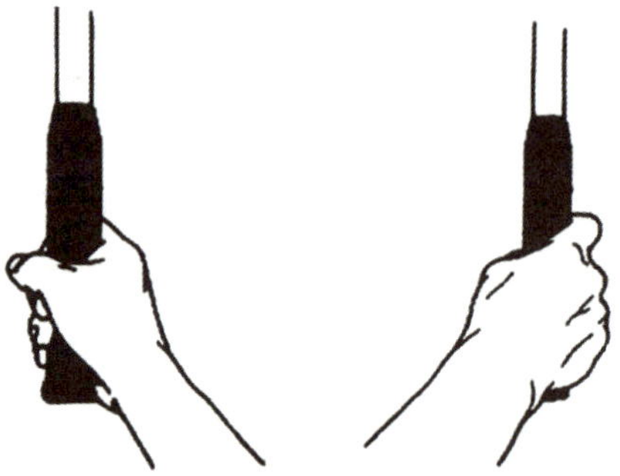

（a）正手握拍　（b）反手握拍

图 6-2-1　东方式握拍法

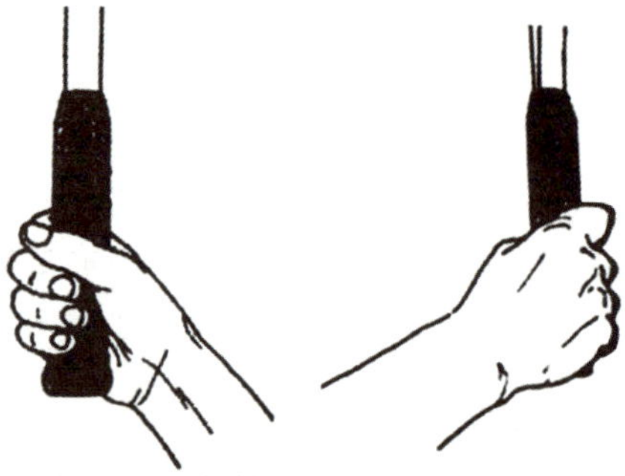

（a）正手握拍　（b）反手握拍

图 6-2-2　西方式握拍法

图 6-2-3　大陆式握拍法

二、有球技术

（一）抽击球

抽击球主要包括正手抽击球、反手抽击球。

1. 正手抽击球

正手抽击球的动作要领如图 6-2-4 所示，具体描述如下。

（1）准备姿势。

右手握拍，左手轻托拍颈，双肘微屈，球拍舒适地放在身前，拍头指向对方。双脚分开站立，约与肩同宽或略比肩宽，两膝微屈、放松。上身稍前倾，身体重心放在两脚的前脚掌上，两眼注视对方来球，做好击球准备。

（2）后摆动作。

当判断对方来球飞向正手位时，要迅速向后拉球拍，转髋转肩，以带动向后引拍，重心向后移。同时，左脚向右前方 45° 迈出，右脚与底线平行，屈右臂前伸，以协助转体，保持身体平衡。

（3）击球动作。

主动向前迎击球，做到握紧球拍，手腕固定，手臂弯曲。

（4）击球点。

击球点应当在轴心脚的侧前方。

（5）随挥动作。

在击球后，球拍要沿着球飞行的方向充分挥动，肘关节向前上方跟进前送，重心前移，身体转向球网，拍头随惯性挥到左肩上方。

图 6-2-4　正手抽击球

2. 反手抽击球

反手抽击球的动作要领如图 6-2-5 所示，具体描述如下。

（1）准备姿势。

反手抽击球的准备姿势与正手抽击球的准备姿势一样。

（2）右摆动作。

当判断对方打来的球是反手位时，要立刻变成反手握拍，同时身体左转，右脚向左前方跨步，左手轻托拍颈帮助右手将球拍向身体左后方挥摆，此时右肩侧对球网。

（3）击球动作。

为了更好地发力，应做到向前迎击来球。

（4）击球点。

击球点在右脚的侧前方。

（5）随挥动作。

击球后，身体顺势转向球网，在跟进动作时，球拍和手臂充分伸展，使球拍挥到身体的右前上方，到头部高度即可。

图 6-2-5　反手抽击球

3. 练习方法

（1）徒手挥拍练习。

（2）持拍挥拍练习。

（3）对墙练习抽击球。

（4）由教师发球，学生根据来球情况，选择恰当的抽击球方式。

（二）发球

1. 发球动作要领

（1）握拍方法。

采用东方式反手握拍法或大陆式握拍法。

（2）站位。

站在端线外中场标记附近、底线后 3～5 厘米处。

（3）准备姿势。

两脚自然开立，约同肩宽，重心在左脚上，如图 6-2-6 所示。

（a）侧面站立　　（b）正面站立

图 6-2-6 发球准备姿势

（4）抛球。

左手掌心向上，用拇指、食指和中指握住网球，如图 6-2-7 所示，从抛球开始，身体重心从左脚移向右脚，然后，身体重心开始前移，这时身体侧对球网。抛球是发球中非常重要的环节，只有抛球做到稳和准，才能发好球，如图 6-2-8 所示。

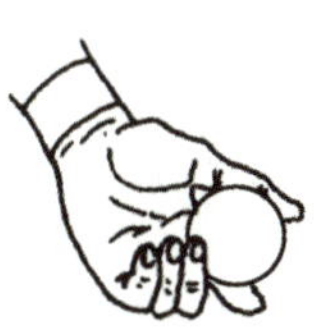

图 6-2-7 握球方法

图 6-2-8 抛球与后摆动作

（5）击球动作。

左手向上将球抛出，右臂肘关节放松，使身体向前转，手臂做一个绕圈，成绕臂姿势；当抛出的球下落接近击球点时，迅速向上挥拍击球，如图 6-2-9 所示。

图 6-2-9 击球动作

（6）随挥动作。

把球击出后，动作保持连贯，身体向前上方伸展，以随挥的力量将球拍经体前左膝侧面挥向身体后，如图 6-2-10 所示。

图 6-2-10　随挥动作

2. 发球种类及方法

（1）平击发球。

平击发球时，两眼要注视球，把握好击球点，用球拍面中心平直对准抛出的球，在身体的右前上方抽击球的后中上部。这种发球，球速快而低平，攻击力强，但对力量控制的要求较高。

（2）削击发球。

削击发球时，从球右上方往左下方切削击球。削击发球的球速快、威力大、命中率高，故成为很多优秀选手的撒手锏。

3. 练习方法

（1）反复抛球练习。

（2）徒手练习准备姿势。

（3）采用多球法进行抛打结合的练习。

（4）对墙练习发球，距墙 6～7 米。

（三）接发球

1. 接发球的种类和方法

接发球包括正拍法接发球和反拍法接发球。这两种方法可以打出平击球、上旋球和下旋球，还可以挑高球和放轻球，也可以接发球上网和接发球破网。

2. 动作要领

（1）握拍方法。

握拍方法应根据自身情况进行选择。

（2）站位。

接发球的站位应该根据对手的发球情况（力度、方法、水平）和自己的接发球能力来确定，一般站在距离底线 1.5 米处。

（3）准备姿势。

准备姿势应以快速回击对方来球为宜，两脚左右自然分开，上身稍向前倾，双手持拍放在腹前，拍面基本上垂直于地面。

（4）击球动作。

应根据来球的力量大小、速度快慢和旋转程度来采取相应的击球动作。

3. 练习方法

（1）进行接多球练习。

（2）两人一组，一人做发球练习，另一人做接发球练习。

（四）截击球

1. 截击球的种类

截击球通常分为网前截击球、中场截击球，根据来球高度不同又可分为低球截击、高球截击。

2. 截击球的动作要领

（1）握拍方法。

打截击球适宜采用大陆式握拍法，因为大陆式握法既能打正手球又能打反手球，而在网前截击时，回球速度极快，一般来不及变换握拍方法。

（2）准备姿势。

两脚自然开立，约与肩同宽，身体重心在前脚掌上，上身放松稍向前倾，两手持拍于体前，两眼盯住来球，根据对手击球挥拍的动作，及时做出判断，以迅雷不及掩耳之势击球。

（3）击球动作。

正手截击球：当对方球飞来时，迅速上前。在自己最能使上劲的位置击球，随球动作幅度要大，并迅速调整姿势迎击下次来球，如图 6-2-11 所示。

反手截击球：反手击球时，大多数球员都采用两手握拍法，将拍头与球平行。为了成功截球，在击球瞬间要用尽全身力量，如图 6-2-12 所示。

图 6-2-11　正手截击球

图 6-2-12　反手截击球

3. 练习方法

（1）徒手做挥拍练习。

（2）持拍做挥拍练习。

（3）结合步法做挥拍练习。

（五）挑高球

1. 挑高球的种类

挑高球分为防守性挑高球和进攻性挑高球两种。

进攻性挑高球又叫上旋高球，它能打乱对手的网前战术。这种球能够强劲飞越网前对手，迅速落在后场，使对方既够不着又追不到，即使勉强打，也是软弱无力，从而漏出空当，给破网得分创造机会。

防守性挑高球又叫下旋高球，它的飞行弧线高，比进攻性挑高球更易控制，具有失误少的优点。

2. 挑高球的动作要领

（1）防守性挑高球。

两眼注视来球，做到目接目送；边跑动、边举拍后摆、边侧身转肩以便身体侧对来球；充分地引拍后摆；挑球时，拍面要向上，击球的中下部，柔和地挥拍击球。

（2）进攻性挑高球。

在击球的整个过程中，眼睛紧紧盯住球，手腕要紧固，手握紧拍柄，将球挑过对手头顶。

3. 练习方法

（1）利用多球法进行定点挑高球练习。

（2）利用多球法进行不定点挑高球练习。

（3）利用多球法进行平击挑高球练习。

（4）一人在网前进行高压球练习，一人在底线进行挑高球练习。

（六）步法

1. 步法种类

在击球时，主要采用关闭式和开放式两种步法。

（1）关闭式步法，以前脚为轴，另一脚向侧上方跨出，形成两脚交叉步法。这种步法主要用于底线正反手击球和网前截击球。初学者应首先学习这种步法，如图 6-2-13(a)所示。

（2）开放式步法，两脚平行站立，以右脚掌为轴，转胯转体形成击球步法。通常在有一定技术基础的前提下运用这种步法，如图 6-2-13（b）所示。

(a)　　(b)

图 6-2-13　关闭式步法与开放式步法

2. 练习方法

（1）练习接发球的准备姿势。

（2）反复练习滑步、跑步、跨步、垫步、交叉步等移动步法。

（3）徒手练习向前、后、左、右移动脚步的动作。

（4）持拍练习向前、后、左、右各种击球的挥拍步法。

（5）利用跳绳练习单脚跳、双脚跳、移动的单脚交替跳。

（6）采用多球法进行步法练习。

学识宝典

赢得网球比赛的技巧

第一是预判。预判球的落点和深浅，这需要很强的技术积累。

第二是反手控制力。多数人的反手控制力很难与正手匹敌，提高自身的反手控制力在比赛中具有重要作用。

第三是变线战术。突然大幅度改变球的方向可以抢占主动权、调动对手，以在适当的时机加力予以致命一击。

第三节　网球运动的基本战术

一、实战攻略

（一）发球上网战术

发球上网是获取胜利的重要手段，利用旋转发球压制对手，然后迅速上网抢攻。这种战术的特点是主动进攻、先发制人，是很有威胁性的战术。

例：利用第一发球大力发出侧旋球，打到对手发球区右区外角，然后迅速上网到发球线中线偏左，以封住对手的正手直线球，运用截击球将对手的来球击到其反手区。

（二）接发球上网战术

当对手发球力量不太大、角度不太刁钻时，要主动利用快速多变的手法接发球，随即上网截击。在接对手的第二发球时，可抢攻上网或推切上网而直接得分。

（三）底线战术

1. 对攻战术

（1）利用正、反手的大力击球，不断变换击球路线，使对手左右奔跑，同时把握好战机。

（2）利用正、反手击球，发挥力量和速度的优势，攻击对手的弱点。

2. 拉攻战术

（1）利用正、反手拉上旋球，同时加拉正、反手小斜角，加长对手的跑动路线，造成对手回球质量较差，然后捕捉战机，及时有力地发起进攻。

（2）将上旋球拉到对手的反手深区，再伺机攻击对手的正手区。

（3）利用正、反手拉出大力上旋球到对手的底线左右大角深处，压住对手使其难以上网和起拍，再伺机进攻。

学识宝典

打好双打的要点

（1）提高第一发球的成功率。

（2）良好的接发球技术。

（3）主动占据网前位置。

（4）打对方空当。

（5）两人一起向前，一起后退，一起左、右移动防守。

（6）迫使对手后退。

（7）高质量的挑高球。

二、运动防护

网球属于技能主导类隔网对抗项目，虽然没有直接的身体对抗，但是长时间从事网球运动，运动伤害事故的发生频率还是很高的，特别是高水平职业选手因为伤病而退赛或退役的案例并不少见。在网球运动中，常见运动损伤主要有以下几种。

（一）水泡

水泡是由于挤压、摩擦和湿气等造成的。水泡常见于脚上，所以要选择柔软舒适的网球鞋。鞋子不宜过大或过小，脚后跟与鞋子之间以能放进手指为宜，穿厚袜子较为合适。另外，网球拍的手柄皮要经常更换，稍有不适就要调整柄皮，以免手上磨出水泡。

（二）跟腱炎

跟腱炎是由于运动强度过大或时间过长，造成跟腱负担过重而引起的炎症。跟腱炎的主要症状表现为抬脚时会感到疼痛，脚跟肿胀。快速移动时，脚着地部位不对、扁平足、足部韧带脆弱、鞋子不合脚、场地地面太硬等都可能造成跟腱炎。有炎症后，可用冰块冷敷或使用消炎注射剂，包扎医疗绷带，严重者需要手术治疗。

预防：在进行网球运动前要充分做准备活动，特别是跟腱拉伸。

（三）网球肘

网球肘主要表现为肘部疼痛，特别是在打球发力的过程中。网球肘产生的主要原因是正手击球的动作不正确，突然过分伸展肘关节附近的肌腱，使其嵌入肱骨外上髁引起的损伤。

预防：纠正错误的动作，减轻肘部的过度用力，加强臂力练习。

（四）肌肉拉伤

肌肉拉伤主要表现为肌肉疼痛，有轻微的撕裂感。背部肌肉拉伤多是因为下蹲击球或转体造成的；腹部肌肉拉伤多是发球、高压球用力过猛所致的；肱三头肌拉伤是因肘关节突然伸直或食指和拇指握拍太紧，阻碍手腕活动幅度，肘关节快速伸直所致的。

预防：做好热身运动，全身肌肉放松。拉伤后用冷水或冰块冷敷。

（五）踝关节扭伤

踝关节扭伤的主要症状表现为脚踝剧烈疼痛并伴有肿胀。运动前准备活动不充分，运动中突然变向，场地不平等因素都可能造成踝关节扭伤。

预防：运动前准备活动充分，适应场地。出现扭伤后，用冷水或冰块冷敷。

（六）膝关节痛

剧烈运动或负荷过重时，膝关节容易疼痛并伴有水肿。膝关节是运动中最易受伤关节之一，多为运动中膝关节韧带过度负荷所致。

预防：准备活动充分，加强膝关节部位肌肉力量训练，合理运用滑步等移动步法，运动前戴好护膝。

学识宝典

ACE 球

ACE 球就是在网球比赛中，一方发球，球落在有效区内，但对方却没有触及到球而使之直接得分的发球。

第四节 网球运动的竞赛规则

网球比赛的主要竞赛规则如下。

（1）第一局比赛用掷硬币的方法来决定场区选择权或发球权。

（2）每局比赛开始发球时，发球员应先从右区发球，得（失）一分后应换到左区发球，这样每得（失）一分就轮流交换发球位置。

（3）第一次发球失误后，发球员应在原发球位置进行第二次发球。

（4）第一局比赛终了，接发球员成为发球员，发球员成为接发球员，并按此次序在整个比赛后面所有局中依次交换。

（5）双方应在每盘的第一局、第三局、第五局等单数局结束后，以及每盘结束后双方局数之和为单数时，交换场地。如一盘结束，双方局数之和为双数则不交换场地，需待下一盘第一局结束后再进行交换。

（6）落在线上的球都算界内球。

（7）运动员每胜一球得一分，胜第一分记分 15，胜第二分记分 30，胜第三分记分 40，先得第四分者胜一局，但遇双方各得三分时则为“平分”。“平分”后一方先得一分为该方“占先”，“占先”后再得一分才算胜一局；如一方“占先”后对方得一分，则仍为“平分”。依此类推，直到一方在“平分”后净胜两分才结束该局。

（8）一方先胜六局为一盘，但遇双方各胜五局时，一方必须净胜两局才算胜一盘。

（9）男子比赛最多盘数为五盘，女子比赛最多盘数为三盘。

学思践悟

一、学有所思

（1）网球运动有哪些基本技术？

（2）网球运动有哪些基本战术？

二、知行合一

活动与探索

在班级内，组织小型的网球比赛，分为双打比赛和单打比赛，分别决出胜利者。学生可自由组队参赛，也可报名当裁判员（4名）与记分员（4名）。

第七章　民族传统体育运动

学海导航

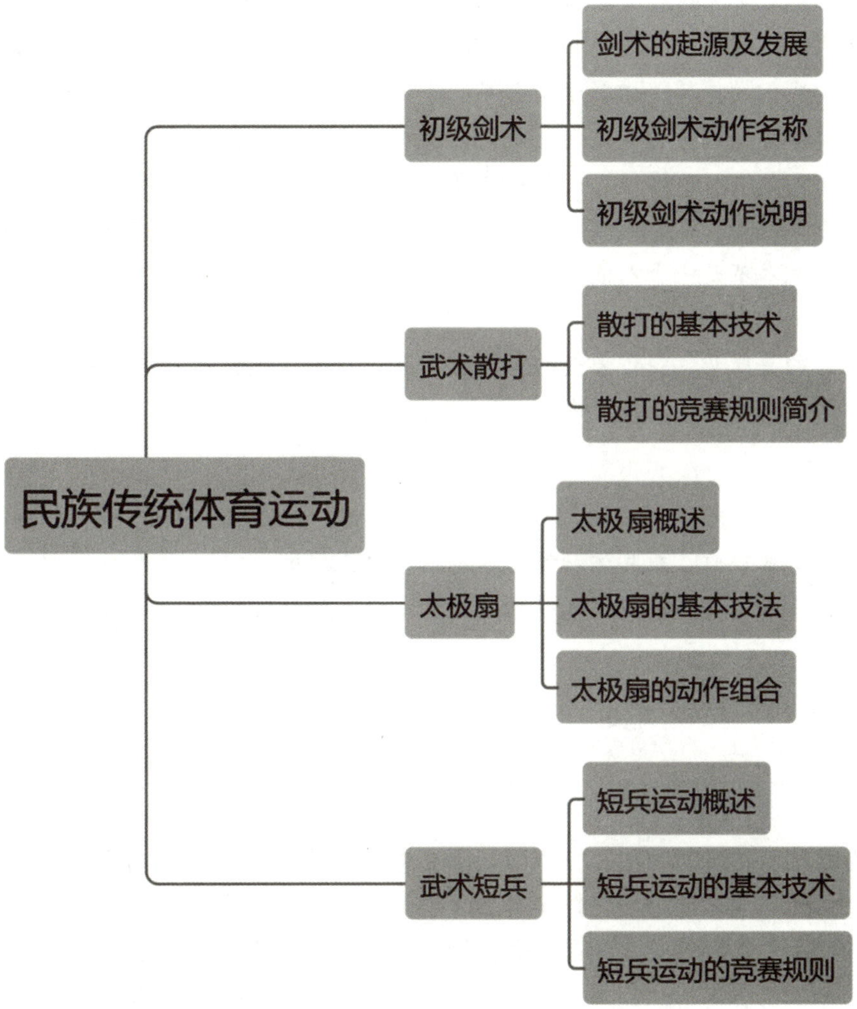

思政名片

吴照华

吴照华，1998年出生于安徽枞阳，幼时因喜欢《西游记》和功夫片而与武术结缘，7岁开始学习武术。2009年，因出众的弹跳能力及优秀的身体素质，他被选入常州市青少年业余体育学校，从事武术套路项目的训练，同年10月进入江苏省少年业余体校。2012年，吴照华进入江苏省体工队。

2016年，吴照华获得亚洲武术套路锦标赛男子长拳冠军、全国武术套路王中王争霸赛男子王中王称号。2017年，吴照华参加全国武术套路锦标赛暨十三届全运会武术套路预选赛，获得男子长拳、刀术、棍术全能第一。2018年，吴照华在雅加达亚运会武术男子刀术&棍术比赛中夺冠。

吴照华追逐梦想的脚步不会停歇，他一直在奋力前行。即使受到伤病困扰，吴照华仍然十分乐观，他在一次采访中笑着说："受伤是每位运动员都会经历的，如果运动生涯中一帆风顺，那么是无法达到冠军之巅的。"赛场上的辉煌成绩，离不开背后努力的训练，这其中的艰辛常人很难想象。对吴照华来说，这些伤病恰恰是对他毅力和意志的磨炼。"武术起源于中国，是我们的国粹，但属于全世界。我们作为专业的武术运动员，武术已经成为我们生活的一部分，我们努力要做的就是促进武术的传承与弘扬。我们正努力让中国武术进入奥运会，让更多的人了解它、留住文化的根与血脉。"武术对于很多人来说是陌生的，而且入奥门槛很高，武术想要做出一番成绩需要时间的积累，就像吴照华说的："人们心中的想法要转变，武术不是一个人能推动的，也不是一个人能毁灭的，需要所有武术人共同推广。"

从小习武的吴照华，经过岁月的磨炼与沉淀，在不断成长着，对于武术的热爱远超一切，这种执着追求的精神及乐观向上的生活态度，值得我们每一个人学习。

学习目标

- ➢ 了解剑术的起源，掌握剑术的基本技术。
- ➢ 掌握武术散打、短兵运动的基本技术及竞赛规则。
- ➢ 掌握太极扇的基本技法，能独立完成太极扇的动作组合。

第一节　初级剑术

一、剑术的起源及发展

剑术在我国流传的时间很长，可谓是历史悠久、源远流长，是现代中国武术的短器械项目之一。剑术集健体防身、竞技比赛、娱乐观赏于一体，是我国的宝贵文化遗产。

剑术的产生不是偶然的。剑是我国古代兵器的一种，其产生、演变至今，经历了几千年的历史。剑的历史可追溯到远古新石器时代。那时，人们把用锋利石片嵌入兽骨两侧，制成了"石刃骨剑"，并把它作为生活和御兽的工具。青铜剑出现于殷商时期，它不但具有较强的杀伤力，而且在冶铸、淬炼、外镀花纹、形制等方面都已达到相当高的工艺水平。春秋时期，冶铁技术产生，出现了铁剑。

在古代，剑被作为权力和地位的象征。如汉代的佩剑制度，根据官员职位的高低佩带不同装饰的剑器，以此作为地位和等级的标志。剑还是人们精神世界里所崇尚的神器，如可辟邪降妖等。

剑除了象征着一定的权力和地位，同时还是杀伤力很强的武器。二人持剑相搏互较胜负称为击剑或斗剑，为古代竞技体育项目。古代素有尚剑之风，人们把善于击剑和精于剑论的人称为剑士或剑客。《庄子·说剑》中记载：“赵文王喜剑，剑士夹门，而客三千余人，日夜相击于前，死伤者岁百余人，好之不厌。”《管子》中记载：“吴王好剑，而国士轻死。”在这种尚剑的氛围中，击剑的技法也得以发展，如《庄子·说剑》中记载：“夫为剑者，示之以虚，开之以利，后之以发，先之以至。”在当时，出现了不少技艺高超的剑术家，如越女不但精剑术，而且对剑术理论也有独到见解。

在作为武器存在的同时，剑还是一种重要的娱乐工具。把实战中的剑法加以提炼给予艺术加工的剑术演练称为舞剑，它是以健身、娱乐、观赏为主要目的的。唐代，舞剑的技艺达到了相当高的水平，舞剑一词也频繁出现于文学作品之中，如杜甫的《观公孙大娘弟子舞剑器行》。

到了今天，舞练形式的剑术运动经过不断的继承和发展，逐渐形成“套路运动”，其种类内容极为丰富，有八卦剑、达摩剑、青萍剑、峨嵋剑、昆仑剑、太极剑、武当剑、通臂剑、螳螂剑、双手剑等。这些剑术虽然风格不同，各具特色，但总的运动特点是轻快洒脱、身法矫健、刚柔相济、富于韵律。

由于剑术具有鲜明的攻防特点、优美舒展的姿势动作、多变的剑法、灵活的身法、雄健的凌空造型及高超的演练技巧，体现出了极高的竞技水平和艺术表现力，具有极高的美学价值，给人以美的感受和熏陶，且具有鲜明的民族特色和强烈的竞技性、观赏性，已经成为竞技武术中独具魅力的一个项目。

二、初级剑术动作名称

1. 预备姿势

2. 第一段

（1）弓步直刺；（2）回身后劈；（3）弓步平抹；（4）弓步左撩；（5）提膝平斩；（6）回身下刺；（7）挂剑直刺；（8）虚步架剑。

3. 第二段

（1）虚步平劈；（2）弓步下劈；（3）带剑前点；（4）提膝下截；（5）提膝直刺；（6）回身平崩；（7）歇步下劈；（8）提膝下点。

4. 第三段

（1）并步直刺；（2）弓步上挑；（3）歇步下劈；（4）右截腕；（5）左截腕；（6）跃步上挑；（7）仆步下压；（8）提膝直刺。

5. 第四段

（1）弓步平劈；（2）回身后撩；（3）歇步上崩；（4）弓步斜削；（5）进步左撩；（6）

进步右撩；（7）坐盘反撩；（8）转身云剑。

6. 结束动作

三、初级剑术动作说明

（一）预备姿势

动作纲领：①身体正直，并步站立。左手持剑，以拇指为一侧，中指、无名指和小指为另一侧，分握护手盘与剑柄的分界处，掌心贴在护手盘的下部，手背朝前，食指贴于剑柄，剑身贴于前臂后侧。②右手握成剑指，即食指和中指伸直并拢，无名指和小指屈向手心，拇指压在无名指的指甲上，手腕反屈，手背朝上，食指、中指内扣指向左下侧。两臂在体侧下垂，两肘微微上提，目向左平视，如图 7-1-1 所示。

动作要点：持剑时，前臂与剑身要紧贴并垂直于地面。两肩松沉，上身微挺胸、收腹，两膝挺直。

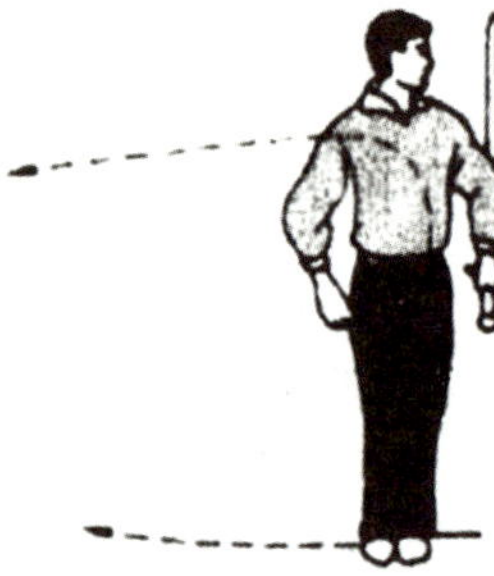

图 7-1-1　预备姿势

（二）第一段

1. 弓步直刺

动作纲领：①右手接握左手之剑，左手握成剑指。②左脚向前上半步，屈膝；右脚前脚掌蹍地，脚跟外展，膝部挺直，成左弓步。同时，上身左转，右手持剑向身前平伸直刺，拇指一侧在上；左手剑指随之伸向身后平举，拇指一侧在上；目视剑尖。如图 7-1-2 所示。

动作要点：做弓步时，前腿屈膝蹲平，两脚的全脚掌全部着地。上身稍向前倾，腰要向左拧转、下塌，臀部不要凸起。两肩松沉，右肩前顺，左肩后引。剑尖稍高于肩。

2. 回身后劈

动作纲领：①左脚不动，膝部伸直；右脚向前上一步，膝略屈，上身右转。②右手持剑经上向后劈，剑高与肩平，拇指一侧在上；左手剑指随之由下向前上弧形绕环，在头顶上方屈肘侧举，拇指一侧在下；目视剑尖，如图 7-1-3 所示。

动作要点：上步、转身、平劈和剑指向上侧举必须协调一致。转身后，腰要向右拧转，左脚不要移动。剑身和持剑臂必须成一条直线。

3. 弓步平抹

动作纲领：①左脚向左前方上一步，屈膝；右腿在后，膝部挺直，脚尖里扣，成左弓步。②左手剑指由胸前下降，经左下向上弧形绕环，在头顶上方屈肘侧举，拇指一侧在下；右手持剑（手心向上）随之向前平抹，剑尖稍向右斜；目视前方，如图 7-1-4 所示。

动作要点：抹剑时，手腕用力须柔和。

图 7-1-2　弓步直刺

图 7-1-3　回身后劈

图 7-1-4　弓步平抹

4. 弓步左撩

动作纲领：①上身左转，右腿屈膝于身前提起，脚尖下垂，脚背绷直。同时，右手持剑臂外旋使剑由前向上、向后划弧，至后方时，屈肘使手腕、前臂贴靠腹部，手心朝里；左手剑指随之由头顶上方下落，附于右手腕处（手心朝下）；目视剑身，如图 7-1-5 之①所示。②右腿继续向右前方落步，屈膝；左腿在后蹬直，脚尖里扣，成右弓步。同时，右手持剑由后向下、向前反手撩起，小指一侧在上；左手剑指随右手运动，仍附于右手腕处；目视剑尖。如图 7-1-5 之②所示。

动作要点：①剑由前向后和由后向前弧形撩起时，必须与提膝和向前落步的动作协调一致，握剑不可太紧。②形成弓步后，上身略向前倾，直背、收臀，剑尖稍低于剑指。

5. 提膝平斩

动作纲领：①左脚向前上一步，右手手腕向左上翻转，屈肘，使剑向左平绕至头部前上方，右脚随之由后向身前屈膝提起。②右手继续翻转手腕，使剑向右平绕至右方后（手心朝上），再用力向前平斩；左手剑指由下向左、向上弧形绕环，屈肘横举于头部左上方；目视前方，如图 7-1-6 所示。

动作要点：①剑从左向后平绕时，上身必须后仰，使剑从脸部上方平绕而过，不可从头顶绕行。②提膝时，左腿必须挺膝伸直站稳，右腿屈膝尽量上提，上身稍向前倾，挺胸、收腹。

6. 回身下刺

动作纲领：①右脚向前落步，脚尖外撇，膝略屈，上身右转。②同时，右手持剑手腕反屈，使剑尖下垂，随之向后下方直刺，剑尖低于膝，拇指一侧在上；左手剑指先向身前的右手靠拢，然后在刺剑的同时，向前上方伸直，拇指一侧在上；目视剑尖，如图 7-1-7 所示。

动作要点：①右手持剑要先屈肘收于身前，在右脚向前落步和上身右转的同时，使剑用力刺出。②左腿伸直，右腿稍屈，腰向右拧转，剑指、两臂和剑身须成一条直线。

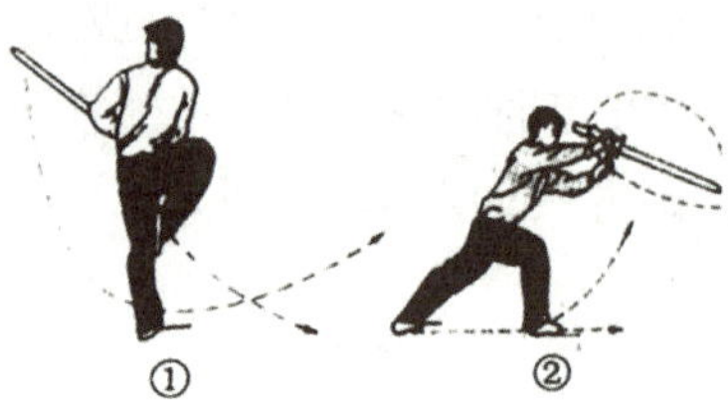

图 7-1-5　弓步左撩

图 7-1-6　提膝平斩

图 7-1-7　回身下刺

7. 挂剑直刺

动作纲领：①左脚向前上一步，屈膝略蹲，右臂内旋，先使拇指一侧朝下成反手，然后翘腕、摆臂，使剑尖向左、向上抄挂，当持剑手抄挂至左肩时，再屈肘使剑平落于胸前，手心朝里；此时左腿伸直站立，右腿随之在身前屈膝提起，左手剑指屈肘附于右手腕处，如图 7-1-8 之①所示。②接着，以左脚前脚掌为轴蹍地，上身右转，右手持剑使剑向下插，左手剑指仍附于右手腕处；目视剑尖，如图 7-1-8 之②所示。③上动不停，仍以左脚前脚掌为轴蹍地，右脚向身后跨一大步，屈膝，上身从右向后转；左腿在后蹬直，脚尖里扣，成右弓步。同时，右手持剑向前直刺，剑尖与肩同高，拇指一侧在上；左手剑指随之向后平伸，拇指一侧在上；目视剑尖，如图 7-1-8 之③所示。

动作要点：①抄挂、下插、直刺 3 个动作必须连贯，它们与跨步、提膝、转身、弓步的动作要协调一致。②弓步直刺后，两脚全脚掌均着地，上身稍向前倾，挺胸、塌腰。

8. 虚步架剑

动作纲领：①右手持剑先将剑尖由左向右划一小圈，臂内旋使持剑手的拇指一侧朝下。同时，以右脚跟和左脚前脚掌为轴蹍地，右脚尖外撇，上身从右向后转，左脚向前收拢半步，两膝均略屈成交叉步。在转身的同时，右手持剑反手向后上方屈肘上架；左手剑指屈肘经左肩前附于右手腕处；目向左平视，如图 7-1-9 之①所示。②右腿屈膝不动，左脚向前上一步，膝盖稍屈，前脚掌虚着地面，重心落于右腿，成左虚步。在右手持剑略向后牵引的同时，左手剑指向前平伸指出，手心朝下；目视剑指，如图 7-1-9 之②所示。

动作要点：①虚步必须虚实分明，右肘略屈使剑身成立剑架于额前上方。②左臂伸直，剑指稍高过肩。

图 7-1-8　挂剑直刺

图 7-1-9　虚步架剑

（三）第二段

1. 虚步平劈

动作纲领：①左脚脚跟外展，上身右转，重心移于左腿，右脚跟随之离地，成为前脚掌虚着地面的右虚步。②在转身的同时，右手持剑向下平劈，拇指一侧在上；左手剑指向上屈肘，手心向左上方；目视剑尖，如图 7-1-10 所示。

动作要点：虚步必须虚实分明，劈剑时手腕要挺直。

2. 弓步下劈

动作纲领：①右脚踏实，身体重心前移，左手剑指伸向右腋下，右手持剑臂内旋使手心朝下。②左脚随即向左前方上步，屈膝；右腿在后蹬直，脚尖里扣，成左弓步。在左脚上步的同时，右手持剑屈腕向左平绕，划一小圈后向前下方劈剑，剑尖高与膝平；左手剑指随之由右腋下向左、向上绕环，在头顶上方屈肘侧举，上身略前俯；目视剑尖，如图 7-1-11 所示。

动作要点：劈剑时，右肩前顺，左肩后引，剑尖与手、肩成一条直线。

图 7-1-10　虚步平劈

图 7-1-11　弓步下劈

3. 带剑前点

动作纲领：①右脚向左脚靠拢，以前脚掌虚着地面，两腿均屈膝略蹲。右手持剑向上屈腕，使剑向右耳际带回，肘微屈；左手剑指随之由前下落，附于右手腕处；目向右前方平视，如图 7-1-12 之①所示。②上动不停，右脚向右前方跃一步，落地后立即屈膝半蹲，全脚掌着地；左脚随之跟进，向右脚并步屈膝，以脚尖点地，成丁步。同时，右手持剑向前点击，拇指一侧在上；左手剑指屈肘向头顶上方侧举，手心朝上；目视剑尖，如图 7-1-12 之②所示。

动作要点：①向前点击时，右臂前伸、屈腕，力点在剑尖，手腕稍高于肩，剑尖略比手低。②成丁步后，右腿大腿尽量蹲平，左脚脚背绷直，脚尖点在右脚脚弓处，两腿必须并拢。③上身稍前倾，挺胸、直背、塌腰。

4. 提膝下截

动作纲领：①右腿伸直，左腿退一步后屈膝，上身后仰。右臂外旋手心朝上，使剑向右、向后上方弧形绕环；左手剑指不动，如图 7-1-13 之①所示。②上动不停，右臂内旋使手心朝下，继续使剑向左、向前下方划弧下截，同时上身向前探倾，左腿屈膝提起；目视剑尖，如图 7-1-13 之②所示。

动作要点：①剑从右向左的圆形划弧下截是一个完整动作，必须连贯起来做。左膝尽量高提，脚背绷直；右腿膝部挺直，站立要稳。②右臂和剑身成一条直线，剑身斜平。

①　②

图 7-1-12　带剑前点

①　②

图 7-1-13　提膝下截

5. 提膝直刺

动作纲领：①右腿略屈膝，左脚向前落步，脚尖外撇。右臂外旋使手心朝上，并在左脚落步的同时向上屈肘，将剑柄收抱于胸前，手心朝里；剑尖高与肩平；左手剑指随之下落，屈肘按于剑柄上；此时两腿成交叉步，目视剑尖，如图 7-1-14 之①所示。②右腿向身前屈膝提起，左腿伸直站立；右手持剑向前平直刺出，拇指一侧在上；同时左手剑指向后平伸指出，手心朝下；目视剑尖，如图 7-1-14 之②所示。

动作要点：抱剑与落步、直刺与提膝，必须协调一致。

6. 回身平崩

动作纲领：①右脚向前落步，脚尖外撇；左脚前脚掌蹍地使脚跟外转，屈膝略蹲，同时上身向右后转，成交叉步。右手持剑臂外旋使手心朝上，屈肘向胸前收回，剑身与右前臂成水平直线；左手剑指随之直臂上举，经左耳侧屈肘前落，附于右手心上面；目视剑尖，如图 7-1-15 之①所示。②上身稍向右转，左腿挺膝伸直，右腿略屈膝；同时，右手持剑使剑的前端用力向右平崩，手心仍朝上；左手剑指屈肘向额部左上方侧举；目视剑尖，如图 7-1-15 之②所示。

动作要点：①收剑和平崩两个动作必须连贯起来做。②平崩时，用力点在剑的前端；平崩后，上身向右拧转，但左脚不得移动。

①　②

图 7-1-14　提膝直刺

①　②

图 7-1-15　回身平崩

7. 歇步下劈

动作纲领：①右脚蹬地起跳，左脚向左跃步横跨一步，落地后，右腿即向左腿后侧插步，继而两腿屈膝全蹲，成歇步。②在跃步的同时，右手持剑向上举起，并在形成歇步时向左下劈，拇指一侧在上，剑尖与踝关节同高；左手剑指随着下劈动作，下按于右手腕处；目视剑身，如图 7-1-16 所示。

动作要点：①成歇步时，左大腿盖压在右大腿上面，左脚全脚掌着地，右脚脚跟离地，臀部坐在右小腿上。②劈剑时，右臂尽量向前下方伸直，剑身与地面平行。劈剑与跃步成歇步动作须同时完成。

8. 提膝下点

动作纲领：①右手持剑，先使手心朝下成平剑，然后以两脚的前脚掌蹍地，上身从右向后转动，两腿边转边站立起来，右手持剑平绕一周。当剑绕至上身右侧时，上身稍向左后仰，同时剑身继续向外、向上弧形绕环，剑尖接近右耳侧；此时左手剑指离开右手腕，向上屈肘侧举；目视前下方，如图 7-1-17 之①所示。②上动不停，右腿伸直站立，左腿屈膝提起，上身向右侧下探俯，同时右手持剑向前下点击，拇指一侧在上；目视剑尖，如图 7-1-17 之②所示。

动作要点：①仰身外绕剑与提膝下点两个动作必须连贯、同时完成。②右腿独立时，膝部要挺直，左膝尽量上提。

图 7-1-16　歇步下劈

图 7-1-17　提膝下点

（四）第三段

1. 并步直刺

动作纲领：①以右脚前脚掌为轴蹍地，使上身向左后转。在转身的同时，右臂内旋并向拇指一侧屈腕，使剑尖指向转身后的身前；左手剑指随之由上经右肩前、腹前绕环，向正前方指出，手心朝下；目视剑指，如图 7-1-18 之①所示。②左脚向前落步，右脚随之跟进并步，两腿均屈膝半蹲。同时，右手持剑向前平伸直刺，拇指一侧在上；左手剑指顺势附于右手腕处；目视剑尖，如图 7-1-18 之②所示。

动作要点：①两腿半蹲时大腿要蹲平，两膝、两脚均须紧靠并拢。②上身前倾，直背、落臀。③两臂伸直，剑尖与肩相平。

2. 弓步上挑

动作纲领：①右脚上步，屈膝，同时左脚脚跟稍内转，左腿挺膝伸直，成右弓步。②右手持剑直臂向上挑举，剑尖向上，手心朝左；左手剑指仍向前平伸指出，手心朝下；上身稍微前倾，目视剑指，如图 7-1-19 所示。

动作要点：①左臂伸直，左肩前顺，剑指略高于肩；右臂伸直上举，剑刃朝前后。②上身挺胸、直背、塌腰。

图 7-1-18　并步直刺

图 7-1-19　弓步上挑

3. 歇步下劈

动作纲领：①右腿伸直，左脚向前上步，脚尖外撇，随之两腿交叉屈膝全蹲，成歇步。②同时，右手持剑向前下劈，拇指一侧在上，剑尖与踝关节同高；左手剑指屈肘附于右手腕里侧。③上身稍前俯，目视剑身，如图 7-1-20 所示。

动作要点：与第二段第 7 个动作相同。

4. 右截腕

动作纲领：①两脚以前脚掌蹍地，并且两腿稍伸直立起，使上身右转，右腿屈膝半蹲，左腿稍屈膝，左脚前脚掌虚着地面，成左虚步。②右臂内旋使拇指一侧朝下，用剑的前端下刃向前上方划弧翻转，随着上身起立成虚步，右手持剑再向右后上方托起，左手剑指仍附于右手腕，两肘均微屈；目视剑的前端，如图 7-1-21 所示。

动作要点：两腿虚实必须分明，上身稍向前倾，剑身平横于右额前上方，剑尖稍高于剑柄。

5. 左截腕

动作纲领：①左脚向前上半步，并以前脚掌蹍地使上身向左后转；右脚随之向前上一步，前脚掌着地；两腿均屈膝，成左实右虚的右虚步。②在右脚上步的同时，右臂外旋，使剑身的前端向左前上方划弧翻转，手心朝上，剑身与地面平行；左手剑指随之离开右手腕，屈肘向上侧举；目视剑的前端，如图 7-1-22 所示。

动作要点：同右截腕。

图 7-1-20 歇步下劈

图 7-1-21 右截腕

图 7-1-22 左截腕

6. 跃步上挑

动作纲领：①左脚经身前向前上一步，右脚随之在身后离地，小腿后弯。同时，右手心朝里，使剑由右向上、向左屈肘划弧，剑至上身左侧时，右手靠近左胯旁，拇指一侧在上并向上屈腕；左手剑指在右手向左下落时附于右手腕处；目视剑尖，如图 7-1-23 之①所示。②左脚蹬地，右脚向右侧跃步，落地后屈膝略蹲，左脚随之离地屈膝从身后伸向右侧方，形成望月式平衡；上身向左侧倾俯；在右脚跃步的同时，右手持剑由左胯旁向下、向右划弧，当剑到达右侧方时，手臂外旋并向拇指一侧屈腕，使剑向上挑击；左手剑指即向左上方屈肘横举，拇指一侧在下；目视右侧方，如图 7-1-23 之②所示。

动作要点：①跃步和上挑动作必须协调一致。②挑剑时，手腕要猛然用力上屈；形成平衡动作后，右腿略屈膝站稳，左小腿尽量向上抬起。③上身向右拧转，剑身斜举于右侧上方，持剑手略松，便于手腕上屈。

7. 仆步下压

动作纲领：①右手持剑使剑尖从头上经过，继而向身后、向右弧形平绕，当剑绕到右侧时，立即屈肘将剑柄收抱于胸部前下方，手心朝上。同时，右膝伸直，上身立起，左腿屈膝提于身前，左手剑指仍横举于左额前上方，如图 7-1-24 之①所示。②上动不停，左手剑指经身前下落，按在右手腕处。左脚随之向左侧落步，屈膝全蹲；右腿在右侧平铺伸直，脚尖里扣，成右仆步。同时，右手持剑用剑身平面向下带压，剑尖斜向右上方。上身前探，目向右平视，如图 7-1-24 之②所示。

动作要点：①做仆步时，左腿要全蹲，臀部紧靠脚跟，不要抬起，两脚全脚掌均着地。②上身前探时要挺胸，两肘略屈环抱于身前。

① ②

图 7-1-23 跃步上挑

① ②

图 7-1-24 仆步下压

8. 提膝直刺

动作纲领：①两腿直立站起，左腿屈膝提于身前，右腿挺直站立。②同时，右手持剑向身前平伸直刺，拇指一侧在上；左手剑指屈肘在左侧上举，拇指一侧在下，目视剑尖，如图 7-1-25 所示。

动作要点：①右腿独立须挺膝站稳，左膝尽量上提，脚背绷直，脚尖下垂。②上身稍右倾，右肩、右臂和剑身要成一条直线，左臂屈成圆形。

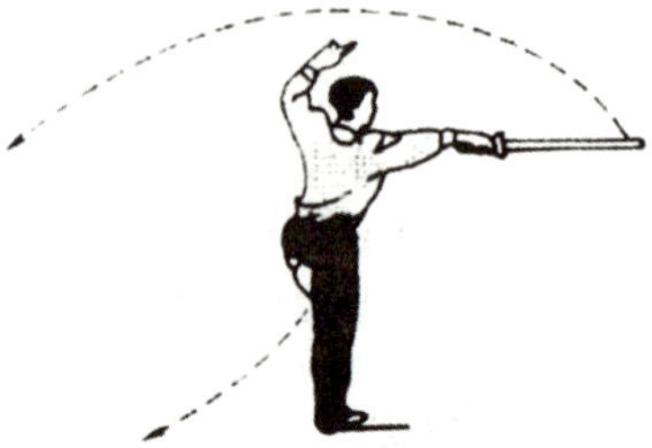

图 7-1-25　提膝直刺

（五）第四段

1. 弓步平劈

动作纲领：①右臂外旋，先使手心朝向背后，剑的下刃转翻向上，继而上身左转，同时左脚向左后侧落一大步，屈膝；右脚以前脚掌为轴蹍地，脚跟稍外转，右腿挺膝伸直，成左弓步。②左手剑指随着持剑臂的运行而向右、向下、向左、向上圆形绕环，屈肘举于头部左侧上方。③同时，右手持剑向身前平劈，拇指一侧在上，手臂要伸直，剑尖略高于肩；目视剑尖，如图 7-1-26 所示。

动作要点：向前劈剑和剑指绕环这 2 个动作必须协调一致且同时完成，两肩要放松。

2. 回身后撩

动作纲领：①右脚向前上一步，膝微屈；左脚随之离地，小腿向上弯曲；上身前俯，腰向右拧转。②右手持剑随右脚上步而向后反撩，剑尖斜向下方，拇指一侧在下；左手剑指前伸成侧上举，拇指一侧在下；目视剑尖，如图 7-1-27 所示。

动作要点：右脚站立要稳，左脚脚背绷直，上身挺胸，两肩放松。

3. 歇步上崩

动作纲领：①右脚蹬地，左脚向前跃步，上身随之向右后转；左脚落地，脚尖稍外撇，右腿摆向身后。在上身转动的同时，右臂外旋，使拇指一侧朝上；左手剑指在身后平伸，手心朝下。目视剑尖，如图 7-1-28 之①所示。②上动不停，右脚在身后落步，两腿均屈膝全蹲，左大腿盖压在右大腿上，臀部坐在右小腿上，成歇步。同时，右手持剑直臂下压，手腕向拇指一侧上屈，使剑尖上崩；左手剑指随之屈肘在头部左上方侧举，拇指一侧在下；目视剑身，如图 7-1-28 之②所示。

动作要点：①向前跃步、歇步和剑尖上崩这 3 个动作要连贯协调。②跃步要远，落地要轻（前脚掌先着地）。③上崩时手腕要猛然用力上屈，剑尖高与眉平。④歇步时上身前俯，胸须内含。

图 7-1-26　弓步平劈

图 7-1-27　回身后撩

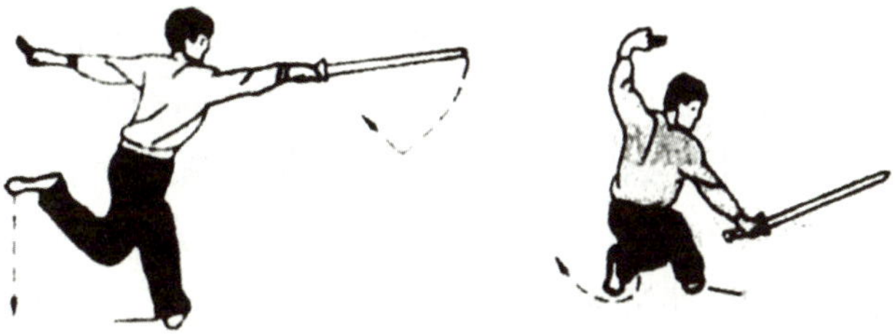

①　②

图 7-1-28　歇步上崩

4. 弓步斜削

动作纲领：①左脚脚尖里扣，上身右转，右脚随之向前上步，屈膝，左腿在身后挺膝伸直，成右弓步。右手持剑臂外旋使手心朝上，在转身的同时，屈肘向左肋前收回；左手剑指随之从身前下落，按在剑柄上；上身向右前倾，目视前方，如图 7-1-29 之①所示。②上动不停，右手持剑由后向前上方斜面弧形上削，手心斜向上方，手腕稍向掌心一侧弯曲；同时，左手剑指伸向后方，拇指一侧在上；目视剑尖，如图 7-1-29 之②所示。

动作要点：①斜削时，右臂稍低于肩，剑尖斜向脸前右上方，略高于头。②左臂在身后侧平举，剑指指尖略高于肩部。

5. 进步左撩

动作纲领：①右腿伸直，上身向左转，左腿稍屈膝。同时，右手持剑使手心朝里，经脸前边转身边向左划弧，剑至体前时，左手剑指附于右手腕里侧；目视剑尖，如图 7-1-30 之①所示。②以右脚跟为轴蹍地，脚尖外撇，上身向右后转；左脚随之向前上步，以前脚掌虚着地面。同时，右手持剑反手向下、向前、向上继续划弧撩起，剑至前上方时，肘部略屈，拇指一侧在下，剑尖高与肩平；左手剑指随右手动作，仍附于右手腕处；目视剑尖，如图 7-1-30 之②所示。

动作要点：①上述两个剑身的划弧动作，必须连贯成一个完整的绕环动作。②撩剑后，右腿微屈，左腿伸直，身体重心落于右腿，剑尖稍微朝下。

① ②

图 7-1-29　弓步斜削

① ②

图 7-1-30　进步左撩

6. 进步右撩

动作纲领：①右手持剑直臂向上、向右后方划弧，左手剑指随势收于右肩前，手心朝左；目视剑尖，如图 7-1-31 之①所示。②左脚踏实后以脚跟为轴蹍地，脚尖外撇，右脚随之向左脚前上一步，前脚掌虚着地面。同时，右手持剑由右向下、向前划弧抡臂撩起，剑至前方时，肘微屈，手心朝上，剑尖高与肩平；左手剑指随之由右肩前向下、向前、向后上方绕环，屈肘侧举于头部左上方；目视剑尖，如图 7-1-31 之②所示。

动作要点：同进步左撩，唯左右相反。

7. 坐盘反撩

动作纲领：①右脚踏实后向前上一小步，随即左脚从右腿后向右侧插一步，两腿屈膝下坐，成坐盘式。②在左脚插步的同时，右手持剑向上、向左、向下、向右上方反手绕环斜上撩，剑尖高过头顶；左手剑指随之经体前向下、向后上方划弧，屈肘横举于左耳侧，拇指一侧在下。③上身向左前倾俯，目视剑尖，如图 7-1-32 所示。

动作要点：①坐盘必须与反撩剑动作协调进行。②坐盘时，左腿盘坐地面，左脚背外侧着地；右腿盘落于左腿上，全脚掌着地，脚尖朝身前。③上身倾俯时，胸要内含，剑尖与右臂、左肘、左肩成一条直线。

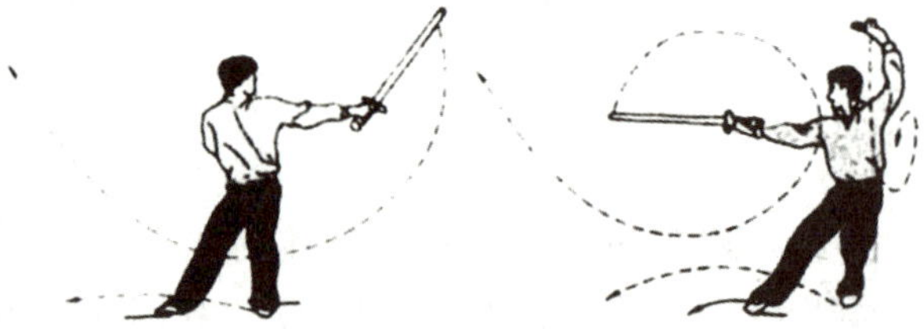

① ②

图 7-1-31　进步右撩

图 7-1-32　坐盘反撩

8. 转身云剑

动作纲领：①右脚蹬地，两腿伸直站起，并以两脚的前脚掌蹍地，使上身向左后转；转身之后，右腿屈膝略蹲，右脚踏实，左膝微屈，前脚掌虚着地面，身体重心落于右腿。

同时，右手持剑随身体转动一周后屈肘使剑平举，拇指一侧在下；此时左手剑指附于右手腕处；目视剑尖，如图 7-1-33 之①所示。②上动不停，上身后仰，右手持剑向左、向后、向右、向前圆形平绕一周，剑至身前时，右手手心朝上，松把，使剑尖下垂；左手剑指放开，拇指一侧朝上，准备接握右手之剑。此时重心前移，左脚踏实，右腿伸直，上身前倾；目视左手，如图 7-1-33 之②所示。

动作要点：转身和云剑动作必须连贯，云剑要平、要快；腕关节放松，使之灵活。

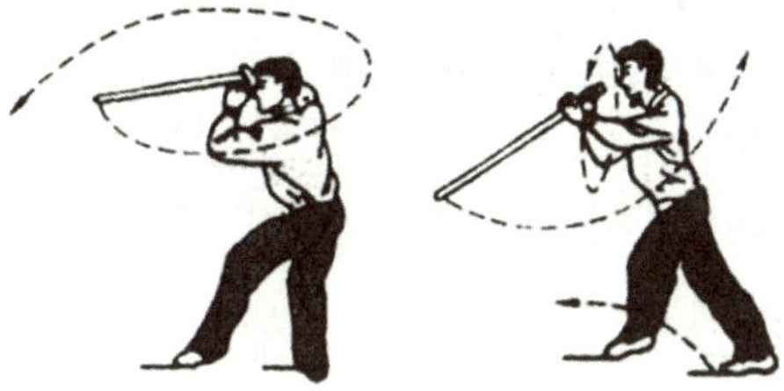

①　②

图 7-1-33　转身云剑

（六）结束动作

1. 收势一式

动作纲领：①右手将剑柄交于左手后即握成剑指，左手接剑后反握住剑柄向身体左侧下垂。②此时右脚向右前方上步，脚尖里扣，屈膝略蹲，上身随之左转；左脚随之向前移步，以前脚掌虚着地面，膝微屈。③在上身左转的同时，右手剑指随之由身后向上屈肘侧举于头部右上方，手心朝上；目向左平视，如图 7-1-34 所示。

动作要点：重心落于右腿，上身前倾，挺胸、塌腰，两肩松沉，左肘略上提，剑身紧贴前臂后侧，并与地面垂直。

2. 收势二式

动作纲领：右腿伸直，右脚向左脚靠拢，并步站立。右手剑指下落于身体右侧，手心朝下，恢复成预备姿势；目向正前方平视，如图 7-1-35 所示。

动作要点：同预备姿势。

图 7-1-34　收势一式

图 7-1-35　收势二式

第二节　武术散打

散打也称散手，是中华武术的精华，是具有独特民族风格的体育项目。通过散打练习，可以增强体质，提高机体的灵活性，提高大脑思维的快速反应能力及在高度紧张、复杂的情况下自我控制的能力，同时可以培养勇敢、机智、果断等优秀的意志品质。

散打的基本技法包括打、踢、推、拿等，练习者须依靠自己的身体素质（包括体力、耐力）与攻防技术、战术等方面的能力打击对手，取得胜利。

散打的合理攻防方法包括目击、声击、逼近、进招、突击、佯攻、破招、潜势防守、逆力防守、顺力防守、横力防守、还击、迎击、反击等。

一、散打的基本技术

1. 拳法

（1）左右直拳，如图 7-2-1、图 7-2-2 所示。

（2）左右惯拳，如图 7-2-3、图 7-2-4 所示。

（3）左右抄拳，如图 7-2-5、图 7-2-6 所示。

图 7-2-1　左直拳

图 7-2-2　右直拳

图 7-2-3　左惯拳

图 7-2-4　右惯拳

图 7-2-5　左抄拳

图 7-2-6　右抄拳

2. 腿法

（1）蹬腿，如图 7-2-7 所示。

（2）踹腿，如图 7-2-8 所示。

（3）侧弹腿，如图 7-2-9 所示。

图 7-2-7　蹬腿

图 7-2-8　踹腿

图 7-2-9　侧弹腿

3. 摔法

（1）抱腿前顶摔，如图 7-2-10 所示。

（2）抱腿绊摔，如图 7-2-11 所示。

（3）夹颈挑摔，如图 7-2-12 所示。

图 7-2-10　抱腿前顶摔

图 7-2-11　抱腿绊摔

图 7-2-12　夹颈挑摔

二、散打的竞赛规则简介

1. 比赛规则

散打比赛是在 8 米 × 8 米的擂台上进行的，台高 0.6 米。台面上铺有软垫，软垫上有帆布盖单。台面边缘有 0.05 米宽的红色边线，台面四边向里 0.9 米处画有 0.1 米宽的黄色警戒线。台下四周铺有高 0.2～0.4 米、宽 2 米的保护软垫。

在正式散打比赛中，按照运动员体重共分为 11 个级别，依次为 48、52、56、60、65、

70、75、80、85、90、90 以上公斤级。

正式的散打比赛采用三局两胜制，每局净打 2 分钟，局间休息 1 分钟。净打 2 分钟是指，运动员比赛的净时间要 2 分钟，台上裁判员暂停处理场上有关事宜的时间不计算在内。

在比赛中，运动员要穿与比赛护具颜色相同的背心和短裤。比赛护具分为红、黑两种颜色，包括护头、护齿、拳套和护裆等。这些护具可以极大地保护运动员的安全。

散打比赛的得分部位有头部、躯干和大腿。

散打比赛的禁用方法分别是：用头、肘、膝和反关节的动作攻击对方；用迫使对方头部先着地的摔法或有意砸压对方；用任何方法攻击倒地者的头部。

2. 得分标准

以下情况得 3 分：

（1）在一局比赛中，一方第一次下台，另一方得 3 分。

（2）一方用转身摆腿击中对方躯干部位，而自己站立。

（3）一方用主动倒地的动作致使对方倒地，而自己即刻站立。

（4）一方使用勾踢将对方踢倒，而自己站立。

以下情况得 2 分：

（1）一方倒地，站立者得 2 分。

（2）一方用腿法击中对方躯干。

（3）一方被强制读秒一次，对方得 2 分。

（4）一方受警告一次，对方得 2 分。

以下情况得 1 分：

（1）一方用拳法击中对方得分部位。

（2）一方用腿法击中对方下肢（脚除外）。

（3）一方消极 8 秒，被指定进攻后 8 秒内不进攻，对方得 1 分。

（4）一方主动倒地超过 3 秒不起立，对方得 1 分。

（5）双方先后倒地，后倒地者得 1 分。

3. 犯规

（1）消极搂抱对方。

（2）处于不利状况时举手要求暂停。

（3）比赛中进行场外指导。

（4）比赛中对裁判员有不礼貌行为或不服从裁判的行为。

（5）比赛中大声叫喊。

（6）有意拖延比赛时间。

（7）上场不戴或吐落护齿，有意松脱护具。

（8）不遵守礼节。

（9）在口令开始前或喊停后攻击对方。

（10）击中对方禁击部位。

4. 胜负评定

（1）在比赛中，3 次有效使用 3 分动作者为胜方。

（2）在比赛中，双方实力悬殊，台上裁判员征得裁判长的同意后，判技术强者为胜方。

（3）在比赛中，被重击倒地不起达 10 秒，或虽能站立但知觉失常，判对方为胜方。

（4）在比赛中，被重击强制读秒达 3 次，判对方为胜方。

（5）在比赛中，运动员出现伤病，经医生诊断不能继续比赛者，判对方为胜方。

5. 裁判人员的组成

（1）总裁判长 1 人，副总裁判长 1～2 人。

（2）裁判长、副裁判长、台上裁判员、记录员、计时员各 1 人，边裁判员 5 人。

（3）编排记录长 1 人。

（4）检录长 1 人。

（5）编排记录员 2～3 人。

（6）检录员 4～5 人。

（7）医务人员 3～5 人。

（8）宣告员 1～2 人。

6. 竞赛中的礼节

（1）介绍运动员时，运动员向观众行抱拳礼。

（2）在每场比赛开始前，运动员相互行抱拳礼。

（3）宣布结果时，运动员交换站位；宣布结果后，运动员先相互行抱拳礼，再同时向台上裁判员行抱拳礼，裁判员回礼；然后向对方教练员行抱拳礼，教练员回礼。

第三节　太 极 扇

太极扇是在继承和发扬传统武术的基础上，将太极拳、武术攻防技术及现代乐曲相融合的一项大众健身运动。它以有氧运动为主，具有武舞结合、造型优美、老少皆宜等特点，因此深受广大群众喜爱。

一、太极扇概述

（一）扇子的部位名称

扇子由扇柄、扇茎、扇面、扇沿等部位组成，如图 7-3-1 所示。

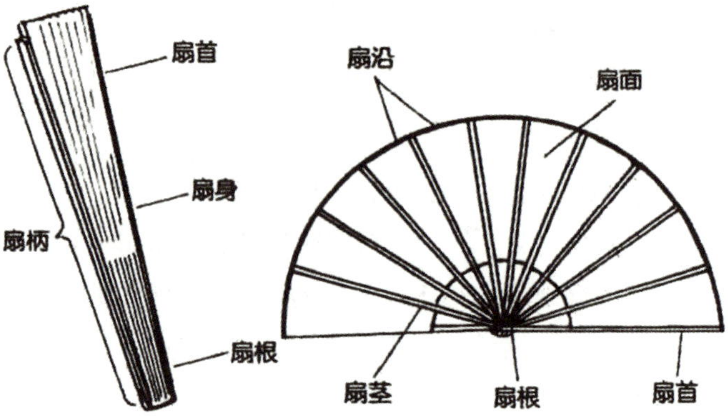

图 7-3-1 扇子的部位

学识宝典

扇子

扇子在我国已有3000多年历史，不过扇子起初并不是用来纳凉的，而是用来彰显身份与地位的。古代皇帝、后妃及达官贵人出行时，多以成双的仪仗扇来显示高贵的社会地位。古代文人墨客无论走到哪里，都喜欢手握一把扇子，用以显示自己高雅、有品位。后来，扇子逐渐成为人们消暑纳凉的生活用具，同时也作为道具广泛运用于戏剧、影视剧中。

（二）扇子的握法

1. 合扇握法

拇指和食指扣紧扇根，其他三指自然屈握于食指下方，如图 7-3-2 所示。

2. 开扇握法

大拇指扣压在扇根上，其他四指屈指扣压在另一面扇根上，如图 7-3-3 所示。

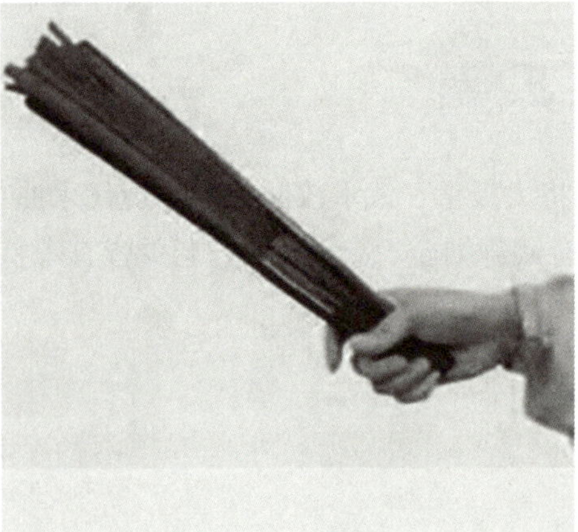

图 7-3-2 合扇握法

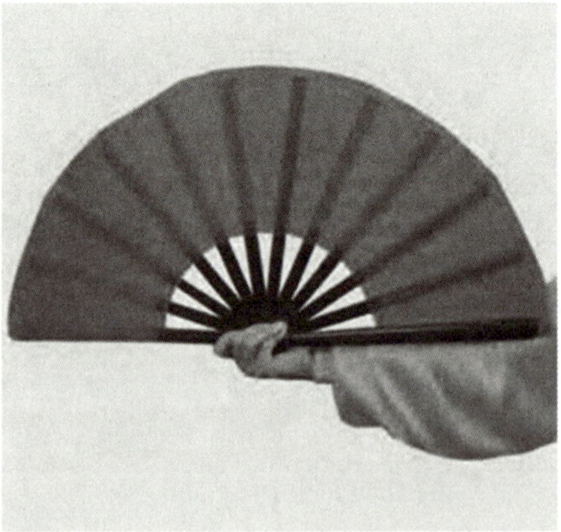

图 7-3-3 开扇握法

二、太极扇的基本技法

（一）开扇法

甩腕至扇面开平，扇面要求平整，不能折叠，如图 7-3-4 所示。

（二）合扇法

甩腕至扇子合拢，握于虎口中，如图 7-3-5 所示。

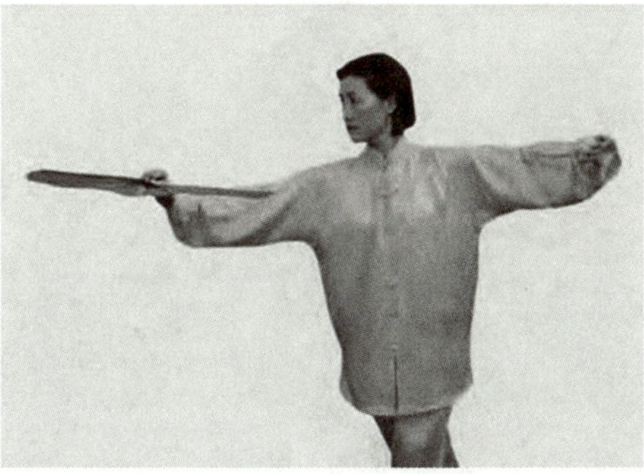

图 7-3-4　开扇法

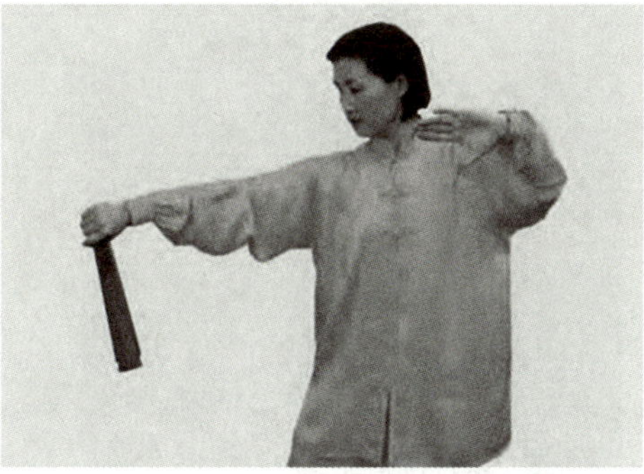

图 7-3-5　合扇法

（三）云扇

扇以腕关节为轴向内或向外转动，如图 7-3-6 所示。

（四）翻扇

平开握扇，手向内或向外，由扇的一面翻向另一面。

（五）穿扇

扇体贴住身体，扇顶朝下经腰部向下、向后穿出，如图 7-3-7 所示。

图 7-3-6　云扇

图 7-3-7　穿扇

三、太极扇的动作组合

（一）斜飞式、白鹤亮翅（如图 7-3-8 至 7-3-11 所示）

图 7-3-8　斜飞式①

图 7-3-9　斜飞式②

图 7-3-10　白鹤亮翅①

图 7-3-11　白鹤亮翅②

（二）鹞子翻身、走马观花（如图 7-3-12 至图 7-3-16 所示）

图 7-3-12　鹞子翻身①

图 7-3-13　鹞子翻身②

图 7-3-14　走马观花①

图 7-3-15　走马观花②

图 7-3-16　走马观花③

（三）龙虎相交、玉女穿梭（如图 7-3-17 至图 7-3-21 所示）

图 7-3-17　龙虎相交①

图 7-3-18　龙虎相交②

图 7-3-19　玉女穿梭①

图 7-3-20　玉女穿梭②

图 7-3-21　玉女穿梭③

第四节　武术短兵

一、短兵运动概述

（一）短兵运动简介

短兵是中国武术项目之一，是在武术刀、剑等短兵器击法的基础上发展起来的一项对抗性武术运动。短兵原是以单手使用为主的短兵器的总称，主要有刀、剑、鞭、锏等。如今，比赛用的短兵是用藤条或铁筋裹以棉絮或海绵，再外包薄皮制成的。短兵比赛是在直径 8 米的圆形场地内进行的，双方各持一短兵，运用刺、劈、撩、点、砍、斩、抹、拦、截、架、格等方法，按一定的规则进行攻防格斗。短兵可单手持握，亦可双手持握。以击中、击倒对手和击落对手短兵等得分，得分高者为胜方。

（二）短兵运动的锻炼价值

（1）具有培养敏捷思维、锻炼意志品质的作用。

（2）具有强身健体、提高防卫能力的作用。

（3）具有娱乐放松的作用。

二、短兵运动的基本技术

（一）姿势

1. 预备势

①立势：立势时，运动员左手倒握短兵的把柄。兵尖朝后下方，把柄末端朝前上方，两脚并步站立，两臂垂于体两侧，成立正姿势站立，目视前方。

②抱拳势：接立正势，双手分别由外向内合抱拳于胸前，右手掌护于左拳面处，短兵的把柄末端朝上，兵尖朝下，垂直于体前，目视前方。

2. 实战姿势

实战姿势是运动员在对抗比赛中根据战术运用的需要、个人的特点和习惯所选择的一种对抗姿势，它无定式，可自由选择，所以自主性大。灵活、多变是实战姿势的特点。对抗中常见的几种实战姿势，如图 7-4-1 所示。

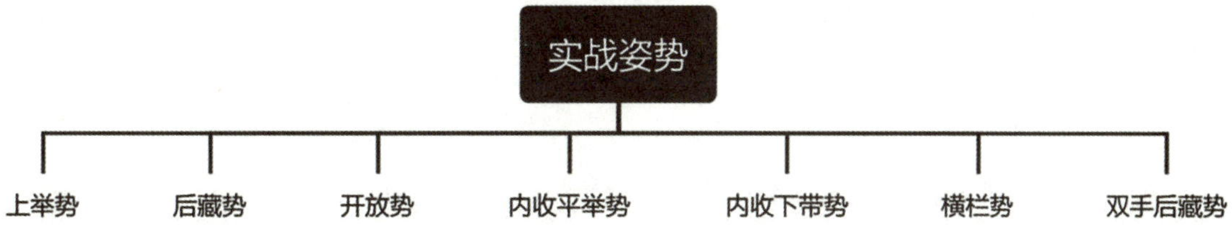

图 7-4-1　实战姿势

（二）步型

步型是指运动员完成技术动作时，脚步上相对静态的动作。

1. 开立步

两脚左右开立，略比肩宽，两脚平行向前，两膝微屈，重心在两脚之间。该步型便于左右起动，向前上步，双手持短兵常用这种步型。

2. 丁八步

两脚前后开立，略宽于肩；前脚脚掌外展，脚尖对准进攻方向，脚跟正对后脚脚弓；后脚脚尖内扣，直对体前方向；重心为前三后七，或前四后六。

3. 弓步

两脚前后开立，前腿屈膝前弓，大腿接近水平，膝盖不超过脚尖；后腿自然蹬直，脚跟外展，脚尖斜向前方约 45°。

4. 丁步

两脚并拢屈膝半蹲，一脚全脚掌着地，脚尖朝前；另一脚与支撑脚内侧相靠，脚跟提起，脚面绷直，前脚掌点地。

5. 虚步

两脚平行，前后开立，宽约脚长的 3 倍；后腿屈膝半蹲，大腿接近水平，全脚掌着地，重心落于后腿；前腿微屈，脚面绷平，脚尖稍内扣，虚点地面。

短兵运动的基本步法如图 7-4-2 所示。

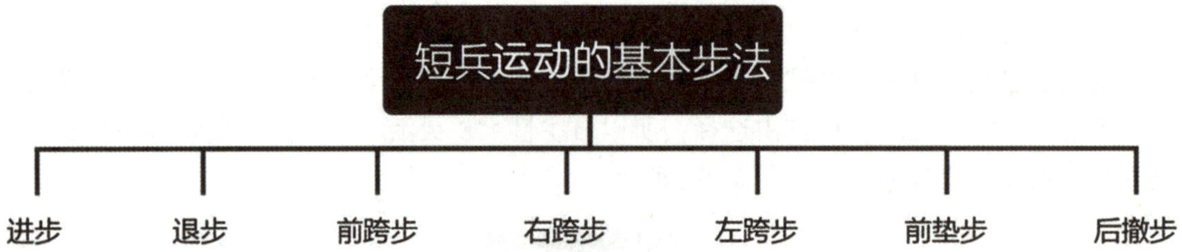

图 7-4-2　短兵运动的基本步法

（三）进攻技术

短兵运动的进攻技术如图 7-4-3 所示。

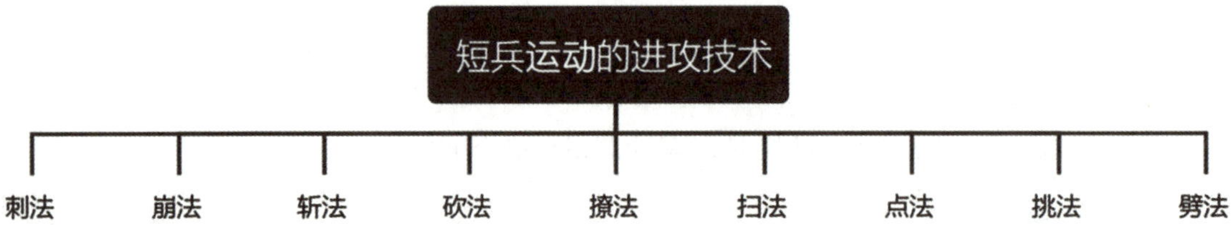

图 7-4-3　短兵运动的进攻技术

（四）防守技术

1. 正架防守

技术要点：由基本站立姿势开始，持兵臂上抬，肘关节微屈，掌心向外；短兵横架于头顶前上方，兵尖朝左侧，架防时要有外撑劲。

2. 反架防守

技术要点：由基本站立姿势开始，右脚掌内收，重心移至左腿，左膝微屈，成左弓步，上身左转拧腰，双臂抬起举于左肩上方，持兵臂外旋，掌心向后，短兵横架于头顶前上方，兵尖向右侧，架防时要有外撑劲。

3. 左立格挡防守

技术要点：由基本站立姿势开始，上身左转拧腰，右膝微屈，重心偏右侧；持兵手屈肘内收于体前，短兵由右向左立格挡防守，兵尖向上；左手屈肘回收与右手合抱短兵于胸前。

4. 右立格挡防守

技术要点：由基本站立姿势开始，上身右转拧腰，左膝微屈，重心偏左侧；左手内收附于右手前臂内侧处；持兵手向右侧摆臂，兵尖向上；短兵成立状向右侧格挡防守，掌心向外。

5. 下格挡防守

技术要点：由基本站立姿势开始，右脚提膝闪身，持兵手向右后方带臂，掌心向后下方；短兵随臂部动作，由上向下至右后方格挡防守，以兵刃前端为着力点，短兵成斜线状，兵尖朝前下方。

三、短兵运动的竞赛规则

1. 竞赛办法

①比赛分为个人比赛和团体比赛；个人比赛采用单败复活赛制，团体比赛采用单败淘汰赛制。

②每场比赛一局，净打 4 分钟。

③比赛完后计算成绩，分数多者为胜方。

④双方各有一次“叫停”30 秒的机会。

⑤在比赛中，只要短兵接触到对方身体部位，无论是有效还是无效，运动员都得自觉分开，重新开战。

2. 服装护具和短兵器

①运动员必须穿传统武术服装。

②比赛时，运动员必须穿戴护具，如护头、护裆、护手和护腿。

③比赛护具分红、黑两种。

④比赛开始前，运动员在场地中央挑选短兵。

3. 礼节

①当裁判员做出如图 7-4-4 所示的手势时，运动员向观众行抱兵礼。

②比赛开始前，当裁判员做出如图 7-4-5 所示的手势时，运动员相互行抱兵礼。

图 7-4-4　向观众行抱兵礼的裁判员手势

图 7-4-5　运动员相互行抱兵礼的裁判员手势

③宣布结果时，运动员交换站立；宣布结果后，运动员先相互行抱兵礼，再向台上裁

判员行抱兵礼；裁判员回礼。

学思践悟

一、学有所思

（1）根据书中介绍的几种剑术动作尝试自己创编组合动作。

（2）散打比赛如何定胜负？

（3）太极扇有哪些动作组合？

（4）短兵运动的价值和特点是什么？

二、知行合一

太极扇比赛

1. 活动目的

为推动阳光体育活动的深入开展，弘扬民族文化，健康学生体魄，培养学生主动参与体育活动的意识、兴趣和爱好，形成坚持体育锻炼的习惯和终身体育意识，全面推广我国太极扇运动，学校决定开展太极扇比赛。

2. 活动流程

第一阶段：复习回顾。

各班利用大课间、课余时间，进行复习回顾，选出优秀学生并采取互帮互学形式，集体进行练习。

第二阶段：巩固提升。

各班体育任课教师负责，利用体育课对每位学生进行过关测试，对于进度慢的同学，体育教师要及时督促练习。

第三阶段：集体排练、做好参赛准备。

3. 比赛规则

（1）两个班同时进行太极扇展示。

（2）评委现场打分。

（3）建议各班统一服装。

（4）按照得分进行排名。

第八章　休闲运动

学海导航

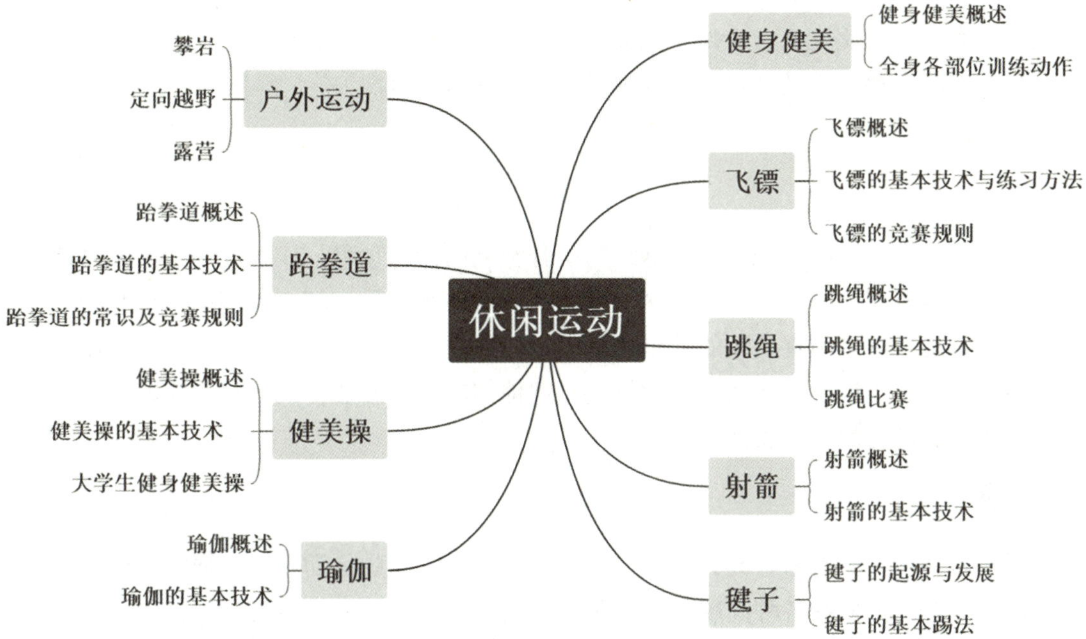

思政名片

魏绍轩

魏绍轩，2000年11月出生于吉林省长春市，中国射箭运动员。在读小学期间，魏绍轩开始练习射箭。2015年初，魏绍轩被选入吉林省队，2017年正式进入国家队。

2018年6月19日，国家射箭队亚运会最终阶段选拔赛上，魏绍轩获得男子反曲弓个人淘汰赛冠军，并入选第十八届亚运会中国体育代表团名单。

在2019年射箭世锦赛男子团体反曲弓决赛中，由魏绍轩、冯浩、丁倚亮组成的中国队，以6:2战胜印度队夺得冠军，这是中国队首次摘得射箭世锦赛的男团金牌，创造了历史。

2021年，在第十四届全运会上，魏绍轩一举夺得男子射箭个人比赛金牌。这枚沉甸甸的金牌意义重大，它是吉林射箭队在第九届全运会以来时隔20年再次夺得全运会冠军，同时也是吉林射箭男队在第六届全运会后再次获得男子项目全运会冠军。

习近平总书记在党的二十大报告中对青年寄予殷切期望："青年强，则国家强。当代中国青年生逢其时，施展才干的舞台无比广阔，实现梦想的前景无比光明。"身为一名"00

后”运动员，魏绍轩对总书记的话有强烈共鸣。他说：“站在东京奥运会的赛场上，我能够真切感受到自己作为一个中国人的骄傲与自豪。我们这一代年轻人，赶上了一个好时代，生逢其时。国家繁荣富强了，才能为我们年轻人提供如此之大的展示舞台。所以，我们年轻人更需要珍惜这来之不易的机会。”

学习目标

- 了解户外运动的特点，掌握攀岩、定向越野、露营的基本技术。
- 了解跆拳道的基本常识与竞赛规则，掌握跆拳道的基本技术。
- 能够运用健美操、瑜伽、健身塑形的组合、套路进行自我锻炼，提高体质。
- 掌握飞镖、跳绳、射箭、踢毽等运动的基本技术。

第一节　户外运动

户外运动是近几年在我国发展迅猛的一种新兴的体育项目。作为一项走近大自然、亲近大自然，将旅游、休闲、竞技、探险融为一体的体育项目，越来越多的青少年积极参与进来。户外运动在增强青少年的健康体魄的同时，也为他们提供了一个释放学习压力、提高自身创造力和尽情享受自然风光的机会，使他们的身心能够得到一种愉悦的锻炼，顺应和推动了素质教育的全面发展。

一、攀岩

攀岩是一项在天然岩壁或人工岩壁上进行的向上攀爬的运动项目，通常被归类为极限运动。攀岩要求人们在各种高度及不同角度的岩壁上，连续完成转身、引体向上、腾挪甚至跳跃等惊险动作，因此被称为“峭壁上的芭蕾”。攀岩可以有效锻炼人的意志力、体力和思维能力。2016 年，国际奥委会宣布攀岩成为 2020 年东京奥运会正式比赛项目。

攀岩不但是一项竞技体育项目，而且所有喜爱户外运动的人们都可以去感受其独特的魅力，是很多青少年喜欢的极限运动之一。

（一）攀岩的分类

从不同角度可以将攀岩分成不同的类型。

1. 按保护分式分类

（1）先锋攀登：从岩壁底端开始，一边攀登，一边把保护绳挂入保护点。

（2）顶绳攀登：保护绳从上端已经挂好，只有上端一个保护点。

2. 按岩壁性质分类

（1）人工场地攀登：在人工制作的岩壁上进行攀登。

（2）自然场地攀登：在天然形成的岩壁上进行攀登。

3. 按使用器械方式分类

（1）自由攀登：不借助任何器械的力量而完全靠攀登者自身力量进行的攀登。自由攀登又可以分为运动攀登和传统攀登。运动攀登是指在有安全保护点的线路上进行的攀登，危险度较低。传统攀登是指在预先没有设置任何人为保护措施的线路上进行的攀登，攀登者需要自己设置途间保护点。

（2）器械攀登：借助绳索、主锁、上升器等器械进行的攀登。

（3）抱石攀登：在无绳索的状态下，不依赖任何外在的辅助力量，只靠攀登者的自身力量进行的攀登。

（二）攀岩的基本工具与装备

1. 主绳

冲坠是攀岩过程中最直接的危险来源，主绳是解决这一危险最主要的工具。主绳（如图 8-1-1 所示）为攀登者与保护者之间建立起一种可靠的远程连接，或为攀登者提供安全的平衡过渡。主绳内部是缠绕在一起的多股尼龙绳，外部则包有绳皮，起到固定和防磨的作用。

2. 安全带

安全带穿在攀登者身上，承载因攀登者脱落或下降而产生的重量和冲力。安全带（如图 8-1-2 所示）的腰带为受力部分，其余腿带等则是为了舒适、便利而设计。选择安全带应考虑个人身形及体重，选用相配的型号。安全带的样式多样，因此安全带的系配方法也不同。为了安全，使用安全带之前，应认真阅读使用说明书，严格按照说明书的方法去使用。安全带系好后，应检查两遍后再开始运动，如有问题立即告诉同伴。

图 8-1-1 主绳

图 8-1-2 安全带

3. 保护器

在攀岩过程中，为了确保攀登者的安全，必须实施下方保护。保护器的特殊构造能增加摩擦力，使保护者在主绳的制动端只需较小的握力即可控制受力端的较大重量。常见的保护器有 8 字环（如图 8-1-3 所示）、ATC 和 GRIGRI 三种。8 字环保护器的结构简单，操作简便，但绳索容易打卷且制动锁定性能略差。ATC 保护器的操作方法简单，送绳和收绳都非常流畅，绳索不易产生卷曲缠绕，可用于单绳或双绳，制动性优于 8 字环保护器。GRIGRI 保护器具有自动制停系统，大大提高了操作的安全性。

4. 快挂

扁带的两端分别连接一个主锁成为快挂（如图 8-1-4 所示），使用时一端扣入保护点，一端连接人体安全带或主绳，操作较为便利。快挂两端的主锁都不带丝扣，存在不慎打开或受力压开的危险，所以只有一个快挂时，不能作为固定保护点使用。

图 8-1-3　8 字环保护器

图 8-1-4　快挂

5. 头盔

在户外天然岩壁的攀登过程中，即使一个小石块落下来，砸在头上都可能造成极大的伤害，甚至危及生命。攀岩使用的头盔（如图 8-1-5 所示）与登山头盔相同，一般是在聚碳酸酯外壳内注入发泡材料构成的，轻便坚固，能够为攀登者提供很好的头部保护。

6. 主锁

主锁（如图 8-1-6 所示）又叫安全钩。攀登时的主要用途是联结登山绳与中间支点，坚固地承受攀登者突然坠落时的冲击拉力。主锁一般分为 O 型、D 型和梨型等。目前，常用的铝合金主锁的正常拉力一般在 2000～3000 千克，能够双向锁定，用以保障攀登者的安全。

图 8-1-5　头盔

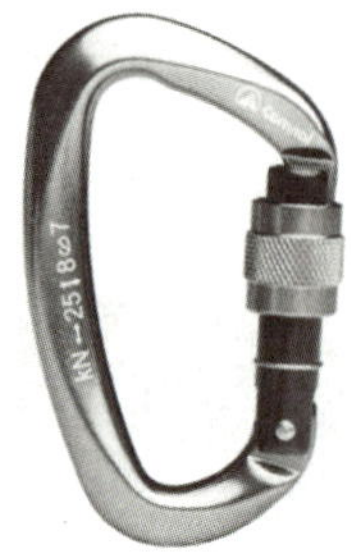

图 8-1-6　主锁

7. 攀岩鞋

攀岩鞋（如图 8-1-7 所示）一般以轻便、柔软、粘贴性强的橡胶为底，摩擦力较大，以方便攀登者在岩壁上更好地做出置、踏、勾等技术动作。通常情况下，攀岩鞋的鞋码会比正常穿着的鞋码小 1～2 码，穿进去会将脚裹得很紧，使脚与鞋成为一个整体。

8. 镁粉及粉袋

镁粉的成分是碳酸镁粉末，可吸收手上的汗液和岩壁表面的水，增大摩擦力。为了较方便使用，镁粉一般存放在粉袋（如图 8-1-8 所示）里，粉袋系在安全带上，在攀登难度大的岩壁或路线时极有用。

图 8-1-7　攀岩鞋

图 8-1-8　粉袋

（三）攀岩的基本技术

1. 身体姿势

攀登岩石峭壁时身体要放松，并根据岩壁陡缓程度，使身体和岩壁保持一定距离。上拉、下蹬要同时用力，身体重心一定要落在脚上，保持面向岩壁、三点固定支撑、直立于岩壁上的攀登姿势。

2. 脚的动作

（1）正踩、侧踩。

在踩点时注意踩点的面积，并不是越大越好，尽可能寻找可发力的部位。

（2）脚后跟勾。

脚后跟勾的动作需要攀登者具有良好的灵活性、柔韧性和胆量，它的动作是多种多样的，最终目的是保持身体平衡。

（3）交换脚。

在攀岩中，经常会用到交换脚技术。

①在移动脚之前确定你所要的脚点。脚点的大小、方向和位置决定了它的实用性，如果有可能，你的脚点应低于你的手点，以减轻上身的紧张；

②把脚准确放在脚点的最佳位置，要把你的脚集中放在一点上；

③将重心平稳过渡到另一个脚点；

④当你站立或移动时，保持脚的绝对平稳，移动时以脚踝为中心减少上身的运动。脚的移动可能会使脚滑出脚点，集中力量保持脚的平稳，保持平缓移动重心至两支点之间。

3. 手的用法

手的动作比脚的动作更为复杂，它根据不同着手点和攀登要求有不同的握法，如紧握、开握、扣握、捏握、曲握、侧拉等。

（1）紧握。

整个手掌的抓握可以增加抓点的稳定性。但是，一旦你觉得你找到了一个最佳的抓握位置，你的手指就要紧握住，不要再动，太多的犹豫可能会导致脱落。

（2）开握。

如果支点的边缘或某些点的小洞可以支撑住手指的第二关节，手可以平坦地靠在岩面上，那么你的手可以张开，手指并拢，让手指与支点充分接触，整个手掌不用紧握支点。在这个动作中，大拇指的作用一般较小。

（3）扣握。

当手遇到相对较小的支点，你的四指并拢后能套住支点时，用大拇指压住食指，这样支点就被完全套在你的手中。此时，大拇指的力量很关键，因为大拇指既要锁住手指，又要靠住岩壁，它要比其他的手指承受更大的力量。

（4）捏握。

一般来说，大拇指捏的方向与其他四指的方向是相对的。但有些可捏握的点可以让你的大拇指压在支点的一边，其压的方向与其他四指拉的方向成 90° 。但是当支点很小时，你只能用拇指和食指的第二关节外侧面去捏握。

（5）曲握。

曲握是把手掌弯曲，四指并拢，大拇指压在食指上，用手掌的外部边缘搂握住支点。因为大拇指的力量很强，可以很好地控制手形，所以这种手形的握点法应该是很有力的，而且这样也是给其余手指一个很好的放松机会。

（6）侧拉。

侧拉的技术要点是使身体侧向岩壁，以身体对侧手脚接触岩壁，另一只腿伸直用来调节身体平衡，靠单腿力量把身体顶起，抓握上方支点。

4. 手脚配合

在攀登过程中，上下肢力量要协调运用。对初学者或技术还不熟练的练习者来说，上肢力量显得尤为重要，攀登时往往是上肢引体，下肢蹬压抬腿而移动身体。所以，首先要练好上肢力量，上肢又要以手指、手腕和小臂力量为主，再配合脚趾、脚踝和腿部的力量，使身体重心随着用力方向的不同而协调地移动，手脚动作的配合也就自如了。

5. 结绳技术

在攀登过程中，绳子要与其他的保护装备、固定点及绳子自身发生各种连接，以满足实际需要。结绳技术是确保攀登者安全的基本技术之一。打绳结很容易，重要的是要学以致用，在不同的情况下使用相应的绳结。下面介绍几种户外常用的绳结。

（1）单结：最基本的绳结，可打在绳头、绳尾作为绳结的保险，防止绳结松脱。

（2）双 8 字结：在先锋攀登中唯一的连接方式，优点是牢固。

（3）布林结：在顶绳攀登中可以选择的连接方式之一，优点是方便快捷，缺点是不受力的时候容易松动甚至完全松开。

（4）双套结：在需要绳索双向受力的时候，用于开放性的固定点（如主锁、树桩等），缺点是当绳端负荷消失时容易解开。

（5）单 8 字结：连接主绳。

（6）渔人结：连接直径相同且小于 8 毫米的圆绳，以做成绳套，绳尾留 3 厘米左右，最好用胶布缠上。

（7）水结：连接扁带，以做成绳套，绳尾留 3 厘米左右。

（8）交织结：连接两条粗细不同的绳子。

（9）平结：连接两条粗细相同的绳子，或连接绳套以增加整体的长度。

（10）抓结：用来代替上升器。打抓结的绳子应比主绳细而软。

6. 下降技术

在 45° 以下的缓坡、中坡下降，因危险性小，一般不需要特殊的装备和技术，自然下降即可。而在 45° 以上的陡坡、峭壁下降，则必须有一定的装备和技术。其下降方法有以下几种。

（1）三点固定下降法。

三点固定下降法是岩石作业下降技术的基本方法，所用工具简单，便于采用。方法是利用双手、双脚握和蹬牢三个支点，然后移动第四个支点。这种下降方法比三点固定攀登更加困难，因此一定要设上方固定保护。

（2）用下降器下降。

利用下降器下降是最常用的一种方法。原理是利用主绳同连接于身体上的一定器械之间的摩擦，减缓并控制下滑速度达到下降目的。方法是将主绳一端在峭壁顶部固定，另一端抛至下方，下降者在腰部系好安全带，腹前挂好主锁，然后主绳按 8 字形缠绕于下降器上，再将下降器和主锁连接，左手握主绳上端，右手在胯后紧握从下降器穿绕出来的主绳。面向岩壁，两腿分开约成 80° ，蹬住崖棱，身体后坐，使躯干与下肢约成 100° ，将上方主绳搭于崖棱上之后，便可开始下降。

（3）缘绳下降法。

在坡度近 90° 时，可采用缘绳下降法。此方法简单易学，只要有一条主绳就可进行下降操作。具体方法是将主绳在陡壁上方固定，余下的主绳扔至崖下，下降者在绳上打好抓结，另一端与腰部安全带上的主锁连接。抓结到连接处的距离不能过长，也不能过短，以臂伸开能抓住抓结为宜。下降者面向固定点两腿分开站到崖棱时一定要拉紧主绳，并握住抓结，方可开始下降。

7. 攀岩的保护技术

为了防止攀登者在攀岩过程中脱落或其他意外险情的发生而采用的保护措施及保护方法，称为保护技术。它是根据岩壁的条件，运用相应的保护装备、结绳方法、保护装置进行的各种安全保护。

（1）保护点的设置。

要在保证生命安全的前提下享受攀登的快乐，岩壁上固定点的设置安装是相当重要的。保护点的设置就是将保护的绳索固定好，绳索固定的好坏直接影响攀登者的生命安全。保护点的设置是保护攀登者与保护者，防止因坠落而发生不必要的意外伤害事故，是攀登者在攀登前必不可少的重要环节，必须引起攀登者的注意。

保护点的设置与进行保护的第一步就是自我保护。保护者用绳索与合理的固定点连接，当攀登者坠落或其他状况发生时，保护者才不致发生危险。

（2）保护点装置系统的安装。

设置保护点所需的装备主要有：绳套、主锁、挂片、膨胀螺栓、岩石锥、机械塞等。使用辅助绳来安装保护系统。

（3）天然固定点的选择与安装。

①天然固定点的选择。

确定受力方向后，在受力方向上找出适当、牢固的物体，一般选择树干、大石头、岩角等。选择时应注意树根、树干是否牢靠，岩石根基是否牢固，岩石的大小是否可以承受坠落的重力，岩角基部是否完好等。

②固定点的安装。

固定点的安装应防止岩石的棱角割断绳索，必要时要加上垫布。固定点的测试，应注意安全第一。操作时一定要把绳结系住。

当你安置了保护点后，可尝试进行撤卸：

a.首先用快挂钩住主锁，与自己的安全带连接；

b.解开连接在自己安全带上的绳结，并将绳子穿过主锁；

c.将穿过主锁的绳子重新与自己的安全带连接；

d.解开原来与你的安全带连接的 8 字结，然后请保护者准备好，将绳子收紧，再解开与你的安全带和主锁连接的快挂；

e.进行自我保护下降或顶绳下降。

学识宝典

注意事项

①快挂与攀登方向。注意攀登方向，使绳子靠在远离开口端，而且身体这端要在钩环外侧。

②快挂方向。快挂要放好，勿转折；钩环要正；绳子要挂对方向。

③挂绳方式。有两种方法，一种是 Roll Clip，另一种是 Pinch Clip。

a.Roll Clip：快挂方向面对你时最好用此方法。用中指和无名指固定主锁，然后用大拇指和食指将绳子放入。一般来说，快挂位置较高时，挂绳会比较顺手，不过快挂低到腰部以下的位置也可以用。

b.Pinch Clip：快挂方向背向你时最好用此方法。用大拇指和小指固定主锁，用食指和中指将绳子放入。

（四）攀岩的锻炼指导

1. 热身运动

正确的热身运动可以增加肌肉收缩时的速度与力量，改善肌肉协调能力，预防或减少对肌肉、肌腱、韧带的伤害，让运动变得充满乐趣。攀岩前的热身运动一般持续 20～30 分钟，包括全身性运动、柔软操、心理准备三个阶段。

（1）全身性运动主要是唤醒身体功能，一般采用慢跑，如绕攀岩场地跑等形式进行。

（2）柔软操即肌肉伸展运动。让身体的肌肉、关节、韧带先做缓慢的伸展，使体内的血液循环渐渐加快，从而帮助身体适应因活动而导致的心跳速度上升、肌肉收缩及神经系统的传导变快。伸展的方式可分为两种。

①静态的伸展：通过缓慢的动作，将肌肉、韧带等软组织拉长到一定程度，并维持一段时间。

②动态的伸展：在速度略快的动态动作中进行肌肉拉伸，且在最后伸展位置不做停留。

两种伸展活动对柔软性皆有改善效果，但静态伸展的能量消耗较少，且具有避免或消除肌肉紧张酸痛的作用，效果相对较好。静态伸展运动以先收紧肌肉，然后放松，最后再伸展为基本原理。具体做法如下：收紧肌肉或肌群，并在不收缩肌肉的情况下最大限度地用力，保持这个姿势 12～20 秒，放松 2～3 秒；柔和地尽量伸展肌肉至有少许疼痛为止，此时，伸展部位有被拉长的感觉，并保持这个姿势 12～20 秒。

（3）心理准备，即以心理来导引生理功能适度运作，是热身运动的最后步骤。攀岩前应触摸岩石，让手与脚尖去感觉岩面，做好心理准备。

2. 体能训练

体能训练，是为了让身体储备足够的能量以满足运动的需要。体能训练时，应遵循“周期性训练”的原则，即针对“非攀登期”“调适期”“攀登期”设定不同的目标与进度。不同时期训练的重点应有不同。“非攀登期”的重点在于对大肌肉群做高负荷的训练，以强化整体肌肉与关节，进行适量的有氧运动，以维持或改善心肺功能，同时进行柔软度的相关训练。在“调适期”，体能训练的重点由前一期的基本体能训练调整为攀登动作相关部位的训练，尤其是肌肉耐力的训练，同时继续维持柔软度的锻炼并增加有氧运动。“攀登期”的训练则以经常性的攀岩为主，配合适当的训练维持肌力、柔软度及心肺功能。

3. 重量训练

肌肉就像回力球一样，必须给予足够的刺激才会有反应。正确的重量训练让你专注于特定肌肉群的强化，并借由负荷重量的调配，严密控制训练进度，保持体能持续进步。

重量训练必须遵循“渐进超负荷”的基本原则，也就是说每次训练的分量（在重量上、速度上或恢复时间上）一定要比前次增加。假设你使用一定重量的杠铃进行硬拉训练，第 1 组做了 12 次后达到“暂时性肌肉疲乏”，也就是无法以正确姿势再多举一下了，此时休息一下（不超过 45 秒），马上开始第 2 组。或许第 2 组你只做 11 次就达到“暂时性肌肉疲乏”，此时再休息一下，开始第 3 组。这组你可能只能完成 9 次标准动作。休息几天后，等身体功能恢复，再进行同样的训练。当你能够以标准动作完成 3 组 12 次时，就应该增加训练的分量，向新的目标发起挑战。

在重量训练中，不同组数与次数的搭配对力量的增加有不同的效果，具体做法如下。

6～8 次（4 组）：适于增大肌肉的收缩力量，达到高度的爆发力。

10～12 次（3～4 组）：有效地增加肌力，而肌肉增大效果较不显著。

20 次以上（3～4 组）：增加耐力，增强心血管系统功能。

4. 柔软度训练

柔软度是指关节及周围的肌肉与韧带能够活动的范围。通常，训练带给你力量的同时也会让你感觉到肌肉的逐渐紧绷。对攀岩爱好者来说，僵硬的躯体会限制其运动能力，抵消肌力增进的效果；而良好的柔软度不仅对高抬脚或双臂交叉等动作有帮助，也可使其重心贴近岩壁以节省体力，或降低重心以改变手点的施力方向，并能避免运动伤害的发生。因此，在攀岩的训练过程中不能忽略柔软度的训练。增进柔软度的方法主要是通过“拉筋”来增加肌肉的长度。为避免拉伤，增加训练效果，“拉筋”前一定要做完整的热身运动。“拉筋”的最佳时机在运动之后。值得注意的是，虽然攀登前轻度的“拉筋”有助于热身，但过度剧烈的“拉筋”反而会妨害肌肉的运动反应，影响攀岩的表现。

5. 缓和运动

身体的循环系统及肌肉骨骼组织在剧烈运动后，都必须经过一个缓冲期，才能使血压及心跳脉搏回到正常。在缓冲期间，需进行一连串的肌肉伸展运动，让心跳慢慢恢复正常，使血液运行通畅，减少乳酸堆积。攀岩后的缓和运动所做的肌肉伸展与热身时所做的肌肉伸展大致相同。

二、定向越野

定向越野（也称定向运动）是一种借助地图、指北针或其他导航工具，在一个设定的范围内，通过途中的各种障碍，快速到达各个目标点位，并且完成各个点位任务，最后到达终点的运动。定向越野在世界各地正吸引着越来越多的人参与并为之狂热，它既是一种户外休闲、娱乐运动，又是一种竞技运动，且对参赛者的体力及智力要求较高。

（一）定向越野的分类

（1）按场地的不同，可以分为野外定向、公园定向、校园定向。

（2）按活动时间的不同，可以分为白天定向、夜间定向、多日定向等。

（3）按比赛距离的不同，可以分为短距离定向、标准距离定向、长距离定向等。

（4）按运动水平的不同，可以分为初级组赛、高级组赛、精英组赛。

（5）按评定名次方法的不同，可以分为计时赛、计分赛等。

（二）定向越野器材

1. 定向地图

定向地图（以下简称地图）是一种按一定比例尺表示地貌、地物平面位置和高程的正射投影的平面地形图，比传统地形图包含更多的信息，并使用一套标准符号绘制，让使用任何语言的人都可以了解。除了以等高线表示地形的起伏，地图还包含森林密度、水文信息、空旷地、小径、道路、土堤、石墙、冲沟、渠道、井、坑、围篱、输电线、人造物、建筑、大石与其他地表上的信息。

2. 指北针

指北针的主要作用是辨别方向、标定地图、确定站立点与目标点的方向等。定向越野中使用的指北针（如图 8-1-9 所示）一般都以装有磁针的透明有机玻璃盒为主体，根据参赛者使用方式上的差异分为两类：基板式和拇指式。在有机玻璃盒内一般装有起稳定作用的特殊液体，能够增强磁针的稳定性，适合在奔跑中使用。

3. 点标旗

参赛者根据地图所提供的信息，利用指北针快速定向，在实际地形中寻找一个橙黄色和白色相间的点标旗，该点标旗的位置准确放置在地图所标示的地点圆圈的中心点。

点标旗（如图 8-1-10 所示）是由 3 面正方形标志旗连接组成的。每面正方形小旗沿对角线分开，左上为白色，右下为橙黄色，每面旗的尺寸为 30 厘米×30 厘米。点标旗通常要编上代号，以便于参赛者根据代号来判断是否找到了正确的检查点。悬挂点标旗的方法有两种：有桩式和无桩式。悬挂高度一般从点标旗上端计算，距地面约 80～120 厘米。

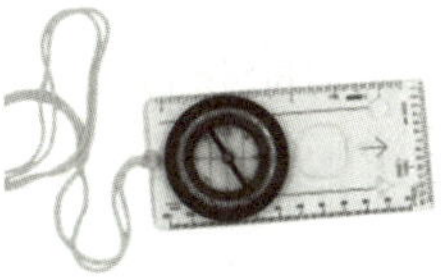

图 8-1-9 指北针

图 8-1-10 点标旗

4. 打卡器

为了证实参赛者通过了比赛中的各个检查点，参赛者必须在到达的每一个检查点签到，使用打卡器或点签在卡纸上打卡，以此证明其确实已到达此点。打卡器是用弹性材料制成的，顶端装有钢针，钢针的不同排列使打卡器可以印出不同的图案印痕。现在国内外大型定向越野比赛都用电子打卡系统打卡，它不但能证实参赛者正确通过检查点，而且还能同时记录通过检查点的准确时间。

5. 服装和鞋

定向越野对参赛者的服装没有特殊的要求，只要求服装轻便、舒适，易于活动。服装过紧或太厚均不适合野外跋涉。通常，参赛者对服装的选择应符合以下要求。

（1）衣裤。紧身而又不至于影响呼吸与运动。为防止树枝刮伤和蚊虫叮咬，最好穿面料结实的长袖上衣和长裤。

（2）鞋。轻便、柔软而又结实。为便于上下陡坡、踩光滑的树叶或走泥泞地，鞋底的花纹最好是高凸深凹的，以防止在野外的泥道或砂地上滑倒。

（3）穿戴用有弹性的面料及泡沫材料制成的护腿，以便在奔跑过程中保护小腿不被树枝等碰伤，或被蛇、虫咬伤。

（三）定向越野的基本技术

在定向越野中，必须首先标定地图，即保持地图方位与实地方位一致。标定地图（给地图正确定向）是最重要的定向技能。

1. 标定地图的方法

（1）概略标定。

地图上的方位是上北、下南、左西、右东。当我们在实地正确地判断了方向之后，只要将地图的上方对向实地的北方，地图即已标定。

（2）利用指北针标定。

将指北针水平放置于地图上，磁针红色端所指的方向就是北，然后转动地图，使磁针北端对正地图的磁北方向（重合或平行），地图即已标定。

（3）利用直长地物标定。

利用直长地物（如道路、土垣、沟渠、高压线等）标定地图，首先应在图上找到这段直长地物，对照两侧地形，使图与现地各地形特点的关系位置概略相符，然后转动地图，使图上的直长地物与实地的直长地物方向一致，地图即已标定。

（4）利用明显地物地貌标定地图。

从地图上找到本人位于明显地形点的位置（即自己所在的站立点）时，可以利用明显地形点标定地图。方法是：先选择一个图上与现地都有的远方明显地形点（目标），然后转动地图，使地图上的站立点至目标的连线与现地站立点至目标的连线相重合，此时地图即已标定。

2. 确定站立点

（1）直接确定。

当自己所处位置是在明显的地形点上时，只要从地图上找出该地形点，站立点即可确定。但是，采用直接确定法的缺点在于：在紧张的比赛中，在区别不同的地物时容易产生“张冠李戴”现象。

可以称得上是明显地形点的地物主要有：单个的地物（如房屋、水塔、凉亭、小桥等）；

现状地物的拐弯点、交叉点（呈“十”字形）、交汇点（呈“丁”字形）和端点；现状地物的中心或有特征的边缘。

可以称得上是明显地形点的地貌主要有：山地、鞍部、洼地；特殊的地貌形态如陡崖、冲沟等；谷地的拐弯点、交叉点和交汇点；山脊、山背线上的转折点、坡度变换点。

（2）综合分析确定。

利用位置关系法确定站立点主要依据两个要素：一是站立点至明显地形点的方向，二是站立点至明显地形点的距离。在地形起伏明显的地方，还可以结合高差情况进行判定。

（3）利用交会法确定。

当站立点附近无明显地形点时，可以利用 90° 法、截线法、后方交会法。这些方法的优点是不需要判断或测量距离也能确定出较为准确的站立点位置。

①90° 法。当测点位于线状地形（包括道路、沟渠、山背线、谷地线、坡度变换线等）上时，如果在与运动方向相垂直的方向上能够找出一个明显的地形点，则线状地形符号与垂直方向线的交点即为站立点。

②截线法。测点位于线状地形上，但在其与运动方向相垂直的方向上没有明显的地形点，可以采用此法。其步骤是：第一，在线状地形的侧方选择一个在图上与实地都有的明显地形点。第二，利用指北针的直长边缘切于图上明显地形点的定位点上。第三，沿指北针的直长边向后画方向线，该方向线与线状地形符号的交点，就是站立点在图上的位置。

③后方交会法。测点上无线状地形可利用，而且地图与实地相应的都有两个以上的明显地形点时可采用此法。该方法通常要求地形较开阔，通视良好。其步骤是：在图上找到选定的方位物之后，标定地图；然后按照截线法的步骤分别向各个方位物瞄准并画方向线，图上方向线的标点就是站立点。

3. 确定前进方向

定向越野每次出发时（包括途中每一段落出发），首先必须判断出发点的图上位置，明确前进方向和目标点，然后标定地图选准前进方向，向目标点进发。

（1）选择最佳路线的技能。

最佳行进路线应该是：省体力、省时间、最安全，便于发挥自己的技能或体能优势的路线。选择路线应遵循的原则是：

①有路不越野。应尽量选择沿道路行进，这是因为：第一，在道路上容易确定站立点，使参赛者更具信心；第二，地面相对平滑、平坦，有利于提高奔跑速度。

②走高不走低。当目标点在半山腰，周围又没有明显的地貌地物时，应选择从山顶向下寻找的方法，这就是人们常说的“从上到下法”。应尽量选择在高处行进，避免在低处行进。这是因为：地势高，展望好，便于确定站立点和保持行进方向，而且高处通风、干燥，荆棘、杂草、虫害及其他危险少。

③提前绕行。在定向越野中，参赛者应提前读图，提前思考，明确自己下一步将要到达的地点，阅读地图时一定要注意通观全局，特别是检查点之间大的障碍。不能等遇到障

碍再做折线绕行，而应该全面分析地貌地形，提前选择好最佳迂回路线。

（2）保持正确行进方向的技能。

在选择了最佳路线后，在前进过程中，还要采取相应的方法，确保正确的行进方向，才能安全准确地到达目的地。

①拇指法。在定向越野中，常用拇指压住地图上本人目前站立点的位置，把拇指想象为自己。当向前运动时，拇指也在图上相应移动，这种方法叫拇指法。拇指法主要是帮助参赛者随时明确自己在图上的位置。

②“扶手”法。“扶手”法是把实地中的线形地形，如各种道路、输电线、地类界、溪流等地物地貌，比喻为上下楼梯时的扶手，作为行进的“引导”，利用“扶手”引领能较为容易和安全地到达目的地。在定向越野中，要尽可能地利用“扶手”法，使自己更有信心。

③记忆法。一般要按行进的顺序，分段地记住路线的方向、距离、经过的地形点、两侧的辅助（参照）物。这样可以减少行进途中读图的时间，提高运动成绩。

④导线法。当站立点距离检查点较远，途中地形又很复杂时，可以采用此法。行进过程中，要多次利用各个明显的地形点，心中将这些点“串联”起来，在奔跑过程中做到心中有数，确保前进方向与路线的正确性。但需注意，切忌将相似的地形点弄错。

⑤简化法。在读图过程中要学会概括地形和简化地图。特别是在读零碎杂乱区域地图时，要注意概括该地域的地形结构，突出主要地形特征，把复杂的地图在脑中描绘成一幅新的简单化的地图。

4. 准确捕捉检查点的技能

在定向越野中，参赛者到达检查点附近后，能够捕捉到检查点，是一项十分重要的技能，掌握相关方法能够有助于准确迅速地捕捉检查点。

（1）“放大”法（“先大后小”法）。

在寻点过程中尽可能扩大视野，从检查点附近大的、明显的地形找起，然后再找检查点。不要只把目光集中在你要寻找的检查点上，特别是当检查点所在地较小时，如果只看到很小的一点地形，那么你就很难找到它。

（2）“偏向”法。

当参赛者穿越一块没有明显特征的地带而要寻找一个交叉口、路的端点或面状地物的侧顶点时，不能正对着这一点去寻找，而要稍偏离目标方向瞄准，然后再顺着找到目标点。

（3）借点法。

当检查点附近有高大、明显的地形点时，可用此法。行进前，要先将目标辨认清楚（亦可用其他物体佐证），行进中先找到这些物体再利用其判断检查点的位置。

（四）定向越野的锻炼指导

1. 锻炼前的准备

（1）检查身体，了解自己的健康状况和体能现状，制订相应的训练计划。

（2）准备好指北针和地图。

（3）带上足够的水和干粮。水的量以当时的气温而定，同时考虑个人对水需求量的差异。带的干粮应以不易变质、利于保存的食品为主，如压缩饼干、方便面等，适当备些水果和巧克力作为储备。

（4）带上相应的药品，如防蚊虫叮咬药品、防中暑药品、防腹泻药品、止血用品、防过敏药品等。有特殊疾病者应随身携带有针对性的急救药品和常服用的药品。

2. 定向越野的体能基础——越野跑

定向越野的水平一般来说是由野外定向和识图用图的能力决定的，但良好的奔跑技术有助于参赛者发挥最大的体能优势，避免可能发生的危险，从而取得好成绩。定向越野的越野跑是一种长距离的间歇式赛跑。由于在途中常常需要停下来看图及辨别方向，在崎岖的道路上不可能始终保持均匀跑速，所以它总是表现出走、跑、停相交替的间歇跑的特点。而奔跑在野外清新环境中，可以使肌肉的紧张与放松、身体负荷与精神的专注不断交替。同其他长跑项目一样，定向越野的越野跑要求参赛者尽可能地减少人体能量的消耗，维持一定的跑速；同时又能根据越野路线和地形的情况，具有不断变速的能力。

3. 锻炼中的遇险自救

在野外活动时，由于处在自然环境中，很多事情无法控制，经常会遇到危险。如果在锻炼过程中发生危险，则要冷静面对、迅速补救。

（1）迷路。在野外，特别是树林中很容易迷失方向。迷路时，应立即停止前进，尽快回忆刚走过的路线，迅速沿原路返回；或者登上高处眺望，辨清方向后再行进。

（2）受伤。在野外，如受轻伤，应稍作休息及简单处理后返回，取消野外活动。受重伤时，应尽快与外界取得联系，寻求帮助，让同伴去叫人，等待救援。

（3）遇到动物。在野外活动时，遇到猛兽的机会不多，但遇到牛、狗、蜂、蛇等动物还是很有可能的。

穿着颜色鲜艳的衣服时，遇牛应提前避开。如果是必经之路，则应走到牛看不见的地方脱下衣服包好，慢行通过牛的身边，不能用树枝去逗牛玩。

通常狗会先发现你，在听到狗吠声时，应根据吠声传来的方向，绕道而行。在和狗相互看见彼此的情况下，应沉着、正常行进，不能失态、快跑，否则会遭到攻击。

如果蜂停在你身上，不要用手去赶它，那样它会误认为遭到攻击而伤人。被蜂蜇了不会危及生命，但应立即去就近的医院治疗。

在草丛中行走时，应手拿一根小棍不停地抽打前面的草，发出响声，把蛇吓跑。一旦被蛇咬，应就地休息，减少运动，以防毒素扩散；最重要的是及时与外界联系，尽快到医院就医。

三、露营

露营是一种休闲活动，也是一种短时的户外生活方式。露营者自己携带帐篷，离开喧闹的城市到野外扎营，度过一个或多个夜晚。

（一）露营的分类

露营按照不同的标准可以分为不同的类型。按照目的不同，露营可分为军事露营、工程露营、测绘露营、旅游露营等；按照居住场所不同，露营可分为房车露营、帐篷露营、洞穴露营等；按照身处的自然环境不同，露营可分为沙漠露营、雪山露营、海边露营、丛林露营、岩壁悬挂露营等。

（二）露营的基本工具与装备

（1）帐篷（如图 8-1-11 所示）。

露营的帐篷一般分为三季帐、四季帐和高山帐。根据使用人数的不同，可分为单人帐、双人帐、三人帐。较为常见的是三季双人帐，按结构可分为双层帐、单层帐。双层帐外帐防雨，内帐为纱网或半纱网，防虫透气。在夏季天晴时，可不加外帐，在下雨或周围较为潮湿时再搭上外帐。

（2）背包（如图 8-1-12 所示）。

露营的背包根据容量的大小可分为小型背包（30 升以下）、中型背包（30～45 升）、大型背包（45～80 升或更大）。中大型背包一般有设计良好的背负系统，使背负的重量均匀分散到背上和腰上，并可调节。背负系统的好坏是衡量背包好坏的重要因素。

图 8-1-11 帐篷

图 8-1-12 背包

（3）睡袋（如图 8-1-13 所示）。

温标是选择睡袋的重要标准之一。普通气候条件下可选用化纤棉或其他棉制的睡袋，在高山或高寒地区使用高质量羽绒制成的睡袋较好，一般 1.5～2 千克的填充绒量即可。羽绒睡袋因其保暖性强、能防水、易压缩、体积小、重量轻，越来越受到露营爱好者的欢迎，但价格也较贵。

（4）防潮垫（如图 8-1-14 所示）。

防潮垫在野外露营时相当重要，其主要有防硌、保暖、防潮三个功能。

图 8-1-13　睡袋

图 8-1-14　防潮垫

（5）冲锋衣和冲锋裤（如图 8-1-15 所示）。

冲锋衣、冲锋裤具有防风、防水、耐撕裂等特点，且透气性较好，利于保持身体的干爽与舒适。

图 8-1-15　冲锋衣和冲锋裤

（6）登山鞋：在登山或野外行走时，登山鞋能全方位地为脚部提供良好的保护与缓冲，大大减轻脚部的疲劳感。

（7）生火用具：打火机、火柴、蜡烛、放大镜。其中蜡烛既可作为光源，又可作为助燃剂。

（8）照明用具：营灯（分电营灯和气营灯）、头灯、手电筒。

（9）炊具：野外炊具一般指炉头和燃料，用于野外煮食烧水，携带非常方便。炉头分油炉和气炉，气炉搭配气罐较为常用。油炉又称万用炉，配合煤油、白汽油等使用，但价格昂贵，并且需要经常清理维护。

（10）餐具：包括多功能野炊锅、碗、刀、叉、筷子、水壶等。

（11）水和食品：水、盐、热量大的肉类、可直接食用的食物等。

（12）专用工具：指北针、地图、绳索、折叠锹、砍刀等。

（13）救生箱：可能会用到的药品及用品，如解毒药、感冒药、止泻药、镇痛药、纱布、绷带等。

（三）露营的基本技术

1. 选择营地

（1）在搭帐篷之前，必须仔细勘察地势。要确保营地上方没有滚石、滚木及风化的岩石。一旦发现附近有岩石散落的迹象，绝对不可以在此处搭帐篷。万一发现滚石，应立即大声喊叫，通知同行伙伴，并且迅速离开。

（2）不要在泥石流多发地扎营。如果附近许多石块有被泥土包裹的痕迹，则说明这里可能发生泥石流，此时应该寻找其他地方作为营地。

（3）雷雨天不要选择山顶或空旷地作为营地，以免遭到雷击。

（4）雷雨天不要选择河滩、河床、溪边及川谷地带作为营地，以防被突如其来的洪水冲走。许多露营者都会选择溪谷边作为营地，因为这里有清澈的水流，也有可作为薪材的流木，气候良好时，这里确实是很不错的营地。但是，如果下起倾盆大雨，那么溪谷里的水很可能会突然暴涨，使河岸没入水中，这时就会变得非常危险。

（5）雨季在野外露营前，一定要关注营地当地及河流上游地区的气候、水文情况，一定要避开雨水通道，选择排水良好的地方作为营地。另外，还要确认好遇到危险时可逃生的路径。即使一切都安顿好，也要随时注意流水量、水的浑浊情况、流水声。一旦感觉异常，应立即离开。即使在深夜，或者是疲惫的情况下，也不要掉以轻心。

（6）营地应选在背风处。风不但会迅速带走人体的热量，让人体受寒、引发疾病，而且大风可能会卷走帐篷，让露营者无法休息。除此之外，在有风的地方，生火也十分困难，取暖、做饭也会受到影响，所以营地一定要避风。

（7）在搭帐篷之前，要仔细观察营地周围是否有野兽的足迹、粪便和巢穴，不要建在多蛇、多鼠地带，以防伤人或损坏装备设施。在营地周围撒些草木灰，会非常有效地防止蛇、蝎、毒虫的侵扰。同时，应该准备好相应的药品，如驱蚊药、蛇药等。

2. 搭帐篷的技巧

（1）应尽量在坚硬、平坦的地上搭帐篷，不要在河岸和干涸的河床上搭帐篷。

（2）帐篷的入口要背风，帐篷要远离有滚石的山坡。

（3）为避免下雨时帐篷被淹，应在帐篷四周边线正下方挖一条排水沟。

（4）帐篷四角要用大石头压住。

（5）帐篷内应保持空气流通，在帐篷内做饭要防止着火。

（6）晚间临睡前要检查是否熄灭了所有火苗，以及帐篷是否固定结实了。

（7）为防止虫子进入，可在帐篷周围撒一圈煤油。

（8）帐篷门最好朝南或东南方向，这样能够看到清晨的阳光。

（9）帐篷不要搭于溪旁，因为溪边的温度较低，晚上会更冷。

（10）帐篷最好搭建在沙地、草地或岩屑地等排水佳的地方。

3. 无炊具煮食的方法

在通常情况下，露营者都会携带整套的炊具，但在遇险的情况下，可能无法利用炊具做饭。下面，介绍几种无炊具煮食的方法。

（1）炭火烤食。植物根茎块、鱼、淡水贻贝等许多食物可以直接在炭火上烤。在烤之前，可先裹上一层黏土或包上一层树叶，用这种方法一般不会烧坏食物。

（2）篝火烤食。把鱼、植物根茎小块串在湿木棍或小树枝上，直接放在篝火上烤制。

（3）热石蒸食。把带贝壳的食物直接放在烧热的石块上或石块中间烤（某些肉料要用树叶或草包起来），在上面盖一层沙子或泥土。等食物熟透后，扒开泥土，蛤蚌、牡蛎等物便张开了嘴，即可食用。

（4）土坑烤食。先在泥地上挖一个 30～40 厘米深的坑，将肉块、植物根茎块等食物放在坑底，在坑内放上绿色植物的叶子、青草或能保持食物清洁的布。然后盖一层 2 厘米厚的沙子或泥土，把火堆设在上面。

（5）瓦罐煮食。用泥土做一个土制瓦罐煮食物，内部衬一层箔，然后往里放干净水和要煮的食物，再加入烧热的石块，直到水开了，用大绿叶盖上至少 1 小时，直到食物完全煮熟。

（四）露营的锻炼指导

1. 露营注意事项

（1）远离不良环境：营地尽量不要选择在溪旁，因为此处是冷空气聚集处，也不要扎营于山脊棱线。

（2）睡袋的蓬松度：新的睡袋因在睡袋套内受到挤压太久，初期的蓬松度与隔热效果会稍差，最好是搭好帐篷就摊开睡袋让它蓬松，不要等到使用时再拿出来。

（3）睡垫的材质：睡垫可以隔绝睡袋底层释出的热能。不同的季节应该用不同的睡垫，如雪期最好选用够长且实心的睡垫或是自动充气的睡垫。

（4）注意防潮：任何潮湿的睡袋都会让人受不了。如果没有防水的睡袋套，则可用大型的垃圾袋代替。天气恶劣时，帐篷内会聚集水滴，所以帐篷的窗户须微开细缝让帐篷通风。当雨过天晴时，应该取出睡袋并晾晒。

（5）穿足够衣物：在露营的时候，一定要穿足够的衣服，以维持正常的体温，最好再戴上一顶帽子，因为身体的热能有一半是从头部消散的。

（6）饱食：睡前不要空腹，吃些高热量食物，同时保证充足的水分，是相当重要的。当你感到疲累、睡觉时被渴醒或你想喝水时，就要多喝水，应该每天排尿 4～5 次。正常的尿液应该呈透明色，若是尿液呈黄色，则代表身体缺水，应该立即补充水分。

（7）暖身：睡袋不会维持与制造热能，不要到营地就马上钻到睡袋内。首先应该保证食用足够的食物，然后让身体活动一下，如可以在月光下漫步，以不流汗为标准让身体变得暖和，此时入睡会更舒服。

2. 露营中的危险自救

（1）如何取火。露营遇险时，煮烤食物需要火，取暖需要火，发求救信号也需要火。从某种程度上说，取火的能力决定了野外生存的能力。在没有火柴和打火机时，可用以下办法取火。

①凸透镜引火法。凸透镜是一种重要的引火工具。用凸透镜（放大镜）透过阳光聚焦照射易燃的引火物，可在短时间内取火。汽油、酒精、腐木、撕成薄片的干树皮、干木屑等均可充当引火物。如果没有现成的放大镜，则可从望远镜、瞄准镜、照相机上取下一块凸透镜来代替。

②击石取火。找一块坚硬的石头当作“火石”，用小刀的背或小片钢铁向下敲击“火石”，使火花落到引火物上。当引火物开始冒烟时，缓缓地吹或扇，使其燃起明火。

③弓钻引火。用强韧的树枝或竹片绑上鞋带、绳子或皮带，做成一个弓子。在弓上缠一根干燥的木棍，用它在一小块硬木上迅速地旋转。这样会钻出黑粉末，最后这些黑粉末冒烟而生出火花，点燃引火物。

④藤条取火。找一根干的树干，一头劈开，并用东西将裂缝撑开，塞上引火物，用一根长约两尺的藤条穿在引火物后面，双脚踩紧树干，迅速地左右抽动藤条，使之摩擦发热而将引火物点燃。

（2）如何取水。露营遇险时，尤其是在炎热地区、沙漠地区，水的供应是至关重要的。通常可用以下方法取水。

①寻找水源。自然界的水源有地表水（如江河、湖泊、溪流等）、地下水（如井水、泉水、地下蓄水池等）、生物水（含有充分水分的植物，如仙人蕉、竹子、仙人掌等）、天上水（如雨水、雪水、露水及融化的冰块等）。露营者可以以草木的生长分布、鸟兽虫等的出没活动为线索寻找水源。如有胡杨林生长的地方，地下水位距地表面不过5～10米。此外，雨水通常可以直接饮用。下雨时，可用雨布、塑料布大量收集雨水。

②饮用水的净化处理。不洁净的水中经常会带有一些致病的物质，露营者应在环境条件允许的情况下，对水源进行必要的净化消毒处理，以免因饮水而中毒或感染上疾病。通常可采用渗透法、过滤法、沉淀法这几种方法。

渗透法：在离水源3～5米处向下挖一个50～80厘米深、直径约1米的坑，让水从沙、石、土的缝隙中自然渗出，然后，小心地将已渗出的水取出，放入盒或壶等存水容器中。

过滤法：将去掉瓶底的可乐瓶倒置，用小刀在瓶盖上扎出几个小孔。然后自下向上依次填入2～4厘米厚的干净的细沙、木炭粉、细沙、木炭粉、细沙（5～7层），压紧按实，这就成了一个简易的过滤器。将不洁净的水慢慢倒入自制的简易过滤器中，等过滤器下面有水溢出时，用盆或壶将过滤后的干净水收集起来。

沉淀法：将所找到的水收集到盆或壶等存水容器中，放入少量的明矾或捣烂的木棉枝叶、仙人掌、榆树皮，在水中搅匀后沉淀30分钟，然后轻轻舀起上层的清水。

（3）如何辨别方向。在没有地形图和指北针等器材的情况下，露营者要学会利用自然界的一些特征辨别方向。

①太阳是最可靠的指北针。太阳由东向西移，而影子则是由西向东移。例如，早晨 6 时，太阳从东方升起，一切物体的阴影都倒向西方；中午 12 时，太阳位于正南，影子便指向北方；下午 6 时，太阳到正西，影子则指向东方。因此，可用太阳和物体的阴影概略地测定方向。

②利用星星辨别方向。在北方的夜空（北半球），北斗七星（大熊星座）的形状像把勺子。北极星位于北斗七星“勺底”两颗星之间长度延长约 5 倍处。找到北极星后，面对着北极星，前面是北，后面是南，左边是西，右边是东。在看不到北极星的地方，可以利用南十字座来确定方位。南十字座由 4 颗亮星组成，如将对角的两星相连，即成“十”字形，其中最亮的两颗星连线的延长线即指向南方。

③利用影子辨别方向。找一根标杆（直杆），使其与地面垂直，把一块石子放在标杆影子的顶点 A 处。约 10 分钟后，标杆影子的顶点移动到 B 处时再放一块石子，将 A、B 两点连成一条直线，这条直线的指向是东西方向，与 AB 线垂直的方向则是南北方向，向太阳的一端是南方，相反方向是北方。

④利用动植物辨别方向。在旷野中，独立的大树朝南的一面树叶茂密，朝北的一面则树叶稀疏。夏天，松柏及杉树的树干上流出的胶脂，南面的比北面多，而且结块大。果实在成熟时，朝南的一面先染色。树下和灌木附近的蚂蚁窝也总是在树和灌木的南面。

第二节 跆拳道

一、跆拳道概述

（一）跆拳道简介

跆拳道是一项手脚并用的传统搏击格斗术，也是一项以腿法对抗为主要形式的现代竞技运动，更是一门强健体魄、磨炼意志品质的高尚武道文化。跆拳道教学把“道德教育放第一，运动技巧放第二”。由于跆拳道具有自卫、竞技比赛、道德礼仪教育的功能，因此受到全世界青少年们的推崇和喜爱。

（二）跆拳道的特点

1. 以腿为主，以手为辅

在跆拳道技术中，腿法所占的比例是整个跆拳道技术体系的 80%左右，这是跆拳道运动的鲜明特点。在实战比赛中，腿的攻击力量远远大于手；而且腿法攻击的范围广、威力大，是跆拳道比赛中主要的得分手段。另外，竞技跆拳道的比赛规则对腿法的使用有着积极的鼓励作用。在竞技跆拳道比赛中，只允许运动员使用一种拳的方法进攻或反击，而且得分率很低，这无疑提高了运动员腿法的使用率。但在竞赛规则以外的跆拳道实战中，人体的一些主要关节都可以作为攻击对手的武器。这便构成了跆拳道运动的鲜明特点，即以腿为主，以手为辅的运动模式。

2. 技击方法简捷实用，动作刚直相向

在跆拳道实战中，多使用拳、掌、臂等格挡防守，随即以连续快速的腿法组合连击，或直接去打，或接触防守，很少使用闪躲避让法。进攻或反击时的动作路线多为直线，强调击打的有效性。因此，技击方法简捷实用，动作刚直相向是跆拳道运动的又一特点。

3. 内外兼修，功法独特

跆拳道训练是在赤手空拳下进行的。经过专门的训练，练习者的关节部位能够发挥常人难以具备的威力，尤其是手和脚的功力。这是意念与动作在长时期的彼此渗透中产生的综合效应，使人体达到“内外合一”的境界，即内力与外力、精神与劲道的协调统一。

4. 以功力验水平

跆拳道练习者修炼的水平如何，技术动作的威力到底有多大，往往是通过运用手脚或其他关节部位击碎木板、砖瓦等物体来检测的。这种方法已成为跆拳道练习、晋级、表演、比赛的一个主要内容，也是检测跆拳道练习者功力水平的有效手段之一。

5. 发声扬威，强调气势

跆拳道练习时，无论是品势练习，还是比赛训练，都要求训练者给人以气势上的震慑。多以发出洪亮并有威慑力的声音来显示自己的功力。发声的作用可以归纳为四点：第一，通过发声可以提高自己的注意力，从而更好地完成训练或比赛；第二，有关研究表明，洪亮的喊声可以增强人的爆发力，以声催力来加大技术的杀伤力；第三，通过发声可以提高自己的斗志，在气势上压倒对手；第四，在竞技比赛中，运动员通过发声配合击打效果来得到裁判员的认可，达到得分的目的。

（三）跆拳道的价值

跆拳道具有防身健身、修身养性、娱乐观赏等多方面的作用，是人们增强体质、培养意志品质的一种较好的手段。

1. 改善和增强体质

跆拳道的技术动作是由全身协调配合的，主要通过各种各样的腿法来表现。它能很好地促进人体的力量、速度、灵敏、耐力、协调等身体素质的发展，具有强身健体的作用。由于运动员在比赛和平时训练中要经常临场应变，或是快速进攻，或先后撤再反击，或是腾空劈腿，或是后踢接后旋踢，这对提高神经中枢的灵活性、提高神经中枢协调支配各器官的能力，起到良好的作用。

2. 提高防身与自卫的能力

跆拳道是武技中的一项。通过跆拳道练习，人们不仅可以掌握各种踢法和拳法，提高

身体的灵活性和反应能力，还可以经过长期训练，掌握防身和自卫的能力。

3. 磨炼意志，培养高品格的修养

跆拳道推崇“礼始礼终”的尚武精神。其宗旨是忍耐克己、百折不挠。跆拳道的训练可以培养练习者坚韧不拔、顽强坚毅的意志品质。尤其是跆拳道讲究未曾学艺先学礼，未曾习武先习德，这使练习者从开始就养成谦逊、宽容、礼让的高尚品德，以及尊师重道、讲礼守信、见义勇为的情操。

4. 娱乐观赏

跆拳道是一项很具观赏性的运动项目。在功力检验中，运动员轻松击破木板、砖瓦，使人为之惊叹。而竞技跆拳道则是两人激烈的对抗，双方选手斗智斗勇，比赛中常有的凌空飞腿和组合腿法，令人眼花缭乱，具有很高的观赏价值。

二、跆拳道的基本技术

跆拳道以其变幻莫测、优美潇洒的进攻腿法著称于世，被格斗界称为踢的艺术，这也是跆拳道区别于其他格斗术的一个重要特点。跆拳道的腿法讲究变化多端、放长击远，对练习者自身的柔韧性、大脑反应的灵敏性、身体运动的稳定性都有较高的要求，它是对人体体能、智能和意志品质的综合考验。

在跆拳道实战中，腿法进攻一般使用的部位包括脚前掌、脚趾、脚背、脚侧、脚跟和脚后掌（脚跟底部）。利用这些部位可以完成站立踢、跳动踢、助跑踢、转身踢和飞踢等不同形式的多种腿法进攻。在实战过程中，运用腿法要根据具体情况而定，如对方所处位置、暴露的空当、防守的习惯及双方之间的距离等。

在跆拳道的品式演练中会出现较多的手法，如正拳、平拳、手刀、贯手等，而在竞技比赛中，只有“正拳”被允许使用，而品式演练中的腿法和竞技比赛中的腿法并无太大差异。下面主要介绍跆拳道竞技比赛中使用的对抗技术。

（一）准备姿势

跆拳道的准备姿势又称实战姿势或预备姿势，是比赛开始时选手的基本站立姿势，也是很多技术动作的起始姿势。

以右式为例，两脚前后站立，左脚在前，两脚开立比肩稍宽，两脚尖方向约与两脚连线成 45°，重心稍靠前，右脚脚跟稍离地面，双膝微屈，两手握拳，两大臂自然贴躯干，左拳稍向前伸出，高度约齐肩，右拳放在下颌的侧前方，如图 8-2-1 所示。

图 8-2-1　准备姿势

（二）进攻技术（均以右式为例）

1. 正拳

遵照竞赛规则，正拳可以击打对手躯干被护具包裹的部位。

以准备姿势开始。右脚蹬地，转髋、送肩，右手沿直线击打目标，接触部位为拳峰。重心前移，左拳收到下颌左侧前方。技术完成后，迅速回到准备姿势。

2. 前踢

以准备姿势开始。右脚蹬地，髋关节向左旋转，双拳自然置于体侧，同时，右腿以髋关节为轴屈膝上提。当大腿抬至水平或稍高时，髋关节前送，小腿以膝关节为轴，快速向前上方踢出，力达脚尖，整条腿踢直。踢击后迅速放松，右腿沿原路线弹回，将右脚放置在左脚前面，然后回到准备姿势，如图 8-2-2 所示。

图 8-2-2　前踢

动作要领：膝关节夹紧，小腿放松，要有弹性；髋往前送，注意膝盖的高度；小腿回收与前踢时都要保持速度。前踢的主要攻击部位有面部、胸腹部、裆部。前踢亦可用于防守。将前踢发力部位由脚前掌改换为脚跟时，前踢动作就变为前蹬动作，动作方法要点相同，只是脚的接触部位发生了变化。

3. 横踢

以准备姿势开始。右脚蹬地，重心前移至左脚，右脚屈膝上提，两拳置于胸前。以左脚前脚掌为轴做逆时针旋转，髋关节左转，左膝外展，随即左脚掌逆时针旋转约 180° ，右腿膝关节前提并扣膝，使右腿至水平状态，小腿快速向左前横向踢出，击打目标后迅速放松收回小腿。右腿落在左脚前，然后回到准备姿势，如图 8-2-3 所示。

动作要领：右腿膝关节夹紧，向前提膝，尽量走直线，支撑脚外旋约 180°，髋关节往前顶，使躯干与大腿、小腿成直线。注意击打的力点在正脚背，踝关节放松。横踢攻击的主要部位有头部、胸部、腹部和肋部。

图 8-2-3　横踢

4. 侧踢

以准备姿势开始。右脚蹬地，右腿以髋关节为轴屈膝提起，两拳自然置于体侧，随即左脚以前脚掌为轴逆时针旋转约 180°，髋关节向左旋转，右腿以膝关节为轴向前蹬伸，右脚快速向右前方直线踢出，力点在脚跟。发力后沿起腿路线收腿，放松，然后回到准备姿势，如图 8-2-4 所示。

图 8-2-4　侧踢

动作要领：起腿时右腿大腿、小腿夹紧；踢出发力时，头、肩、腰、髋、膝、腿和踝成一条直线；大小腿直线踢出，原路线收回。侧踢的主要攻击部位有膝部、腹部、肋部、胸部、头部、面部。

5. 下劈

以准备姿势开始。右脚蹬地，重心前移至左脚，同时，右腿以髋关节为轴屈膝上提，两手握拳置于胸前，随即充分送髋，上提膝关节至胸部，右小腿以膝关节为轴向上伸直，将右腿伸直举于体前，右脚过头，然后迅速向下以右脚跟（或脚掌）为力点劈击，击中目标后，放松落于地面，成反向准备姿势，如图 8-2-5 所示。

图 8-2-5　下劈

动作要领：右腿尽量向上、向头后举，向上送右髋，重心往高起；脚加力往前落，落地要有控制；起腿要快速、果断；踝关节要放松。下劈的主要攻击部位有头顶、脸部和锁骨。

6. 后踢

以准备姿势开始。转身，后腿后撤背对对方。重心后移至左脚，右脚蹬地后屈膝提起，右脚贴近左膝，两手握拳置于胸前，随即左脚用力蹬地，右脚自左大腿内侧向后方直线踢出，力达脚跟。踢击后，右脚沿原路线快速收回，然后调整回到准备姿势，如图 8-2-6 所示。

图 8-2-6　后踢

动作要领：起腿后，上身和大小腿折叠收紧；后踢时动作延伸要长，用力蹬伸；转身、提腿、出脚动作连续一次性完成，不能停顿；击打目标在正后方。后踢的主要攻击部位是胸部、腹部和头部。

7. 后旋踢

以准备姿势开始。两脚以两脚掌为轴，顺时针旋转约 180°，身体随之右转约 90°，两拳置于胸前。上身右转，与双腿拧成一定角度。右脚蹬地，将蹬地的力量与上身拧转的力量合在一起，右腿继续向右后旋摆鞭打，同时上身向右转，带动右腿弧形摆至身体右侧，右腿屈膝回收，右脚落到右后成准备姿势，如图 8-2-7 所示。

图 8-2-7　后旋踢

动作要领：转身旋转、踢腿连贯进行，一气呵成，中间没有停顿；击打点在正前方，呈水平弧线；屈膝起腿的旋转速度要快；重心在原地旋转 360° 。后旋踢攻击的主要部位是面额和胸部。

8. 双飞踢

以准备姿势开始。重心移至左腿，提右膝使用右腿横踢，在右腿完成横踢回收动作的同时，立即提起左膝使用横踢，也就是一次腾空完成一右一左两次横踢。完成击打动作后，自然下落，如图 8-2-8 所示。

图 8-2-8 双飞踢

动作要领：中、远距离是使用双飞踢的较好时机，第一个横踢通常用来干扰对方防守并测量双方距离，第二个横踢才是进攻的主要动作；使用第一个横踢时，躯干稍后倾，方便第二个横踢的使用；注意转髋发力，紧密衔接。

跆拳道的其他腿法几乎都是从以上基本腿法中演化和发展而来的。

三、跆拳道的常识及竞赛规则

（一）跆拳道的常识

1. 跆拳道宗旨

跆拳道训练要求“以礼开始、以礼结束”。“礼义教育”贯穿于跆拳道修炼的整个过程，跆拳道精神体现在跆拳道修炼过程中的礼义礼节，它的鲜明特色之一就是倡导“以礼始，以礼终”的崇礼尚武精神。每次练习前须先向国旗致礼，然后向教练敬礼；练习中有与教练及同伴接触的时候，要先敬礼后再进行练习；练习结束时要向国旗、教练敬礼。在跆拳道练习的整个过程中，始终充满着仁义尚礼的气氛和精神，这种精神逐渐转化成人的情感基础，培养出人的尚礼情感，以及对跆拳道发自内心的热爱和崇尚。

2. 跆拳道精神

跆拳道精神可以定义为两种：一种是通过修炼跆拳道而获得的身心进一步升华的状态；另一种是对跆拳道修炼的姿态或通过跆拳道修炼获得的精神价值。跆拳道精神的教育价值在于它能使修炼者通过反复的身心锻炼最终养成修身养性的习惯。身心习惯的锻炼不仅能培养意志力、创造力、克己能力，还可以提高身体的敏捷性及健康水平，从而培养自信心和自我控制力，最终形成积极进取的人格。

3. 鞠躬的含义

跆拳道的礼仪形式主要是鞠躬礼。鞠躬的含义是尊重、礼貌、友谊、谦逊、感谢，是表达内心思想的一种外在方式（即通过鞠躬这样的一个外在方式来表达对对方的尊重、礼貌、友谊、谦逊、感谢）。

4. 鞠躬的对象及含义

国旗：尊重国家、爱护国家，国家的利益高于一切。

教师/教练：感谢教师/教练对自己的栽培。

家长及长辈：感谢家长及长辈给予的无私的爱和最真诚的关怀。

同学/队友：既表示感谢，又表示相互团结、互相帮助、同甘共苦的精神。

5. 训练场地

跆拳道的比赛场地为长 12 米、宽 12 米，呈水平状态的、无障碍物的正方形场地。场地的地面铺设具有弹性的垫子。场地中央长 8 米、宽 8 米的区域为比赛区，其余部分为警戒区。警戒区和比赛区表面用两种不同的颜色划分，同色时用 5 厘米宽的白线划分。

6. 装备

（1）道服。

跆拳道的服装称作道服，其款式、颜色都是特定的。道服由上衣和裤子组成，基本上以白色为主，但也有黑色教练道服，蓝色、红色等表演道服。道服都是以“简约大方、独特个性、舒适”为设计主线的。相对普通运动服装而言，道服具有吸汗、透气、易干的特点。

（2）头盔。

在比赛中，双方以脚击中对方头部所获得的分数最多，因此，头盔对于跆拳道选手来说是不可或缺的、重要的保护装备。头盔为软性头盔，分为护头、护耳及粘带三个部分，材质材料为 PU 或合成皮；顶部中空，且设有气孔，使选手保持头部的透气与舒适。

（3）护甲。

护甲（也称护胸），是保护身体颈部以下、腰部以上部分的护具。其中，最需要保护的部分是肋骨（以免碎裂后插穿肺部）及腹部。护甲为红蓝双面，以区分双方运动员。护甲穿在道服外面，必须和头盔的颜色一致。

（4）护臂。

护臂是保护手臂的护具。在跆拳道比赛中，手臂也是一个经常接触的部位，当对方使用腿法攻击时，与之相对应的防护措施一般都基于手臂的动作。

（5）护裆。

护裆是保护下半身最重要的护具。在比赛中，如果不穿护裆则是非常危险的，容易使下体受到攻击。

（6）护脚。

护脚的作用是保护脚及脚踝。大多数技击类的运动项目都会有与之相似的护具。护脚通常设有气孔，增加透气性，保持脚部的舒爽卫生。

（7）踢靶。

踢靶是练习跆拳道时，训练腿法或拳法的用具。

（8）道带。

跆拳道腰带（道带）的作用是：一是束腰，使着装更利落；二是不同的颜色象征着该运动员不同的跆拳道水平。

学识宝典

跆拳道等级及道带颜色区分

跆拳道等级共分为十级九段，可以从道带颜色区分出来。在级位当中，十级最低，一级最高；在段位当中，一段最低，九段最高。

级位：十级白带、九级白黄带、八级黄带、七级黄绿带、六级绿带、五级绿蓝带、四级蓝带、三级蓝红带、二级红带、一级红黑带。

段位：一段黑带、二段黑带、三段黑带、四段黑带、五段黑带、六段黑带、七段黑带、八段黑带、九段黑带。

（二）跆拳道的竞赛规则

1. 比赛场地

（1）8 米 × 8 米的区域称为比赛区。

（2）比赛区的外缘线称为边界线。

（3）比赛记录台和临场医务台面对比赛区的边缘线为第 1 边界线，顺时针旋转依次为第 2、第 3、第 4 边界线。

（4）边界线以外需铺设比赛垫，以保护运动员的安全；比赛垫的尺寸可根据比赛的实际情况确定。

2. 比赛时间

每场比赛为 3 局，每局比赛 2 分钟，局间休息 1 分钟（成人）。青少年比赛可根据情况适当调整。

3. 有效击打部位

（1）躯干：允许使用拳和腿的技术攻击躯干部位被护胸包裹的部分，但禁止攻击后背脊柱。

（2）头部：锁骨以上的部位，只允许使用腿的技术进行攻击。

4. 犯规行为

对犯规行为通常有三种处理方式：口头提醒、警告和扣分。

一般来说，运动员在非主观故意的情况下出现了犯规行为，且没有造成不良后果的，由主裁判员口头提醒。警告和扣分是处罚手段，是对可能影响比赛结果的犯规行为进行严肃处罚的方式。警告两次扣被警告方运动员 1 分，当警告数为奇数时，最后一次不计。扣分一次扣被扣分方运动员 1 分。犯规累计扣 4 分者，判其“犯规败”，警告和扣分按三局累计。

以下行为将被判罚“警告”：

（1）双脚越出边界线；

（2）转身背向对方运动员逃避进攻；

（3）倒地；

（4）故意回避比赛，或处于消极状态；

（5）抓、搂抱或推对方运动员；

（6）攻击对方运动员腰以下部位；

（7）伪装受伤；

（8）用膝部顶撞或攻击对方运动员；

（9）用拳攻击对方运动员头部；

（10）教练员或运动员有任何不良言行；

（11）提膝阻碍或逃避对方运动员的攻击。

以下行为将被判罚“扣分”：

（1）主裁判员发出“分开”（Kal-yeo）口令后攻击对方运动员；

（2）攻击已倒地的对方运动员；

（3）抓住对方运动员进攻的脚将其摔倒，或用手推倒对方运动员；

（4）故意用拳攻击对方运动员头部；

（5）教练员或运动员打断比赛进程；

（6）教练员或运动员使用过激言语、出现严重违反体育道德的行为。

5. 比赛获胜方式

（1）击倒胜（KO）。

（2）主裁判员终止比赛胜（RSC）。

（3）比分或优势胜。

（4）对方弃权胜。

（5）对方失格胜。

（6）主裁判员判罚犯规胜。

第三节　健 美 操

健美操是融体操、音乐、舞蹈为一体，以有氧练习为基础，以健、力、美为特征，在音乐的伴奏下，进行身体操练的运动项目。它既是一种健身美体、陶冶情操的大众健身方式，又是一种竞技运动项目。

一、健美操概述

（一）健美操的发展概况

现代健美操起源于 20 世纪 60 年代末的美国，最早由美国著名的医学博士肯尼斯•库珀设计了一些动作，配上音乐，作为训练宇航员体能的内容之一，后来逐步发展成一项独特的运动。

20 世纪 80 年代初，随着遍及全球的健身热和娱乐体育的发展，健美操以其强大的生命力风靡世界。1981 年，美国影视明星简•方达，根据自己的健身体会和经验，撰写了《简•方达健美术》一书，该书自出版后，引起了世界的轰动，促进了健美操在世界范围内的推广。自 1985 年开始，美国正式举办一年一度的健美操锦标赛，并确定了竞赛项目和规则，使健美操发展成为竞技性运动项目。

与此同时，健美操也传入我国。1984 年，原北京体育学院建立了健美操研讨组，接着上海体育学院建立了健美操教研室，率先开设了健美操课程。1992 年 9 月，中国健美操协会成立于北京。1995 年，国家体育总局制定并颁布了《健美操运动员技术等级标准》。1999 年，国家健美操集训队成立。2005 年，在世界运动会中，我国在六人操项目上首次获得世界冠军。

（二）健美操的价值

健美操对塑造健康美、提高协调性具有较好的锻炼实效，深受当代大学生的欢迎。

1. 增进健康，增强体质

健美操作为一种有氧运动，由多种动作组成，需要上下肢同时协调配合来完成动作，注重身体发展的全面性。经常进行健美操锻炼对增强运动系统功能、促进心血管系统功能、提高呼吸系统功能、改善消化系统功能和神经系统功能有较好的效果。

2. 提高身体素质，提高艺术素养

健美操动作的频率较快，跳跃、弹性动作较多，讲究力度，运动负荷较大，练习时间通常在 1 小时左右，身体能量消耗较大，经常锻炼可增强肌肉力量，提高韧带、肌肉的弹性，发展人体的力量素质、柔韧素质及耐力素质。

健美操是音乐美、动作美、人体美高度结合的艺术性项目，长期练习可以增强韵律感、节奏感，提高音乐素养，达到提高认识美、欣赏美、表达美、创造美的目的。

3. 塑造健美形体，培养端庄体态

健美操的美主要体现在音乐美、动作美、人体美三个方面，男士练习可以展现出阳刚美，女士练习可以展现曲线美。健美操动作要求大方舒展，身体处于自然的直立状态，从而塑造健美的形体。形体动作训练能矫正不正确的身体姿势，培养端庄的体态，使锻炼者的形体和举止风度发生良好的变化。

4. 改善精神面貌，陶冶高雅情操

健美操是在音乐伴奏下进行的身体练习，动作充满青春活力，这种练习会给人以健康、欢愉、美的享受。经常练习健美操，人的精神面貌和气质修养都会有所改善，实现全面协调发展。集体配合练习还有助于增进友谊，增强集体意识。

二、健美操的基本技术

（一）手型

健美操的手型主要有掌和拳两种。

1. 掌

掌包括分掌、合掌，如图 8-3-1 所示。

（1）分掌。五指用力分开，手腕保持一定的紧张程度。

（2）合掌。五指并拢伸直。

2. 拳

五指弯曲紧握，大拇指压在食指弯曲部位，如图 8-3-2 所示。

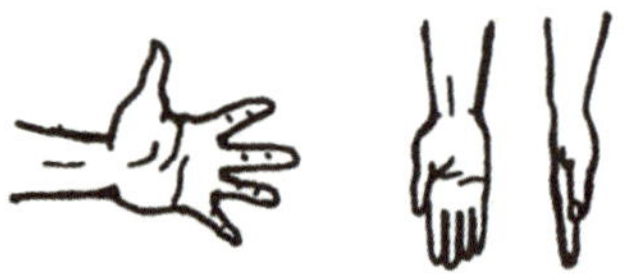

图 8-3-1　分掌与合掌

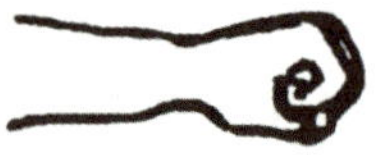

图 8-3-2　拳

（二）身体各部位基本动作

1. 头颈动作

由屈、转、绕、绕环动作组成。

（1）屈。指头颈关节角度的弯曲，包括前屈、后屈、左屈、右屈。

（2）转。指头颈部绕身体垂直轴的转动，包括左转、右转。

（3）绕。指头以颈为轴心的弧形运动，包括左绕、右绕。

（4）绕环。指头以颈为轴心的圆形运动，包括左绕环、右绕环。

要求：上身保持正直，头颈移动的方向要准确，颈部肌群充分伸展。

2. 肩部动作

由提肩、沉肩、绕肩、肩绕环动作组成。

（1）提肩。指肩胛骨做向上的运动，包括单肩提、双肩同时提和依次提。

（2）沉肩。指肩胛骨做向下的运动，包括单肩沉、双肩同时沉和依次沉。

（3）绕肩。指以肩关节为轴做小于 360° 的弧形运动，包括单肩向前、后绕，双肩同时和依次向前、后绕。

（4）肩绕环。指以肩关节为轴做 360° 及 360° 以上的圆形运动，包括单肩向前、后绕环，双肩同时和依次向前、后绕环。

要求：提肩时要尽力向上，沉肩时要尽力向下，动作幅度要大而有力。绕肩时上身不能摆动，颈与头不能前探。

3. 上肢动作

由举、屈、绕、绕环、振、旋等动作组成。

（1）举。指以肩为轴，臂的活动范围不超过 180° 而停止在某部位的动作，包括单臂和双臂的前、后、侧、侧上、侧下举等。

（2）屈。指肘关节产生一定的弯曲角度，包括胸前平屈、肩侧屈、肩上侧屈、肩下侧屈、肩上前屈、腰间屈、头后屈。

（3）绕。指双臂或单臂向内、外、前、后做 180° 以上、360° 以下弧形运动。

（4）绕环。指以肩关节为轴，双臂或单臂向前、向后、向内、向外做圆形运动。

（5）振。指以肩为轴，臂用力摆至最大幅度，包括上举后振、下举后振、侧举后振。

（6）旋。指以肩或肘为轴做臂旋内或旋外动作。

要求：上身保持正直，位置要准确，动作幅度要大，力达身体最远端。

4. 胸部动作

由含胸、挺胸、移胸动作组成。

（1）含胸。指两肩内合、缩小胸腔。

（2）挺胸。指两肩外展，扩大胸腔。

（3）移胸。指髋部固定，做胸左、右的水平移动。

要求：含胸、挺胸、移胸要到最大幅度。

5. 腰部动作

由屈、转、绕和绕环动作组成。

（1）屈。指下肢不动，上身沿矢状轴和水平轴的运动，包括前屈、后屈、左侧屈、右侧屈。

（2）转。指下肢不动，上身沿垂直轴的扭转，包括左转、右转。

（3）绕和绕环。指下肢不动，上身沿垂直轴做弧形、圆形运动，包括左、右绕和绕环。

要求：身体远端尽力向外延伸，绕环幅度要大，充分而连贯。

6. 髋部动作

由顶髋、提髋、绕髋和髋绕环动作组成，如图 8-3-3 所示。

图 8-3-3　髋部动作

（1）顶髋。指髋关节做急速的水平移动，包括左顶、右顶、前顶、后顶。

（2）提髋。指髋关节急速向一侧上提的动作，包括左提、右提。

（3）绕髋和髋绕环。指髋关节做弧形、圆形移动，包括向左、右的绕和绕环。

要求：髋关节做顶、提、绕和绕环时应平稳、柔和、协调，稍带弹性。

7. 脚步动作

（1）滚动步。从前脚尖至全掌依次落地，两脚交替做。

（2）交叉步。一脚向另一脚前或后交叉行进。

（3）点弓步。一脚向侧成弓步，另一脚跟进并拢，交替进行。

（4）跑跳步。两脚交替进行，跑后支撑阶段有一次跳的过程。

（5）并腿跳。双腿并拢，直膝或屈膝跳。

（6）开并腿跳。并腿跳至开立，分腿跳至并立。

（7）高踢腿跳。单腿跳，同时另一腿直腿向前、侧高踢。

（8）吸腿跳。单脚跳起，同时另一腿屈膝向前、侧上提。

（9）侧摆腿跳。单腿跳，同时另一腿向侧摆动。

（10）弓步跳。并腿跳起，落地时成前（侧、后）弓步。

要求：跳跃要轻松自如，有弹性，注意呼吸配合。

三、大学生健身健美操

大学生健身健美操是专门为大学生创编的一套现代健美操，吸取了现代舞、迪斯科舞等的精华，使成套操活泼欢快、节奏感强、动作优美、柔中有刚，能充分展现当代大学生的青春魅力，对提高大学生身体各器官功能具有良好的作用。

1. 预备姿势

开立，两臂自然下垂。

2. 第一节　热身运动

（1）第 1 个 8 拍，如图 8-3-4 所示。

图 8-3-4　第 1 个 8 拍（热身运动）

1～4 拍：两臂经侧至上举（五指分开，掌心向前），低头。

5～8 拍：抬头，同时半蹲，两臂屈肘下落合掌至胸前（五指并拢，指尖向上）。

（2）第 2 个 8 拍，如图 8-3-5 所示。

图 8-3-5　第 2 个 8 拍（热身运动）

1～2 拍：重心移至左腿，右脚尖点地，同时左臂经胸前平屈至侧上举（五指分开，掌心向前）。

3～4 拍：重心移至右腿，左脚尖点地，同时右臂经胸前平屈至侧上举（五指分开，掌心向前）。

5～8 拍：半蹲，同时两臂屈肘下落合掌至胸前（五指并拢，指尖向上），抬头。

（3）第 3 个 8 拍，如图 8-3-6 所示。

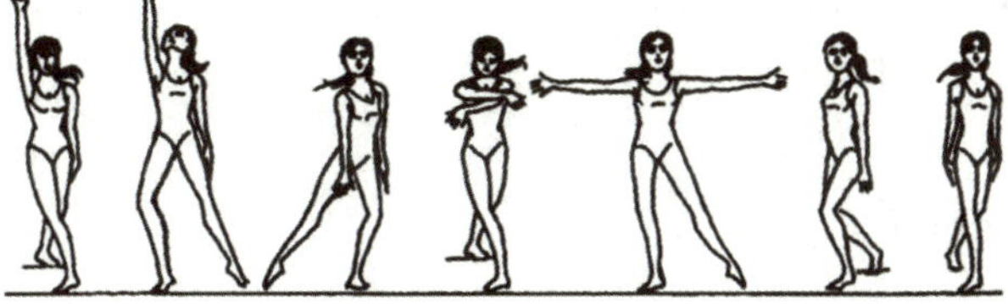

图 8-3-6　第 3 个 8 拍（热身运动）

1 拍：右脚向左前一步，同时两膝微屈，右臂上举（五指分开，掌心向前），抬头。

2 拍：左腿侧伸，脚尖点地成右弓步。

3～4 拍：腿同 1～2 拍，方向相反，同时右臂经胸前平屈向下伸直（五指分开，掌心向内），目视前方。

5～6 拍：腿同 1～2 拍，同时两臂经前摆至侧举（五指分开，掌心向前）。

7～8 拍：左脚向右前一步交叉转体 360°，同时两臂置于体侧。

（4）第 4 个 8 拍，如图 8-3-7 所示。

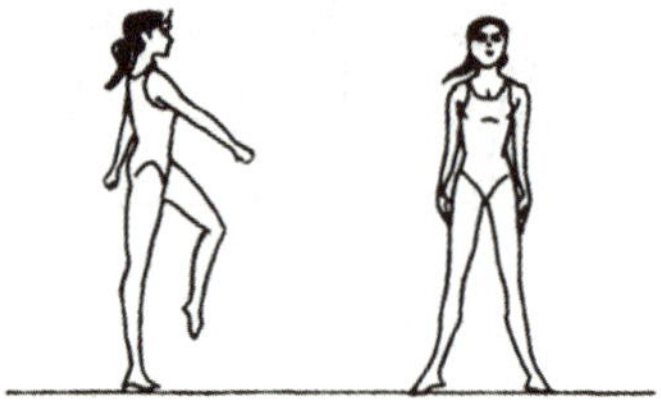

图 8-3-7　第 4 个 8 拍（热身运动）

1～6 拍：左脚起动原地踏步，直臂前后摆动，臂与身体夹角约 45°（握拳，拳心向后）。

7～8 拍：左脚向左一步，同时两臂置于体侧，右脚向右一步成开立。

3. 第二节　头部运动

（1）第 1 个 8 拍，如图 8-3-8 所示。

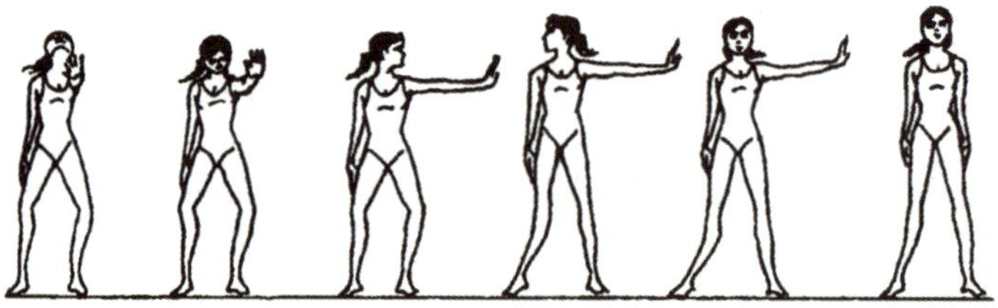

图 8-3-8　第 1 个 8 拍（头部运动）

1～2 拍：半蹲，同时抬头，左臂前举（立腕，五指并拢）。

3～4 拍：低头。

5 拍：头左转，同时左臂摆至侧举。

6 拍：两腿伸直，同时头右转 180°。

7 拍：头还原。

8 拍：左臂还原至体侧。

（2）第 2 个 8 拍。

同第 1 个 8 拍，方向相反。

（3）第 3 个 8 拍，如图 8-3-9 所示。

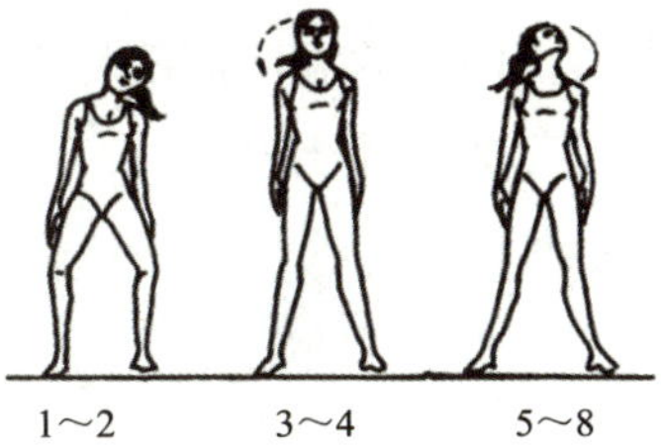

图 8-3-9　第 3 个 8 拍（头部运动）

1～2 拍：半蹲，同时头向左屈。

3～4 拍：两腿伸直，同时头向右屈。

5～8 拍：头经后向左绕环 1 周后还原。

（4）第 4 个 8 拍。

同第 3 个 8 拍，方向相反。

4. 第三节　肩部运动

（1）第 1 个 8 拍，如图 8-3-10 所示。

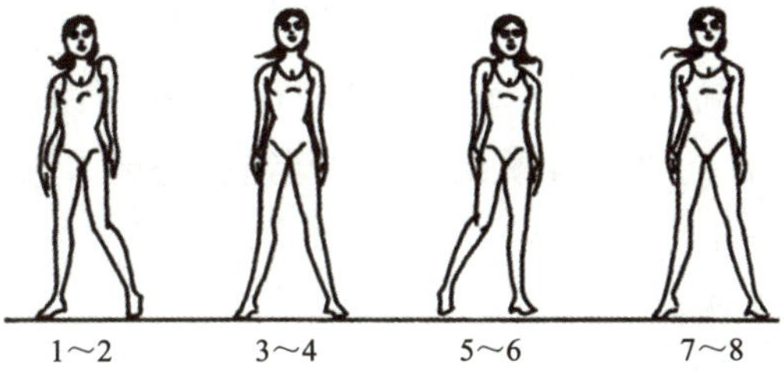

图 8-3-10　第 1 个 8 拍（肩部运动）

1～2 拍：左腿向前屈膝，脚跟提起，同时左肩上提。

3～4 拍：左腿还原，同时左肩还原。

5～6 拍：同 1～2 拍，方向相反。

7～8 拍：同 3～4 拍，方向相反。

（2）第 2 个 8 拍，如图 8-3-11 所示。

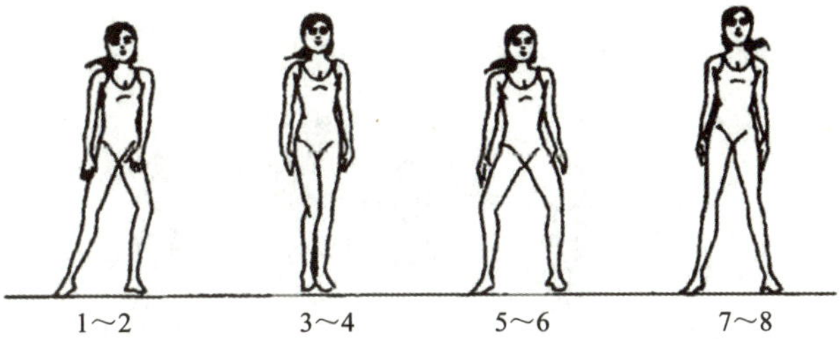

图 8-3-11　第 2 个 8 拍（肩部运动）

1～2 拍：左腿屈膝成左弓步，同时双肩向后绕环 1 周。

3～4 拍：右腿屈膝并于左腿，同时双肩向后绕环 1 周。

5～6 拍：右脚向侧一步成半蹲，同时双肩向前绕环 1 周。

7～8 拍：两腿伸直，同时双肩向前绕环 1 周。

（3）第 3 个 8 拍。

同第 1 个 8 拍，方向相反。

（4）第 4 个 8 拍。

同第 2 个 8 拍，方向相反。

（5）第 5 个 8 拍，如图 8-3-12 所示。

图 8-3-12　第 5 个 8 拍（肩部运动）

1 拍：左脚向侧半步，同时两臂上举（五指分开，掌心向前）。

2 拍：右腿并于左腿后，同时两膝微屈，两臂经后绕至体侧屈肘（五指分开，掌心向前）。

3 拍：两臂向侧屈伸 1 次。

4 拍：两臂向侧伸出至侧举。

5 拍：左臂旋外（五指并拢，掌心向上，），同时右臂旋内（五指并拢，掌心向下）。

6 拍：同 5 拍，方向相反。

7～8 拍：同 5～6 拍。

（6）第 6 个 8 拍。

同第 5 个 8 拍，方向相反，但第 8 拍两臂还原至体侧。

5. 第四节　胸部运动

（1）第 1 个 8 拍，如图 8-3-13 所示。

图 8-3-13　第 1 个 8 拍（胸部运动）

1～2 拍：左腿向左前一步成半蹲，右腿屈膝并于左腿，同时向左转体 45°，两臂体前下举（五指并拢，手背相对），含胸，低头。

3～4 拍：左脚后蹬成右后弓步，脚跟着地，同时两臂屈肘后拉收于腰际（握拳，拳心向上），挺胸，头右转。

5～6 拍：重心移至左腿成左前弓步，同时两臂伸直经前向侧打开扩胸（五指并拢，掌心向前）。

7 拍：左腿伸直，重心前移，右脚尖后点地，同时两臂经下、前至上举后振（五指并拢，掌心向前）。

8 拍：向右转体 45° 成开立，同时两臂经侧还原至体侧。

（2）第 2 个 8 拍。

同第 1 个 8 拍，方向相反。

（3）第 3 至第 4 个 8 拍。

同第 1 至第 2 个 8 拍。

6. 第五节 踢腿运动

（1）第 1 个 8 拍。

1 拍：向左转体 90° ，同时左腿伸直提踵立，右腿向前弹踢（45° ），左臂胸前平屈（握拳，拳心向后下），右臂侧举（握拳，拳心向下）。

2 拍：右脚落地，同时左腿屈膝，两臂落于体侧。

3 拍：同 1 拍，方向相反。

4 拍：向右转体 90° ，同时左脚落地，两臂肩侧屈（握拳，拳向前）。

5 拍：左脚提踵立，同时右腿直膝前踢，两臂上举（五指分开，掌心向前）。

6 拍：左脚落踵，同时右腿落下，两臂向内交叉于腹前（握拳，拳心向后）。

7 拍：右腿直膝侧踢（脚面向上），两臂侧举（五指分开，掌心向前），上身稍前倾，

8 拍：右腿落至右侧，同时两臂还原。

7～8 拍动作如图 8-3-14 所示。

图 8-3-14 第 1 个 8 拍中的 7～8 拍（踢腿运动）

（2）第 2 个 8 拍。

同第 1 个 8 拍，方向相反。

（3）第 3 至第 4 个 8 拍。

同第 1 至第 2 个 8 拍。

7. 第六节　体侧运动

（1）第 1 个 8 拍，如图 8-3-15 所示。

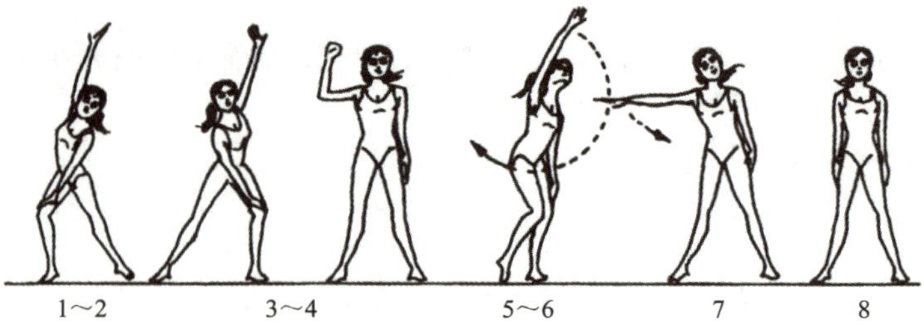

图 8-3-15　第 1 个 8 拍（体侧运动）

1～2 拍：右腿屈膝成右侧弓步，同时左臂屈肘外张，左手扶右膝，右臂后上举，上身左侧屈。

3～4 拍：同 1～2 拍，方向相反。结束时，左腿伸直成开立，同时右臂肩侧屈（握拳，拳心向前），左臂自然落于体侧。

5～6 拍：上身左侧屈，同时右脚并于左脚旁点地，两膝微屈，右臂伸直上举（五指分开，掌心向前）。

7 拍：右脚侧出一步成开立，同时右臂经左下绕至侧举（五指并拢，掌心向下）。

8 拍：上身还原，同时右臂落于体侧。

（2）第 2 个 8 拍。

同第 1 个 8 拍，方向相反。

（3）第 3 至第 4 个 8 拍。

同第 1 至第 2 个 8 拍。

8. 第七节　体转运动

（1）第 1 个 8 拍，如图 8-3-16 所示。

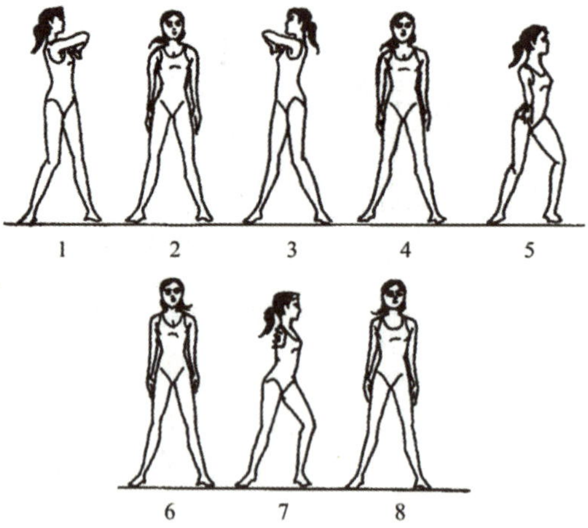

图 8-3-16　第 1 个 8 拍（体转运动）

1 拍：右腿屈膝成右后弓步，同时上身向左拧转 90° ，右臂屈肘，手扶左肩。
2 拍：右腿伸直，同时上身转回，右臂自然放于体侧。
3 拍：同 1 拍。方向相反。
4 拍：同 2 拍，方向相反。
5 拍：半蹲，同时上身向左拧转 90° ，两臂侧下举（五指分开，掌心向前）。
6 拍：两腿伸直，同时上身转回，两臂自然放下。
7 拍：半蹲，同时上身向左拧转 90° ，两臂侧举（五指分开，掌心向前）。
8 拍：同 6 拍。
（2）第 2 个 8 拍。
同第 1 个 8 拍，方向相反。
（3）第 3 至第 4 个 8 拍。
同第 1 至第 2 个 8 拍。

9. 第八节　腹背运动

（1）第 1 个 8 拍，如图 8-3-17 所示。

图 8-3-17　第 1 个 8 拍（腹背运动）

1~2 拍：左脚向左侧并步，同时两臂经前至侧举（掌心向上）。
3 拍：跳成开立，两臂旋内（掌心向下）。
4 拍：两臂上举（掌心向前）。
5 拍：上身前屈，同时两臂屈肘经胸前向下伸出。
6 拍：上身稍抬起。
7 拍：上身前屈。
8 拍：上身稍抬起左转 45° ，同时两臂侧举。
（2）第 2 个 8 拍。
1 拍：上身前屈。
2 拍：上身稍抬起。
3 拍：上身前屈。
4 拍：上身抬起，同时两臂自然落于体侧。
5 拍：右臂经前向后绕环一周。

6 拍：右臂继续绕至前举（掌心向下）。

7 拍：右腿屈膝内扣，同时右臂向上弯曲（握拳，拳心向后），头向右转 45°。

8 拍：右腿伸直，同时上身转回，右臂自然落于体侧。

（3）第 3 至第 4 个 8 拍。

同第 1 至第 2 个 8 拍，方向相反。

（4）第 5 至第 8 个 8 拍。

同第 1 至第 4 个 8 拍。

10. 第九节　髋部运动

（1）第 1 个 8 拍，如图 8-3-18 所示。

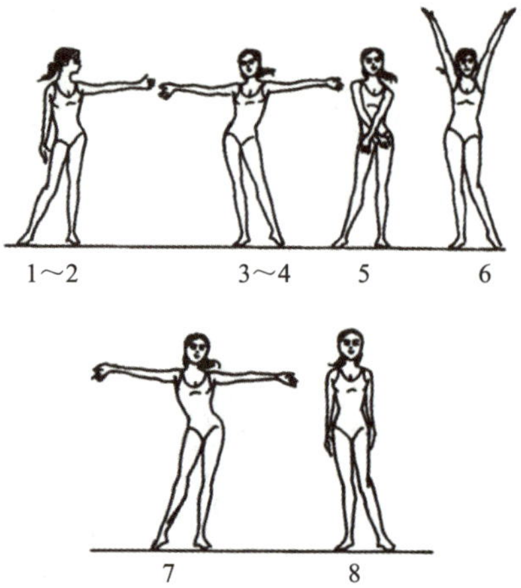

图 8-3-18　第 1 个 8 拍（髋部运动）

1～2 拍：右腿屈膝，同时左腿伸直向左顶髋 2 次，左臂侧举（五指分开，掌心向前），目视左手。

3～4 拍：同 1～2 拍，方向相反，但左臂保持侧举。

5 拍：向左顶髋，同时两臂腹前交叉（五指分开，掌心向后），头转正。

6 拍：向右顶髋，同时两臂绕至上举（掌心向前）。

7 拍：向左顶髋，同时两臂绕至侧举。

8 拍：向右顶髋，同时两臂落于体侧。

（2）第 2 个 8 拍，如图 8-3-19 所示。

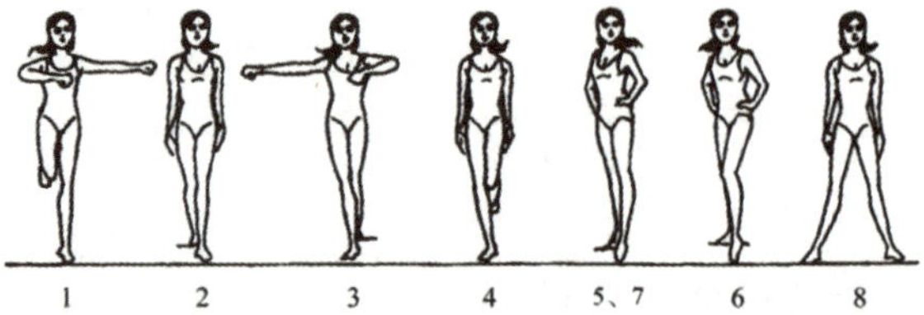

图 8-3-19　第 2 个 8 拍（髋部运动）

1 拍：左脚向前踏步，同时右腿屈膝后提，右臂摆至胸前平屈，左臂摆至侧举（两手握拳，拳心向下）。

2 拍：右腿屈膝落于左腿后，同时两臂自然落于体侧。

3 拍：左脚向后踏步，同时右腿自然屈膝，左臂摆至胸前平屈，右臂摆至侧举（握拳，拳心向下）。

4 拍：右腿屈膝落于左腿前，同时两臂自然落于体侧。

5 拍：左脚向前一步旋内（脚尖右转），同时上身右转 45° ，提左髋（重心移至右脚），两手叉髋。

6 拍：左腿屈膝，同时向右后顶髋。

7 拍：同 5 拍。

8 拍：左脚收至右脚旁，然后成开立，同时两臂自然落于体侧。

（3）第 3 个 8 拍。

同第 1 个 8 拍，方向相反。

（4）第 4 个 8 拍。

同第 2 个 8 拍，方向相反。

11. 第十节 全身运动

（1）第 1 个 8 拍，如图 8-3-20 所示。

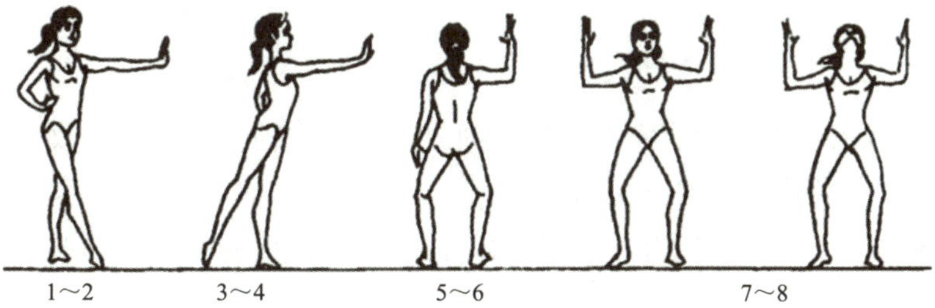

图 8-3-20 第 1 个 8 拍（全身运动）

1～2 拍：上身左转 45° ，同时左腿弹动一次，右腿由屈膝向左前伸出（脚尖点地），左臂前伸立腕屈指（鹰爪掌，掌心向前），右臂屈肘后拉至腰旁（鹰爪掌，掌心向下），头左转。

3～4 拍：左腿弹动一次，同时右腿由屈膝向后伸出（脚尖点地），左臂屈肘后拉至腰旁（鹰爪掌，掌心向下），右臂推至前举（鹰爪掌，掌心向前），头转回。

5～6 拍：以左脚为轴向左转体 135° 成分腿半蹲，同时右臂经下绕至肩侧上屈（五指并拢，掌心向内），左臂自然落于体侧。

7～8 拍：以右脚为轴向左后转体 180° 成分腿半蹲，同时左臂肩侧上屈（五指并拢，掌心向内），抬头。

（2）第 2 个 8 拍，如图 8-3-21 所示。

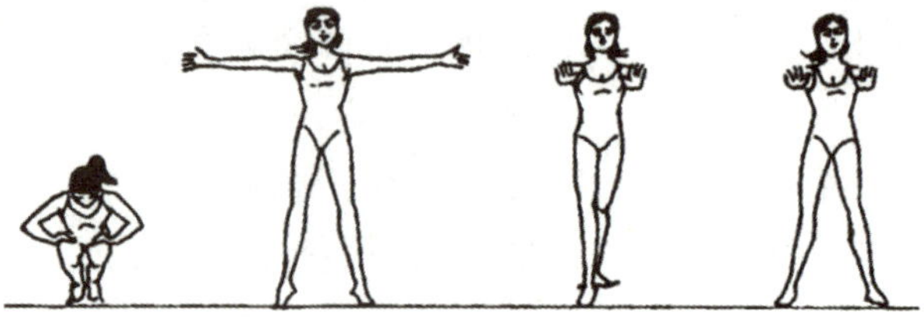
1～2　　3～4　　5～8

图 8-3-21　第 2 个 8 拍（全身运动）

1～2 拍：跳至并腿全蹲，同时两臂屈肘外张，两手扶膝（五指并拢），低头。

3～4 拍：跳至开立，同时两臂经前至侧举（五指分开，掌心向前），挺胸，头还原。

5～8 拍：左脚起步向后退 3 步，第 8 拍右脚退到右侧，同时两臂逐渐向前推出（掌心向前，手指向上），头逐渐抬起。

（3）第 3 个 8 拍，如图 8-3-22 所示。

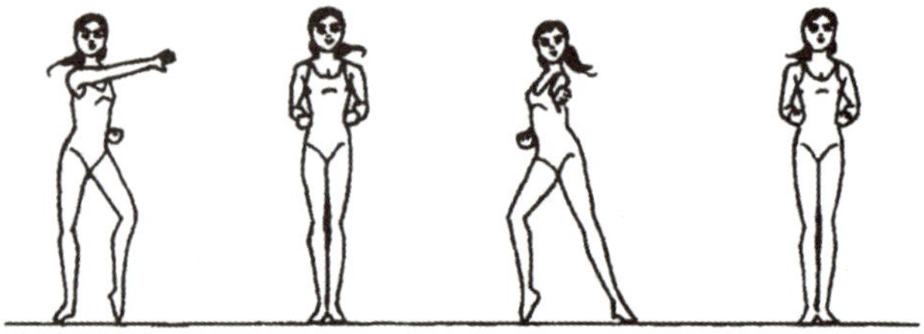
1　　2　　3　　4

图 8-3-22　第 3 个 8 拍（全身运动）

1 拍：左腿侧出一步屈膝成左点弓步，同时上身稍左转，左臂屈肘收于腰际（掌心向上），右臂前伸（五指并拢，掌心向外）。

2 拍：左腿伸直，同时右脚并于左脚（提踵），右臂由前向右划弧屈肘收于腰际（掌心向上），上身转回。

3～4 拍：同 1～2 拍，方向相反。

5～8 拍：同 1～4 拍。

（4）第 4 至第 6 个 8 拍。

同第 1 至第 3 个 8 拍，方向相反，但第 5 个 8 拍的 5～8 拍右脚起步向前走 3 步。

12. 第十一节　跳跃运动

（1）第 1 个 8 拍。

1～4 拍：左脚起步做一次十字步跑跳，两臂自然摆动。

5 拍：跳至开立，同时两臂胸前平屈上下拉开（五指并拢向下，右手在左手上）。

6 拍：跳至并立，同时两手胸前重叠。

7～8 拍：同 5～6 拍。

（2）第 2 个 8 拍。

同第 1 个 8 拍，但最后 1 拍两臂前举（握拳，拳心向下）。

（3）第 3 个 8 拍，如图 8-3-23 所示。

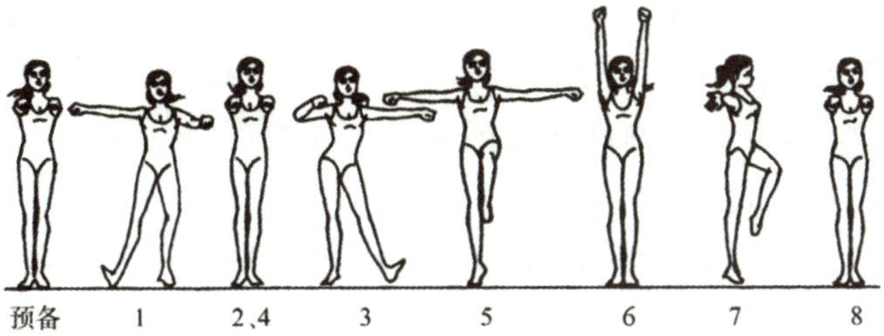

图 8-3-23 第 3 个 8 拍（跳跃运动）

1 拍：双脚跳起落至左腿屈膝，右腿侧伸（勾脚尖），同时左臂胸前平屈后振（拳心向下），右臂侧举后振（拳心向下）。

2 拍：双脚跳回成直立，同时两臂前举（拳心向下）。

3 拍：同 1 拍，方向相反。

4 拍：同 2 拍。

5 拍：右脚蹬跳，同时左腿屈膝上提，两臂经前至侧举（拳心向下）。

6 拍：左腿下落，同时两臂上举（拳心向前）。

7 拍：腿同 5 拍，同时上身左转，两臂落至侧举（五指分开，掌心向前）。

8 拍：腿同 6 拍，同时上身转回，两臂前举（握拳，拳心向下）。

（4）第 4 个 8 拍。

1～7 拍：同第 3 个 8 拍的 1～7 拍，方向相反。

8 拍：右腿下落，同时两臂屈肘收于腰际（握拳，拳心向上）。

（5）第 5 个 8 拍，如图 8-3-24 所示。

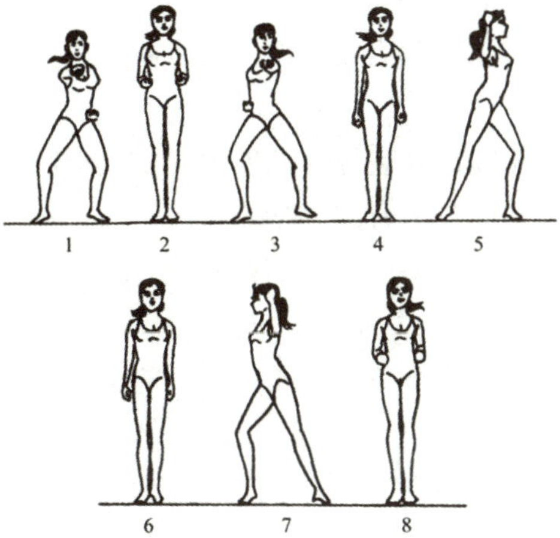

图 8-3-24 第 5 个 8 拍（跳跃运动）

1 拍：跳至马步，同时右臂前伸冲拳（拳心向下）。

2 拍：双脚蹬回成直立，同时右臂屈肘收于腰际（拳心向上）。

3 拍：同 1 拍，方向相反。

4 拍：腿同 2 拍，两臂落于体侧。

5 拍：双脚蹬跳成左前弓步，同时向左转体 90° ，两臂肩侧屈（握拳，拳心相对）。

6 拍：双脚蹬回成直立，同时向右转体 90° ，两臂落于体侧。

7 拍：同 5 拍，方向相反。

8 拍：双脚蹬回成直立，同时向左转体 90° ，两臂屈肘收于腰际。

（6）第 6 个 8 拍。

同第 5 个 8 拍，最后 1 拍两臂收至肩侧屈（掌心向前）。

（7）第 7 个 8 拍，如图 8-3-25 所示。

图 8-3-25　第 7 个 8 拍（跳跃运动）

1 拍：左腿向前弹踢，同时两臂向上伸出（五指分开，掌心向前）。

2 拍：左脚着地，同时右腿屈膝后提，两手握拳收至肩侧屈（握拳，拳心向前）。

3 拍：同 1 拍，换腿做。

4 拍：右脚着地，同时左腿屈膝后提，两臂向内交叉至腹前（握拳，拳心向后）。

5 拍：左腿向左侧弹踢，同时两臂向外摆至侧下举（五指分开，掌心向后）。

6 拍：左脚着地，同时右腿屈膝后提，两臂收至腹前交叉（握拳，拳心向后）。

7 拍：同 5 拍，换腿做。

8 拍：腿同 4 拍，两手握拳收至肩侧屈（拳心向前）。

（8）第 8 个 8 拍。

同第 7 个 8 拍，但最后 1 拍并腿，同时两臂落于体侧。

13. 第十二节　整理运动

（1）第 1 个 8 拍，如图 8-3-26 所示。

图 8-3-26　第 1 个 8 拍（整理运动）

1～2 拍：左脚向左并步成右后点立，同时身体左转 45°，左臂经侧至上举（掌心向下）。

3～4 拍：左腿屈膝，同时右腿屈膝并于左腿，上身放松前屈，左臂屈肘经前自然落下。

5～8 拍：同 1～4 拍，方向相反。

（2）第 2 个 8 拍，如图 8-3-27 所示。

图 8-3-27　第 2 个 8 拍（整理运动）

1～2 拍：左脚侧出一步成开立，同时上身转回，两臂由腹前向外经侧至上举（掌心相对）。

3～4 拍：逐渐半蹲，同时两臂屈肘向下按掌（指尖相对，掌心向下）。

5～6 拍：逐渐立起，臂同 1～2 拍。

7～8 拍：同 3～4 拍。最后左脚并于右脚，同时两臂落于体侧。

第四节　瑜　伽

一、瑜伽概述

（一）瑜伽简介

瑜伽（yoga）是人类智慧的结晶，产生于公元前，是东方最古老的强身术之一。它起源于印度，是一种非常古老的能量知识修炼方法，集哲学、科学和艺术于一身。瑜伽的基础建立在古印度哲学上。古代的瑜伽信徒发展了瑜伽体系，因为他们深信通过运动身体和调控呼吸，可以完全控制心智和情感，可以保持永远健康的身体。一开始，瑜伽的修炼者只有少数人，一般在寺院、乡间小舍、洞穴和森林中修炼，由瑜伽师讲授给那些愿意接受的门徒。之后，瑜伽逐步在印度普通人中间流传开来。而如今的瑜伽，已经是印度人民几千年来从实践中总结出的人体科学的修炼法，成为印度的代表文化之一。

瑜伽一词源于梵文的音译，意思是结合、联合，这也是瑜伽的宗旨和目的。瑜伽有一套从肉体到精神极其完备的修炼方法，而不仅只属于哲学和宗教的范畴，它有着更广泛的含义，有着强大的生命力。从广义上讲，瑜伽是哲学，从狭义上讲，瑜伽是一种精神和肉体结合的运动。

瑜伽发展到了今天，已经成为世界广泛传播的一项身心锻炼修习法，同时不断演变出了各种各样的瑜伽分支方法，比如热瑜伽、哈他瑜伽、高温瑜伽、养生瑜伽等。

（二）瑜伽的价值

1. 生理价值

长期练习瑜伽姿势、调息法及放松法可预防糖尿病、高血压、关节炎、动脉硬化、静脉曲张、哮喘等慢性疾病。有研究显示，长期练习瑜伽的人比普通人有更好的体温、心率和血压水平。

2. 心理价值

瑜伽可以有效调节神经系统及内分泌系统，进而改善个人的健康水平。瑜伽的每一个姿势都有使人身心畅通、精力提升、头脑冷静、情绪稳定的作用。当身体变得健康时，心灵会变得更豁达、更坚强，自然更能面对生活中的压力和挫折。

3. 促进社会适应能力

如果身心长期处于紧张状态，那么抵抗力便会减弱，疾病自然有机可乘。瑜伽“仰卧式”有极大的放松及静心作用，给人一种既松弛又平和的感觉。当我们将这份感觉伸延到日常生活中时，人际关系会更和谐，我们也会对周遭的一切更宽容。

二、瑜伽的基本技术

瑜伽姿势丰富多样，下面介绍一些基本和常用的姿势。

（一）站立体位法

1. 风吹树式（如图 8-4-1 所示）

功效：舒展颈部、肩部、臂部、躯干和腿部肌肉。促进肠道蠕动，消除便秘。消除髋部脂肪，改善体态，增强均衡性和灵活性。

做法：①站姿。双脚并拢，合掌胸前。吸气，双手向头顶高举，手臂轻轻夹住耳际，上身有往上延伸的感觉。②吐气，上身弯向左侧，与此同时，将髋部向右侧推移，保持自然呼吸 5 次。③吸气，还原向上。吐气，上身弯向右侧，将髋部向左侧推移，保持自然呼吸 5 次。

提示：脊椎病患者练习时须特别小心。患各类肠炎及近期做过开刀手术者不宜练习。

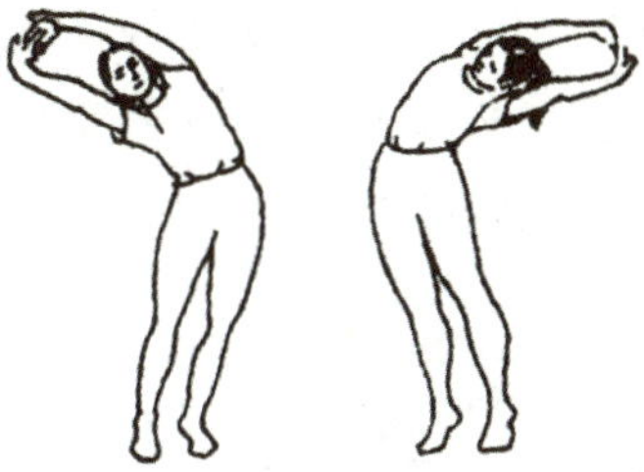

图 8-4-1 风吹树式

2. 鱼式（如图 8-4-2 所示）

功效：鱼式使肠脏和其他内部器官得以伸展，对治疗腹部疾病非常有益。它能够滋养和加强内分泌腺体，放松骨盆关节，刺激胰脏，促进消化进程。该姿势扩展胸膛，有助于消除支气管的咳嗽痉挛，促进深长、顺畅的呼吸。

做法：①把腿盘成莲花式平放于地面上，背贴地仰卧。②抬高颈项和胸膛，拱起背部，把头顶放在地面上。③用手抓住大脚趾，以便增强背部的拱弯程度。④用鼻子做深呼吸，保持 2 分钟，然后手放开脚趾。⑤双手举过头顶，缓缓让背部落地。

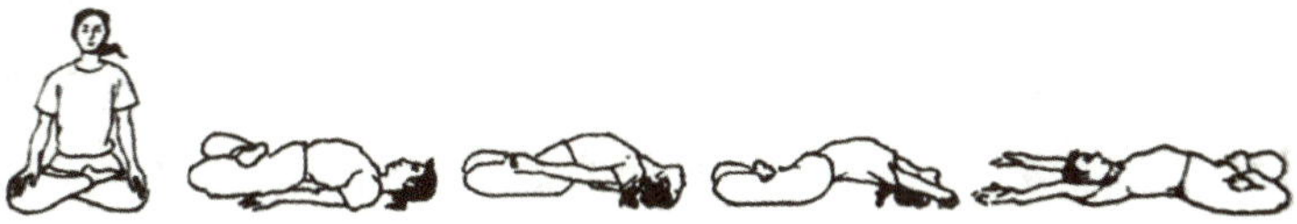

图 8-4-2 鱼式

3. 腰躯扭转式（如图 8-4-3 所示）

功效：放松脊柱和背部肌肉，矫正和改善各种不良体态。消除腰部脂肪，改善腰部、髋关节的僵硬，恢复其灵活性与柔软性。

做法：①站姿。双脚向外打开约 60～70 厘米。吸气，双臂向两侧伸展与肩部保持水平，手心向下。②吐气，腰部向右边转动至自身极限，脚不动，左手搭在右肩上，右手放置于后背，眼睛注视右后方，保持自然呼吸 5 次。两侧交替练习，重复 3 次。

图 8-4-3 腰躯扭转式

4. 三角转动式（如图 8-4-4 所示）

功效：增加对下脊柱区域的血液供应，滋养脊柱神经，强壮背部肌肉群，消除背部的疼痛。它还能扩张胸部（对双肺有益），按摩腹部器官，减少腰上的脂肪。

做法：①保持两膝伸直的同时，将右脚向右方转 90°，左脚向右方转约 60°。②呼气，双臂伸直，将上身躯干转向右方，让左手在右脚外缘碰触地板。右手臂向上伸展，与左手臂成一条直线。双眼注视右手指尖，伸展双肩及肩胛骨，保持约 30 秒。③恢复时吸气，慢慢先将双手、躯干、两脚转回各自原来的伸展状态，再转回基本站立式。两侧交替练习，重复 3 次。

图 8-4-4　三角转动式

（二）平衡体位法

1. 树式（如图 8-4-5 所示）

功效：改善、强化平衡感，提高注意力。矫正脊柱弯曲，消除腰痛。强化肩部、腿部、脚踝肌肉。

做法：①站姿，双脚并拢，挺身直立，合掌胸前。吸气，身体重心放在左脚，脚趾施力压住地面，骨盆向左推移。提起右脚，使脚底贴于左大腿内侧，脚尖朝下。双手同时向上伸展，高举过头顶。眼睛注视前方一固定点，保持自然呼吸 5 次。②吐气，双手慢慢还原胸前，右脚也同时放回地面。两侧交替练习，重复 3 次。

图 8-4-5　树式

2. 壮美式（如图 8-4-6 所示）

功效：强化内脏，改善胃部功能。矫正脊椎和骨盆的异常，使体态匀称。消除腿部赘肉，使腿部曲线修长。

做法：①站姿，左膝向手弯曲，左手握住脚背。吸气，将右手伸直高举过头顶，眼睛注视前方，集中意识。②吐气，左手慢慢将左脚提高，保持片刻。③吸气，上身微微向前倾，放松后腰背部位，眼睛注视前方右手指，保持身体平衡，自然呼吸 5 次。④吐气，手脚放下还原站立，调整呼吸。换脚再进行练习，左右各做 3 次。

图 8-4-6 壮美式

（三）跪姿体位法

以猫式为例，如图 8-4-7 所示。

功效：充分伸展背部和肩部，改善血液循环，消除酸痛和疲劳。脊椎骨得到适当的伸展，增加灵活性。促进呼吸与甲状腺的新陈代谢。矫正背部，使脊柱恢复弹性。丰满胸部，消除腹部与腰部多余脂肪。对女性改善痛经、月经不调有很好的效果。

做法：①金刚坐，双掌置于膝盖上，伸直背部，调匀呼吸。②吸气，臀部离开脚跟，俯身向前，抬臀凹腰，膝部、脚背贴于地面，手臂伸直，指尖对膝盖，下颚抬高，背部收紧，保持片刻。③吐气，手掌施力收腹，拱起背部，头部向下，下颚尽量抵住胸部锁骨处，动作静止，自然呼吸 5 次。④再次吸气，下颚向上抬，头部后仰，凹腰部，挺臀部，动作静止，自然呼吸 5 次。重复练习 3 次，还原金刚坐，调匀呼吸。

图 8-4-7 猫式

（四）蹲姿体位法

以花环式为例，如图 8-4-8 所示。

功效：该动作可以运动到腹部器官，获得能量；女士在月经期间背部疼痛难受，做此动作可以缓解疼痛。

做法：①蹲坐，两脚并拢，脚心和脚跟要完全贴于地面。②分开大腿和膝盖，身体向前，两手由两腿中间向前伸。③手臂弯曲往后，两手握住脚踝后面的部分。④握紧脚踝之后，呼气，头向下碰触地面。⑤停留一分钟，自然地呼吸。⑥吸气，头抬起来，手松开，休息。

图 8-4-8　花环式

（五）坐姿体位法

以牛面坐为例，如图 8-4-9 所示。

功效：促进手、臂、肩部血液循环，对五十肩、腱鞘炎、坐骨神经痛、风湿症等有疗效。矫正背部，健美胸部与肩部，改善体态。舒缓颈部僵硬，治疗失眠与落枕等疾患。

图 8-4-9　牛面坐

做法：①坐在地面上，双腿伸直向前；两手撑地，抬起臀部；左膝盖弯曲，左腿向后，坐在左脚上。抬起右腿，右腿放在左大腿上，两膝盖上下重叠；抬起臀部，在双手的帮助下，把双脚的脚踝和脚跟相靠。②吸气，左手弯曲，慢慢向左肩向背后上举，手掌贴在背后；右手由下方绕到背后，与左手交握，十指紧扣。上方的手肘尽量置于颈后，背部挺直，挺胸，眼望前方，自然呼吸 5 次。③吐气，手指松开，双手放下，还原放松，调匀呼吸。左右各重复练习 3 次。

（六）俯卧式体位法

以眼镜蛇式为例，如图 8-4-10 所示。

功效：不但能让骶椎、腰椎和胸椎得到锻炼，颈部、肩部、胸部肌肉得到伸展，而且能让甲状腺、副甲状腺、肾上腺和生殖腺得到充足的血液供应，增加耻骨区域的血液循环，促进身体健康，激发身体活力。

图 8-4-10　眼镜蛇式

做法：①俯卧，双脚并拢，脚背着地，收下颚，额头触地，弯曲手肘，双手平放胸侧，调匀呼吸。②吸气，下颚慢慢抬高，头部向上后仰，上身同时慢慢离开地面（感觉是把脊椎一节一节地向后弯曲，用腹肌力量而不是用臂力），肚脐与腹部着地，眼望前方。保持此姿势，自然呼吸 5 次。③继续吸气，双臂伸直，背部继续往后弯曲，头部尽量后仰，腹部仍然贴地，眼望上方，眼球可同时左右转动（改善视力）。意识集中在喉部、尾椎，同时收缩臀部，大腿放松。④吐气，上身按照骨盆、腰椎、胸椎、颈椎、下颚、额头的顺序慢慢还原到做法①。调匀呼吸，全身放松。重复练习 3 遍。

提示：练习时，不可用爆发力，尽量使身体处于舒适状态。初学者先行熟悉做法②后，再练习做法③，以免身体超负荷。患有甲状腺功能亢进症、结肠炎、胃溃疡、疝气的人群不宜练习眼镜蛇式。

（七）仰卧体位法

1. 船式（如图 8-4-11 所示）

功效：增强腹肌力量，消除腹部赘肉，能使大腿修长及腰围变细；防止内脏下垂，改善胃肠功能，消除便秘，强化背部，具有放松身体和关节的效果。船式是一个全身性提高体能的动作。

做法：①仰卧，双脚并拢，双臂平放体侧。②吸气，同时将上身、双脚和双臂向上抬起，只有臀部着地，并以脊椎骨为支点，保持身体平衡。双手、双腿伸直，手指指向脚尖，保持此姿势，屏息约 5 秒。③吐气，慢慢将身体放回地面，调匀呼吸，全身放松。

提示：身体上抬时，要收缩腹部，并紧张全身的肌肉。

图 8-4-11 船式

2. 仰卧放松功——摊尸式（如图 8-4-12 所示）

功效：放松肌肉、消除疲劳，使呼吸更协调、更充分，帮助意识集中。

做法：①仰卧，轻轻闭上眼睛，双腿屈膝，脚掌置于臀部下，双手放置身体两侧，掌心向上，手指微曲，下颚微微引向胸部。②缓缓吸气，胸廓慢慢扩张，双肩放松，双膝向外打开，直到大腿内侧完全伸展，脚掌合并向下滑，两脚分开约 30 厘米。③想象头顶、手指尖、尾椎、脚跟、脚尖向外延伸。④两手从地板上滑动到头上方，吸气，伸展双手带动身体坐起，再把上半身弯向双腿，伸展背部。

提示：摊尸式译自梵文 SAVA—SANA，意思为“尸体”。名字虽不祥，但如每天能“假死”片刻，停止一切感官活动，让身心得到彻底休息，也是一件美妙之事。在练习过程中，尽量避免睡着，心灵保持清醒，注意力集中在呼吸上。初学者练习此式不要超过 10 分钟。

图 8-4-12 摊尸式

第五节 健身健美

一、健身健美概述

健身运动是一项通过徒手或利用各种器械，运用专门的动作方式和方法进行锻炼，以发达肌肉、增长体力、改善形体和陶冶情操为目的的运动项目。而健美运动是在健身运动的基础上，为增加身体美感而进行的身体锻炼，它是健身运动的升华和提高。

（一）健身健美运动的分类

健身健美运动按照不同目的可分为竞技健身健美和大众健身健美。竞技健身健美可以分为以展现肌肉的匀称度、清晰度、分离度、凹凸度为主要评判依据的健美比赛；以展现运动体格、肌肉形态、身材比例、肌肉力度为主要评判依据的健身比赛。大众健身健美可以分为以发达肌肉、缩减脂肪、修塑体型为主的健美训练；以提高健康体能为主的健美训练；以运动康复为主的健美训练。

健身健美运动的分类如图 8-5-1 所示。

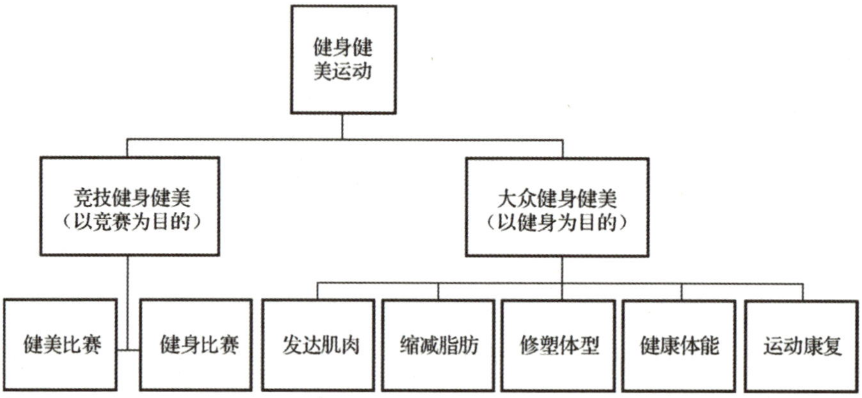

图 8-5-1 健身健美运动的分类

（二）健身健美运动的作用

1. 提高力量和发达肌肉

健身健美运动可以改善身体内各肌肉间的协调能力，提高神经肌肉的同步化程度。骨骼肌受到压力后可以刺激到肌纤维中不同的收缩成分及结缔组织，提高收缩蛋白的含量，使肌纤维增粗，肌肉中的毛细血管网增多，肌肉的生理横断面增大，肌肉力量和收缩能力提高。

2. 改善体型和矫正不良体态

健身健美运动是雕塑体型的最佳运动方式，通过对体型进行有针对性的健身健美训练，可以塑造凹凸有致的完美体型。无论是男性还是女性，都可以通过健身健美运动获得匀称的体型，增加肌肉弹性和线条美感。此外，通过健身健美训练不仅可以改善因长期伏案工作导致的含胸驼背和肌肉不平衡问题，还能改善溜肩、肩高低不均、臀下垂、“O”型腿、“X”型腿、肩窄腰粗等不良的体型体态。

3. 减肥瘦身和调整身体成分

健身健美运动可增加肌肉组织，帮助调整身体成分。合理的身体成分能让人们保持好的体型和健康。肌肉对于新陈代谢至关重要，因为肌肉是人体最为活跃的组织。与其他组织相比，肌肉需要昼夜不停地消耗更多的热量才能工作，正因为如此，我们可以把肌肉看作“耗能大户”，所以我们可以通过增加肌肉促使身体消耗大量的能量，从而达到减肥瘦身的目的。

4. 提高人体运动能力

健身健美运动的发展加强了体育学科之间的联系，各学科知识的应用可以在健身健美运动中得到很好的体现。对肌肉的塑造练习，增强了中枢神经系统对肌肉的控制能力，让力量、速度、耐力、柔韧性和协调性等方面的身体素质也得到了提高。健身健美运动还可以提高力量的传递、组合和控制的功能。通过对核心部位（腰椎、骨盆和髋关节）肌群稳定性力量的训练，建立上下肢力量的传递通道。通过改善大肌群和小肌群、表层肌和深层肌、主动肌和拮抗肌之间的协作能力，提高肌肉之间协同用力能力。通过增强运动神经对肌肉的支配能力，提高肌肉运动的控制能力，防止运动损伤。尤其是对其他运动中减速的控制训练，堪称最有效的练习手段。健身健美运动在训练初期非常强调多块肌肉的协调用力和整体作用，强调多个关节部位稳定性的加强和稳定程度的调整。高级健身健美运动训练者非常重视对小肌群、深层肌肉及“盲点”肌肉的训练，很重视肌肉的形态和柔韧性训练，这些能力对其他运动技术均有重要的支撑作用。

5. 促进肌肉康复和延缓人体衰退

健身健美运动在促进肌肉康复方面具有自己独特的优势，更具针对性、实效性。实践证明，健身健美运动是促进肌肉康复最有效的手段之一。

研究表明，不经常参加体育锻炼的人在 20～25 岁达到最大肌肉力量，以后每 10 年将会损失 10%左右的肌肉重量和肌肉力量。到了 60 岁以后，力量的损失会更加迅速，一些老人甚至应付日常生活都非常困难。随着年龄的增长，人的身体功能开始逐渐衰退，其主要表现有细胞合成蛋白质的能力下降、免疫功能衰退、脂肪含量增加、骨矿含量丢失、肌肉力量下降等。最新的研究显示，通过科学的健身健美运动可以显著提高人体肌肉力量，减缓肌肉的流失，减缓关节疼痛，改善关节周围组织功能，提高人体对疾病的抵抗力，有助于提高身体荷尔蒙水平，这些益处产生的直接结果就是延缓人体衰老进程。

二、全身各部位训练动作

全身各部位训练动作主要包括：肩部训练动作、腰腹部训练动作、腿部训练动作、臂力训练动作、胸部训练动作、背部训练动作。下面详细介绍肩部训练动作、腰腹部训练动作、腿部训练动作。

（一）肩部训练动作

1. 坐姿杠铃颈前推举（如图 8-5-2 所示）

坐姿杠铃颈前推举主要锻炼肌肉：三角肌、上胸肌、肱三头肌。

图 8-5-2　坐姿杠铃颈前推举

（1）预备姿势。

坐于长凳或推举练习凳上，挺胸直腰，收紧腰腹部，保持身体平稳。两手握住横杠，握距略比肩宽，把杠铃提起置于上胸部，小臂垂直地面。

（2）向上动作阶段。

保持身体不动，把杠铃向上推举至两臂伸直，稍停。上推阶段不要使用猛力、爆发力。

（3）向下动作阶段。

用三角肌的控制力把杠铃缓慢、流畅地下放至上胸部，暂停。下放时要控制杠铃的速度，下放至最低点时三角肌要保持张力，小臂垂直地面。

2. 直立划船（如图 8-5-3 所示）

直立划船主要锻炼肌肉：三角肌、肱肌、肱桡肌、肱二头肌、斜方肌。

图 8-5-3 直立划船

（1）预备姿势。

自然站立，两脚与肩同宽，腰腹收紧，保持身体平稳，双手采用窄握距握住杠铃置于体前。

（2）向上动作阶段。

动作开始时，以三角肌的收缩力缓慢、平稳带动杠铃垂直向上，直至超过肩部，上拉时肘关节始终高于杠铃。整个动作都要利用三角肌的力量完成，身体不能前后摆动。

（3）向下动作阶段。

以三角肌的张力缓慢控制杠铃沿身体前侧下落，还原至开始位置。下落时速度要均匀、缓慢、有控制。

3. 站姿哑铃侧平举（如图 8-5-4 所示）

站姿哑铃侧平举主要锻炼肌肉：三角肌的中束、前束、后束。

图 8-5-4 站姿哑铃侧平举

（1）预备姿势。

自然开立，两脚与肩同宽，身体略微前倾，双手握住哑铃置于身体两侧。为防止身体晃动而借力，可采用坐姿。

（2）向上动作阶段。

动作开始时，双手同时缓慢向身体两侧划半圆弧，直至哑铃略超过肩部，稍停。要始终保持三角肌处于紧张状态，肘关节不能有屈伸动作。

（3）向下动作阶段。

持哑铃放下时，以三角肌的力量控制哑铃慢慢下落，直至手臂与体侧成 10° ～15° 的夹角后停住。

（二）腰腹部训练动作

1. 仰卧卷腹（如图 8-5-5 所示）

仰卧卷腹主要锻炼肌肉：腹直肌、腹内外斜肌、腹横肌。

图 8-5-5　仰卧卷腹

（1）预备姿势。

仰卧在垫子上，两脚与肩同宽。屈膝，使大腿和小腿夹角成 90° ，两手放于体侧或头部两侧。

（2）向上动作阶段。

含胸收腹，使上背部离开地面，以腹部肌群的收缩力卷起上身。在上身卷腹过程中，要“卷”“压”“吐”，也就是在动作中要卷腹，在卷腹的同时要对肌肉进行压缩，在压缩的同时要把腹腔内的气体逐渐吐出，稍停。

（3）向下动作阶段。

在腹部肌群的控制下缓慢、流畅、有控制地下落，依次是腰部、背部、头部。下落过程中尽力拉长腹直肌，吸气。

2. 俯卧挺身（如图 8-5-6 所示）

俯卧挺身主要锻炼肌肉：竖脊肌。

图 8-5-6　俯卧挺身

（1）预备姿势。

俯卧于垫子上，面朝下，整个身体贴于垫子，两臂置于体侧，伸直双腿脚尖向下，腰背收紧。如要增加训练难度，也可放一个杠铃片在上背部。

（2）向上动作阶段。

呼气，集中竖脊肌的力量抬起上身至最高位置，稍停。向上阶段不要使用爆发力。

（3）向下动作阶段。

以背肌的力量缓慢下落，至身体放松俯卧于垫子上。下落时要缓慢、有控制。

（三）腿部训练动作

1. 屈腿硬拉（如图 8-5-7 所示）

屈腿硬拉主要锻炼肌肉：臀大肌、腘绳肌。

图 8-5-7 屈腿硬拉

（1）预备姿势。

两脚开立与髋同宽，大腿外旋，两脚尖成“V”字形站立，挺胸直腰。掌心向后，双手握住杠铃横杠，握距略比肩宽，使横杠贴近身体，挺胸收腹，背部挺直，目视前方。

（2）向上动作阶段。

用力伸髋，充分利用臀大肌、腘绳肌的收缩力量将杠铃向上提起，将杠铃拉至大腿中部时，继续伸膝、伸髋和展体将杠铃拉起至身体挺直，稍停。动作要平稳，不能猛拉、猛起。

（3）向下动作阶段。

以髋关节为轴，上身前倾，缓慢、流畅、有控制地向前弯曲至最大伸展位，此时髋部高于双膝，低于肩部，短暂停留，感受臀大肌、腘绳肌的拉伸。在整个下降过程中，腰背一定要挺直，不能弓腰。

2. 高位剪蹲（如图 8-5-8 所示）

高位剪蹲主要锻炼肌肉：股四头肌、臀大肌、腘绳肌。

图 8-5-8　高位剪蹲

（1）预备姿势。

自然站立，两脚与肩同宽，上身挺直，收紧腰腹，双手持哑铃置于体侧（或持杠铃置于颈后上斜方肌）。背后放一个长凳，高度与小腿齐高。右脚向后迈一步，并放于凳面上，前小腿垂直地面。

（2）向上动作阶段。

下蹲至最低位置时，重心后移，两腿同时向上伸直，如此反复练习。控制好平衡，身体不能左右晃动。

（3）向下动作阶段。

屈髋、屈膝下蹲至左大腿接近水平位，稍停。在下蹲的过程中，要求缓慢、流畅、有控制，收腹、紧腰，上身不能前倾。

3. 侧卧单腿侧上举（如图 8-5-9 所示）

侧卧单腿侧上举主要锻炼肌肉：臀中肌、臀小肌、臀大肌。

图 8-5-9　侧卧单腿侧上举

（1）预备姿势。

以左侧卧为例，侧卧在垫子上，右手撑于垫子上，双腿并拢，核心肌群收紧，保持身体平稳。

（2）向上动作阶段。

身体不动，以臀大肌、臀中肌和臀小肌的收缩力将右腿用力上举至最大收缩位，稍停。右腿侧上举过程中保持膝关节伸直。

（3）向下动作阶段。

身体不动，单腿缓慢、流畅、有控制地下降至开始位置。保持身体核心稳定，不能左右晃动。

4. 颈后深蹲（如图 8-5-10 所示）

颈后深蹲主要锻炼肌肉：股四头肌、臀大肌、腘绳肌。

图 8-5-10 颈后深蹲

（1）预备姿势。

两脚自然开立，与肩同宽，脚尖略向外。两手宽于肩握杠，将横杠放在颈后，即隆起的斜方肌上和三角肌上，收紧腰腹，挺胸直腰。

（2）向下动作阶段。

吸气，头部稍微抬起，两眼始终注视前方，垂直向下，屈髋、屈膝缓慢控制下蹲。直腰直背，上身尽量保持不动，下蹲时膝关节的方向同脚尖的方向一致（大小腿夹角小于90°），稍停。蹲至全蹲。

（3）向上动作阶段。

挺胸、收腰、直背，以股四头肌的力量向上伸髋伸膝，直至伸直双腿。杠铃重心始终在脚尖和脚跟之间。

5. 坐姿腿屈伸（如图 8-5-11 所示）

坐姿腿屈伸主要锻炼肌肉：股四头肌。

图 8-5-11　坐姿腿屈伸

（1）预备姿势。

坐垫调整到合适的位置，坐在腿屈伸机上，腰背靠紧靠板，双手于体侧抓握固定手柄。大腿贴于凳面，小腿屈膝下垂，双脚踝前部靠紧挡托。

（2）向上动作阶段。

以股四头肌的收缩力向上伸小腿至膝关节平直状态，使股四头肌达到最大收缩，稍停。向上行动作时背部要紧贴靠板不能离开，臀部不能向上抬起。

（3）向下动作阶段。

在股四头肌力量的控制下，双腿缓缓下放至初始位置。下放动作要缓慢，肌肉始终有张力，不能放松。

6. 俯卧腿弯举（如图 8-5-12 所示）

俯卧腿弯举主要锻炼肌肉：腘绳肌、腓肠肌。

（1）预备姿势。

俯卧在腿弯举练习器上，双手握住固定把手，调整身体的位置让膝关节刚好超过板面，双脚踝后部贴紧挡托。

（2）向上动作阶段。

保持身体不动，以腘绳肌的力量屈小腿，使小腿尽量向臀部靠近，直至最大收缩位置，稍停。做练习时臀部不能抬起，保证身体稳定。

（3）向下动作阶段。

以腘绳肌的控制力缓慢向后下落至开始位置。在整个练习过程中，要保持肌肉始终有张力，不能依靠惯性。

图 8-5-12　俯卧腿弯举

7. 坐姿腿弯举（如图 8-5-13 所示）

坐姿腿弯举主要锻炼肌肉：腘绳肌、腓肠肌。

图 8-5-13　坐姿腿弯举

（1）预备姿势。

调节腿弯举器的坐垫，坐在腿弯举器上，腰背靠紧靠板，双手于体侧握住固定手柄。双膝上部靠紧挡托下部，两腿伸直，双脚踝后部靠紧挡托上部。

（2）向下动作阶段。

身体不动，以腘绳肌的收缩带动小腿将横杠向后做弯举，用力收缩腘绳肌，稍停。小腿向后用力时，背部不要晃动，臀大肌不能向上抬起。

（3）向上动作阶段。

在腘绳肌的控制下，缓慢伸直小腿至开始位置。要控制小腿回落的速度，太快会减弱对肌肉的刺激效果。

第六节　飞　　镖

一、飞镖概述

（一）飞镖运动简介

飞镖运动历史悠久，它起源于15世纪的英格兰。20世纪初，飞镖运动在英国迅速普及，成为酒吧里的一项非常受人欢迎的休闲运动。随着越来越多的酒吧里都挂上了镖盘，当地的飞镖组织和联盟也就自然而然地得到了发展，飞镖运动日趋职业化，出现了职业协会、职业比赛，以及大量的职业选手。

随着飞镖选手水平的不断提高，观赏性日益增强，飞镖运动吸引了许多商业赞助，带来了可观的收益，组织全国性赛事的有关组织也诞生了。许多国家都成立了全国性的飞镖组织。1976年，世界飞镖联盟成立，它被认为是众多国际比赛的正式官方团体。

飞镖在我国是一项新兴的体育运动，人们对它的喜爱程度并不亚于一些流行体育项目。城市的酒吧和休闲场所为飞镖爱好者提供了运动场所。另外，由于飞镖不受场地限制，闲暇时在家中也能随时开展，因此很快走进了千家万户，成了家庭健身和娱乐的一项重要体育活动。

（二）飞镖运动的场地与器具

1. 飞镖

飞镖，也称镖头、箭头。它的发展经历了从长矛、标枪到今天通常看到的这种飞镖的历程。如今的飞镖种类繁多，制作材料也是多种多样的，有木制、纸制、铁制、塑料以及现在常见的合金、尼龙等复合材料制作的。根据飞镖材料的不同，飞镖可分为软式飞镖和硬式飞镖。由于飞镖的制作材料不同，其规则也不完全相同。但我们常见和常玩的则大多是以金属为主要材料的硬式飞镖。飞镖通常由镖尖、镖管、镖杆及尾翼四部分组成，如图8-6-1所示。

飞镖的重量通常在10～40克，处于这一重量之间的飞镖都是可以的。世界上最重的铜制飞镖为46克，但较为通行的在20～30克。使用多大重量的飞镖取决于个人的偏好和力量的大小。

较轻的飞镖，需要的力量较小，但其投掷的稳定性和准确性稍差些。另外，握法也是一个重要因素，挑选飞镖时最好握住飞镖试一下，也许感觉不理想的飞镖投出去的路线却不错。

图8-6-1　飞镖的结构

飞镖的尾翼，如图 8-6-2 所示，也是一个不可忽视的部分，它起到平衡和装饰的作用。据说，当飞镖在美国风靡一时的时候，健壮漂亮的火鸡曾一时“洛阳纸贵”，原因是很多飞镖迷喜欢用火鸡的羽毛做飞镖的尾翼。的确，漂亮的尾翼会给人以赏心悦目的感觉。在飞行过程中，漂亮的尾翼划出的曲线妙不可言。因此，对于一些世界级镖手，漂亮的尾翼常常是展示其个性的地方，以至于有时只要看到飞镖的尾翼，就可以判断出是哪位镖手。

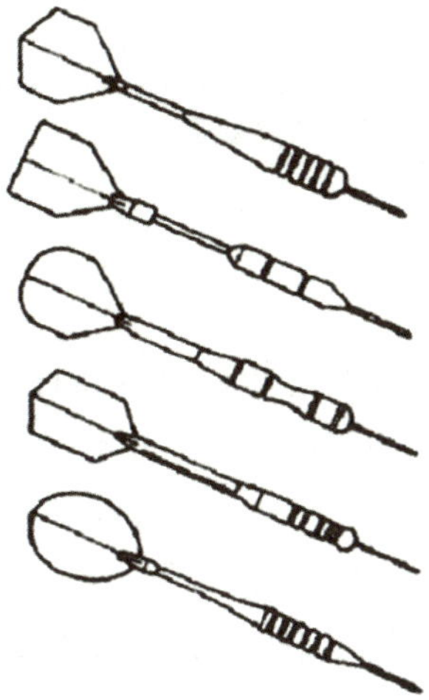

图 8-6-2　各种形式的尾翼

2. 镖盘

镖盘可以分为纸盘、植绒盘、琼麻盘等，其中琼麻盘是国际比赛指定用盘，国际标准镖盘的直径是 54 厘米。镖盘面的设计，如图 8-6-3 所示。

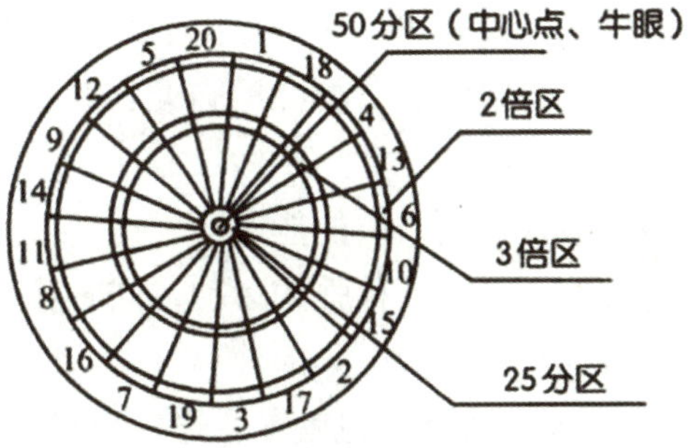

图 8-6-3　镖盘

3. 投镖场地

镖盘悬挂于墙上，中心（靶心）至地面的高度为 1.73 米，投掷线至镖盘（靶盘）的距离为 2.37 米，如图 8-6-4 所示。

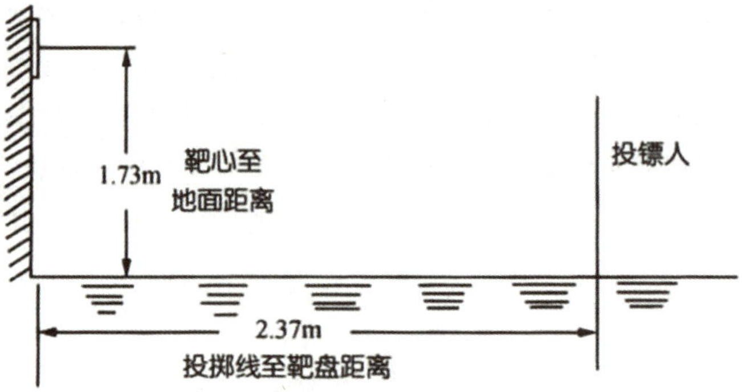

图 8-6-4　投镖场地

（三）飞镖运动的健身价值

飞镖作为一项文明、高雅、健康的运动和低消费的锻炼、休闲、交流、联谊方式，特别适合现代都市快节奏、工作紧张的人们对健康生活的需求。同时因其趣味性、对抗性、娱乐性很强，且又不受年龄、性别、身体、场地、气候等条件限制，所以适用场合非常广泛。

飞镖运动可以训练人的注意力、协调性、精巧性，特别是心理素质；可以缓解紧张的精神压力、消除视觉疲劳、恢复各种原因造成的肌肉酸痛或疲劳、调节全身各脏器的功能。概括来说，飞镖运动有如下九大好处：

（1）飞镖运动是一种全身心的运动，尤其对颈椎、手腕和手指有好处，可以说是现代办公室病的“克星”。

（2）飞镖运动过程中有动的部分，也有静的部分，既可以做到锻炼，又可以消除疲劳。

（3）飞镖运动也是一种团体运动，有利心理健康，并可为现代人提供社交舞台。

（4）飞镖运动中主要参与的肌肉和关节有指关节、腕关节、肘关节、肩关节、三角肌、肱三头肌等，特别是能够训练到一些较小、平时很少锻炼到的肌肉。

（5）锻炼眼力，飞镖运动要求眼睛有节奏性地瞄准、放松，对于放松眼睛，缓解眼部的疲劳有一定好处。

（6）飞镖运动可提高神经精确控制肌肉的能力。

（7）飞镖运动是一项竞技性、对抗性很强的运动，同时休闲性、娱乐性也很强，可以调整心理状态，提高心理素质。

（8）飞镖运动可以调整左右脑的平衡，也就是在逻辑思维判断和空间控制方面的平衡。

（9）飞镖运动有良好的健身作用。

二、飞镖的基本技术与练习方法

（一）基本技术

与其他体育运动一样，飞镖也注重投掷技巧，力求身体姿势优美平衡，持镖与出镖方式正确，手臂和手腕的动作协调，注意力高度集中，也就是提高心、眼、手、脑协调配合的能力。要掌握飞镖的完整技术，练习者必须细心领会飞镖的基本技术动作要领及要求，学会基本技术动作后，加强练习，掌握相关的动作技巧。飞镖的基本技术由握镖、站立姿势和投镖三个部分构成。

1. 握镖

握镖的方法有两指法（如图 8-6-5 所示）、五指法（如图 8-6-6 所示）、毛笔式（如图 8-6-7 所示）及三指法（如图 8-6-8 所示）。选择什么握法取决于个人的爱好，最常用的握法是三指法，即用大拇指、食指、中指三个手指握住金属杆，大拇指在一侧，食指、中指在另一侧，共同用力夹住金属杆。握镖姿势没有正确、错误之分，选择最适合自己的即可。

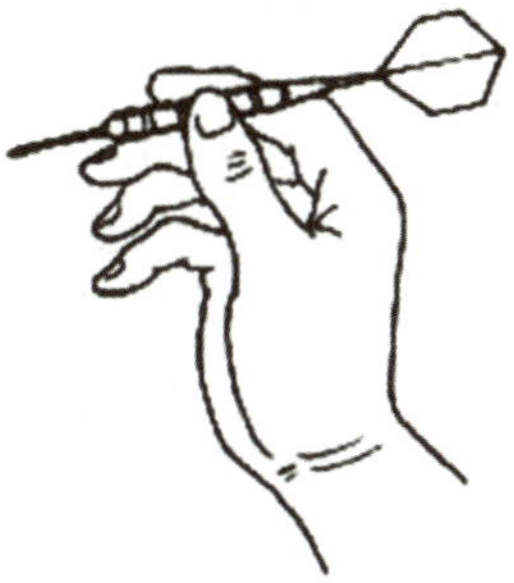

图 8-6-5　两指法握镖

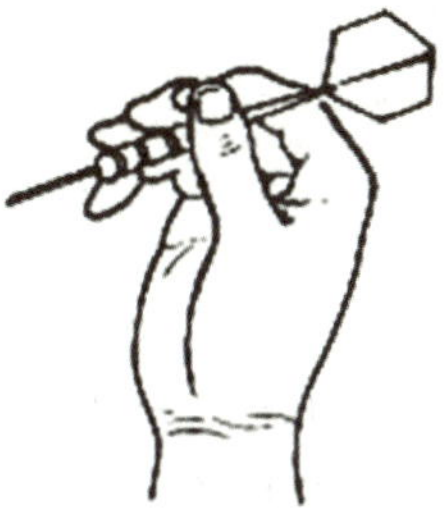

图 8-6-6　五指法握镖

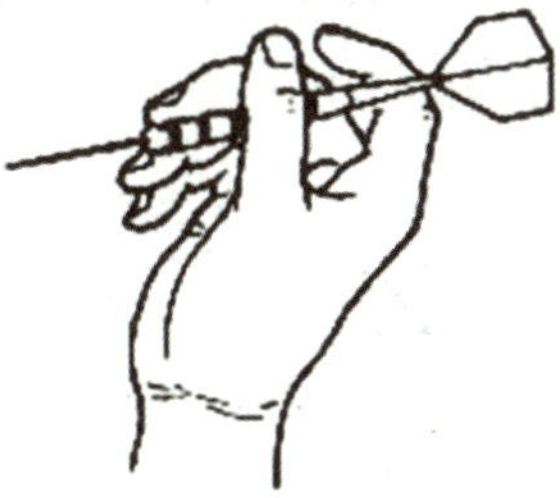

图 8-6-7　毛笔式握镖

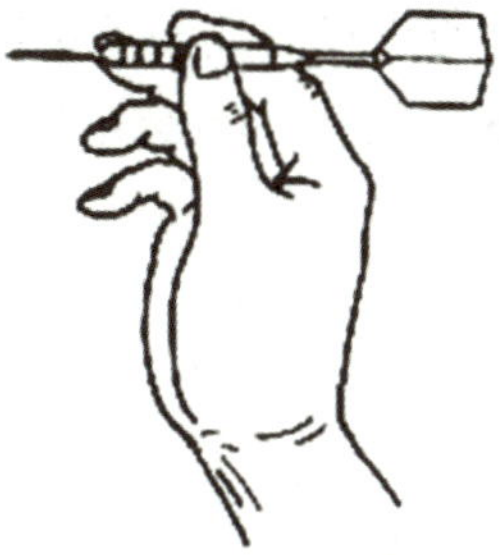

图 8-6-8　三指法握镖

2. 站立姿势

站立姿势是准确投镖的关键所在。通常提倡最自然投镖的动作，要求保持舒适、稳定和平衡的站立姿势。舒适是指站立时要自然，全身放松；稳定是指站立时重心要稳定，身体不摇晃，投镖时身体不随手臂运动而摆动；平衡是要求身体各个部位的协调。

站立姿势的重点是双脚的位置。投掷时，双脚一般有三种站立姿势，如图 8-6-9 所示。第一种是身体直立，脚尖向前，双脚靠拢，脚尖与投掷线成直角；第二种是脚尖平行或成直角，两脚脚尖面向投掷线，这是一种最为普遍的姿势；第三种是一脚在前的姿势，这种姿势最适合初学者，站立时，右脚在前，左脚旋转一个角度，以使自己站得舒适为原则。实际上，站立习惯是因人而异的，一些人习惯双脚并排面向镖盘站立；一些人喜欢双脚一前一后站立，如右脚在前，右手持镖，身体右半部分对着镖盘；还有一些人喜欢双脚与镖盘成 45° 站立。投掷时最重要的一点就是，不管采取何种站立姿势，每位练习者都应找到一个适合自己的最佳姿势并保持住。

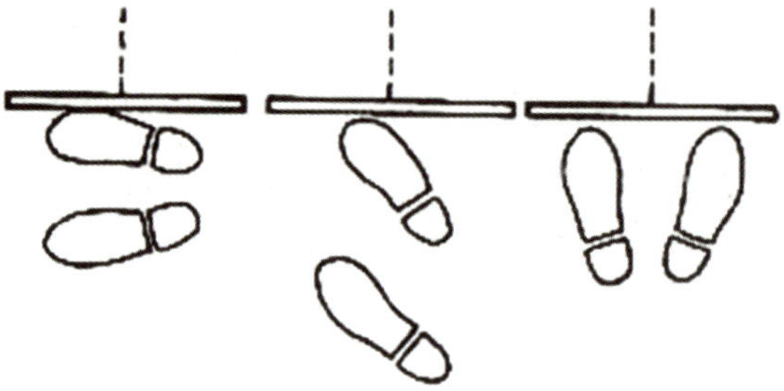

图 8-6-9　三种站立姿势

3. 投镖

投镖包括三个步骤：预备、送镖和顺势动作。这三个连贯动作类似于篮球的投篮动作，动作基本要求也很相似，要做到流畅、舒展、协调。

（1）预备。

预备动作要求以准备姿势站好，两眼盯着目标，肘关节抬起，上臂与地面平行，镖稍向后引，放在面前，准备投镖，如图 8-6-10 所示。大多数选手在整个投镖过程中都把镖直接放在面前，肘关节的角度几乎不变，是整个过程的静止支点。

图 8-6-10　预备姿势

（2）送镖。

送镖是指向镖盘上目标区域投镖。送镖时前臂发力，向前摆动，手指松开，将飞镖送出，如图 8-6-11 所示。对初学者来说，最常见的一个问题是不知道该用多大的力量送镖。准确但不要盲目用力，是成功击中目标的关键。投镖所用的力量要让飞镖恰好插到镖盘上，优秀选手送镖动作轻盈，镖飞行时划出一道优美的弧线，如图 8-6-12 所示，表现出了不同一般的连贯力量。送镖时不要用手臂或肩的全部力量。

图 8-6-11　送镖动作

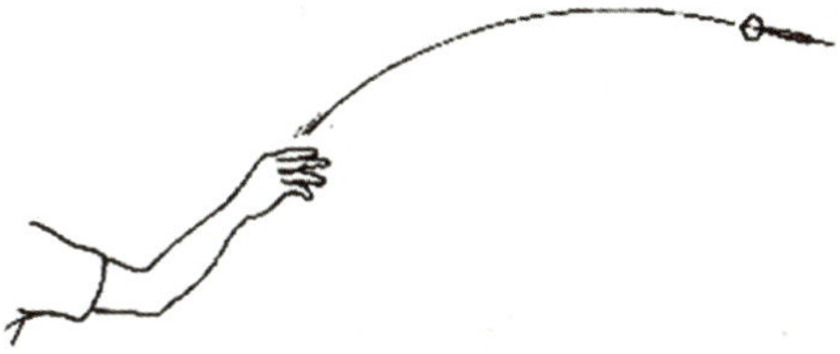

图 8-6-12　镖呈弧线飞出

（3）顺势动作。

镖送出以后，手臂自然向前跟进，手腕自然下压，如图 8-6-13 所示，这也是保持正确投镖动作的关键所在。投镖不是一个急停急起的动作，练习者无论是在身体上还是在精神上都要顺势跟上。

（二）练习方法

投镖练习要做到集中注意力；非常熟悉镖盘上的分数分布；先观察、练习，再实践。

1. 把预备姿势和送镖动作结合起来

预备姿势和送镖动作要自然放松，动作舒适准确。许多有潜质的选手常常因无法保持平衡而影响成绩，因此，必须学会保持身体平衡。优秀的选手在送镖时会轻轻地抬高脚跟，如图 8-6-14 所示，使身体重心向前移，但他们从不会失去平衡。

图 8-6-13　顺势动作

图 8-6-14　送镖时轻抬脚跟

2. 集中注意力

与其他体育运动一样，提高技术水平的关键在于全神贯注，当然，前提条件是已经掌握了飞镖的基本技术。虽然集中注意力是无法教会的，但优秀选手在这种智力游戏中所表现出来的一些特质还是值得大家借鉴的。

①预备时完全放松，注意力集中在动作姿势和准确的投镖位置上。

②大脑和身体都要瞄准目标，在整个投镖过程中，注意力集中在镖盘上。

③投镖用力要一致，同时要牢记动作要领，使预备、送镖、顺势等动作，自然而然地完成。练习者最好把注意力集中在策略和得分上。

④把每一镖都当作一个新的机会。即使前两镖失误了，也应该继续集中精力，充满信心。

⑤实践—发现错误—再实践。练习者可以把自己的动作录下来，然后仔细观看，从中发现错误并改正。

3. 模仿

无论是初学者、老手还是职业选手都可以通过观察别人的投镖动作来改正、提高自己的技术动作，使自己获益。对初级水平和中级水平的练习者来说，观察别人练习尤其有益，一方面可以模仿一些有经验、已获得成功的选手的各种技术动作；另一方面，可以观察一些水平不是很高的选手在比赛中存在的问题，如不能保持身体平衡、投镖时用力太大等，从而反思自己在这方面存在的问题，并及时改进。练习时，可以找一个练习伙伴，两人之间可以相互纠正错误动作，相互鼓励，增强信心。

4. 熟悉镖盘

要想把飞镖玩好，必须非常熟悉所有的得分概率及镖盘的相对尺寸。只要定期练习，你很快就会掌握这方面的知识。

三、飞镖的竞赛规则

飞镖的玩法五花八门，多种多样。不同的玩法有不同的规则，但基本的规则是一致的，如赛制、开局、投镖、分数的计算等。其规则可归纳为以下几点。

1. 赛制

比赛通常有 5 局 3 胜、7 局 4 胜、9 局 5 胜等赛制。每 1 局又分为若干盘，有 5 盘 3 胜制、7 盘 4 胜制、9 盘 5 胜制。

在大型比赛中，参赛选手较多，进行的轮次也较多，所需的时间也比较长，因此在预赛阶段和决赛阶段常采用不同的赛制。在预赛阶段，一般采用 5 局 3 胜制和 5 盘 3 胜制，即选手在 5 盘中有 3 盘获胜则为赢得 1 局，5 局中有 3 局获胜则为最后的胜利者。在决赛阶段，选手的实力较为接近，比赛异常激烈，为了避免偶然性，通常采用 7 局 4 胜制和 5 盘 3 胜制，或 9 局 5 胜制和 5 盘 3 胜制。

2. 开局

两名选手或两组选手比赛通常以投镖的方式来决定哪一方首先开局。决定开局的方式有以下几种。

（1）比高分。

两名选手投镖，投镖的分数高者获开局权。一般只投一镖，以击中的目标分数为准。

如一方投镖，击中 20 的三倍区得 60 分，另一方只击中 20 分区，则获得 60 分的一方首先开局。

（2）找红心。

有的比赛以投镖离红心的距离来决定哪一方首先开局。如一方击中红心，另一方击中 25 分区，则击中红心的一方首先开局。

（3）猜硬币。

与足球比赛一样，根据硬币的正反面决定哪一方先开局。

3. 投镖

在决定开局之后，两名选手轮流投镖。每位选手每一轮投掷 3 镖，轮流进行，直至一方获胜。选手投镖时站立的位置有明显的标志线，称为投镖线。选手在投镖时，双脚不得越过此线，但身体可以前倾，手部可以越过此线。

4. 计分

计分分为加法和减法两种。加法主要适用于比分数高低的游戏中，通常将击中的目标分数累积相加。一轮的分数为所投掷 3 镖的分数之和，每一盘的分数为每一轮的分数之和。在 01 类的比赛中通常采用减扣的办法。典型的如 501 比赛，将选手每一轮的分数相加后，从 501 分扣除，率先扣至 0 分者为胜。

在比赛中，常出现不能计分的情况，主要有以下几种。

（1）脱靶。

通常应以飞镖击中镖盘分数区并固定在镖盘上，才可以计算成绩。飞镖击中镖盘后脱落不能计分。

（2）爆镖。

指击中的分数超过了结束比赛需击中的分数，比如当你剩下 30 分时，只需击中 15 的双倍区就可以结束比赛。但你却击中了 15 的三倍区或 17 的双倍区，这样的分数就超过了剩下的 30 分，出现了爆镖，这种情况下此轮分数不计。

（3）1 分。

当你发现最后一镖只剩下 1 分时，这种情况是比较尴尬的，但你必须击中双倍结束比赛，而任何一个分数的双倍都超过 1 分，镖盘上没有 0.5 分。如果不幸出现这种情况，则只能与对手协商，经对手同意可以不计此轮分数，或击中 11 分这两个 1 的中间部位。

5. 记分员

在飞镖比赛中，记分员不但要记录分数，而且还要充当裁判员，对场上出现的争议进行裁决，控制整个比赛过程。

（1）记分员的职责：

①以富有感染力的声音大声报出选手的分数。

②裁定哪一方先开局。

③提醒选手结束比赛要完成的分数。

④遇到争议时进行裁决。

⑤遇到选手犯规时提出警告，比如选手超过投掷线时。

⑥比赛过程中，镖盘出现问题时进行调整。

⑦要求选手对比赛成绩签名认可。

（2）记分员应避免的行为：

①在比赛过程中对选手进行鼓励或暗示。

②对选手结束比赛需击中某一分数的双倍予以提醒。

③嘲笑选手没有投好的镖。

④改变比赛前事先制定好的规则。

⑤接受某一方选手有行贿嫌疑的物品。

第七节 跳 绳

一、跳绳概述

（一）跳绳简介

跳绳是我国历史悠久的一项体育活动，在很多史书中都有关于跳绳的记载。在唐朝，跳绳被称为“透索”，每年八月十五日以“透索”为戏。在宋朝，跳绳被称为“跳索”。在明朝，跳绳被称为“跳白索”，且《帝京景物略》一书中生动地描述了当时的跳绳活动：“二童子引索略地，如白光轮，一童子跳光中，曰跳白索。”在清朝，跳绳被称为“绳飞”。清末以后，这项古老的运动游戏才被称为跳绳。

跳绳是一项以四肢肌肉运动为主的全身性、多功能的健身运动。跳绳不但是发展耐力、弹跳力、协调性和反应能力的有效手段，而且有助于其他运动技术的掌握和运动能力的提高，并能在较短的时间内收到较好的效果。经常进行跳绳运动，可使肩、腕、腰、腹、臀、大腿、小腿、脚等部位的肌肉、关节、韧带和内脏器官都得到锻炼。运动专家认为，跳绳可以锻炼人的弹跳、速度、平衡、耐力和爆发力，并可培养准确性、灵活性、协调性及顽强的意志和奋发向上的精神。

（二）跳绳的健身价值

跳绳的健身价值如下。

（1）跳绳时，以下肢弹跳和后蹬动作为主，手臂同时摆动，腰部则配合上下肢活动而扭动，腹部肌群收缩帮助提腿。同时，跳绳时呼吸加深，胸、背、膈部所有与呼吸有关的肌肉都参加了活动。另外，跳绳时，大脑处于高度兴奋状态，经常进行这种锻炼，可增加脑神经细胞的活力，有利于提高思维能力。

（2）跳绳时，手握绳头，不停地做旋转运动，能刺激手掌与手指的穴位，从而疏通手部经脉，使上肢的 6 条经脉气血畅通，为大脑提供更多营养。因此，跳绳可通经活络，从而达到醒脑、健脑的作用。

（3）跳绳能增强人体心血管、呼吸和神经系统的功能。研究证实，跳绳可以预防如糖尿病、关节炎、肥胖症、骨质疏松、高血压、肌肉萎缩、高血脂、失眠症、抑郁症、更年期综合征等多种疾病。另外，跳绳还有放松情绪的积极作用。

（三）跳绳的分类

1. 速度类

以两脚交换跳为代表，训练跳绳的姿势、方法和速度。

2. 体力类

以双摇跳为代表，即跳起一次，绳从脚下通过两次。

3. 行进类

以跳绳跑步为代表，跑步时，绳从左、右脚下通过，同时可以搭配各种花样，如前后打、前侧打、后侧打、蹲腿式、脚尖式、割麦式、腾空旋转式、秧歌式等。

跳绳的跳法可以分为单人跳、双人跳和集体跳。

二、跳绳的基本技术

（一）跳短绳

1. 绳长

一般情况下，短绳长 2～2.5 米。

握绳方法：两手分别握住绳两端的把手，通常情况下以一脚踩住绳子中间，两臂屈肘将小臂抬平，绳子被拉直即为适合的长度。

2. 摇绳方法

分向前摇、向后摇、向侧摇。

①向前摇：大臂靠近身体两侧，肘稍外展，小臂近似水平，用手腕发力做外展内旋运动，使两手在体侧做划圆动作，每摇动一次，绳子着地经身后向上向下运动一周，绳子转动的速度与手摇绳的速度成正比，摇动越快，则绳子转动越快。

②向后摇：摇绳方法与向前摇相同，只是摇绳的动作方向相反。

③向侧摇：即两手靠在一起，使绳子从身体一侧摇过。

3. 停绳方法

向前摇时，一脚伸出，前脚掌离地，脚跟着地，使绳停在脚掌下；向后摇时，后脚侧出，脚跟离地，脚掌着地，使绳停在脚底。

4. 跳绳方法

按摇绳的方向可以分为前摇跳、后摇跳、侧摇跳；按绳子通过脚下的次数可以分为单摇跳、双摇跳、三摇跳。按脚的跳跃方式可以分为单脚跳、双脚跳、两脚交换跳。按跳跃的变化可以分为单人跳、双人跳、三人跳、编花跳等。

5. 向前单摇双脚跳

两手摇绳，两腿微屈蹬地跳起，绳从地上经身后向上向下运动一周，绳触地时，身体正好跃起在空中，待两脚落地时用前脚掌着地，绳正好在空中运行，往复进行。

6. 向后单摇双脚跳

动作方法同向前单摇双脚跳，只是摇绳的方向相反。

（二）跳长绳

1. 绳长

一般情况下，长绳长 4～6 米。

2. 摇绳方法

长绳一般由两人摇，每人握住绳的一端同时向同一方向用力。根据练习者所处的位置分为正摇和反摇，练习者从前方入绳为正摇，练习者从后方入绳为反摇。

3. 跳绳方法

跳长绳有入绳、出绳、跑过、连跳、跳过等。

①入绳：正摇入绳时，当绳摇过触地的一刹那，进入绳内，待绳摇过一周时跳起越过绳；反摇入绳时，当绳达到最高点时入绳，绳落地时跳起越过绳。

②出绳：正摇出绳时，当绳摇过触地的一刹那跑出区域；反摇出绳时，当绳摇到接近最高点时跑出区域。

③跑过：正摇跑过时，当绳子摇过触地腾空的一刹那，练习者迅速从绳下跑过去而不越过绳子，俗称跑空绳，跑的方向是从绳前向绳后方跑；反摇跑过时，方法与正摇跑过动作方法相同，只是跑动方向相反，即从绳后方向绳前方跑。

④连跳：连续不间断地跳起越过绳子，绳触地一次，练习者跳起越过绳一次，使绳子从练习者的脚下摇过。在连跳过程中，有时做许多其他动作以增加跳绳的趣味性，如边跳边拍球、捡拾地上的小物件、兔跳、蛙跳等。

⑤跳过：入绳后跳过摇转的绳子一次，然后跳出绳，在跳过时可以规定做不同的动作，如击掌两次、转体 180° 、传接球等。跳长绳的花样有单脚跳、双脚轮流交换跳、改变方向跳、抱膝跳、蹲跳等，也可以两人手拉手跳进或跳出。

（三）单人跳

1. 半回旋跳

指绳子过脚不过头的跳跃。

动作要领：直立、膝微屈，双手各持绳子的两端，绳子置于脚前或脚后；以肩为轴摆动绳子，使绳子来回通过脚下（双脚配合跳跃）。

2. 水平回旋跳

动作要领：屈膝、弯腰，以单手持绳回旋；绳子的回旋尽可能接近地面并与地面平行；任一方式做跳跃，以跨跳方式较易实施；可原地跳，也可以持绳手做圆心绕圆跳。

3. 转身回旋跳

动作要领：由并腿前回旋跳，做一次侧空回旋；身体随着侧空回旋的方向，转身 180°，变成并腿后回旋跳；由并腿后回旋跳，做一次侧空回旋；身体随着侧空回旋的方向，转身 180°，变成并腿前回旋跳；绳子回旋的方向始终不变；先练习一侧，熟练后换另一侧，最后两侧交互实施。

（四）双人跳

1. 共同回旋单人半回旋跳

动作要领：两人分持绳子的两端站成 T 字型，绳子置于站正面一人的脚前或脚后；两人共同来回摆动绳子，由站正面的一人做跳跃；一人跳跃数次后，换另一人跳。

2. 共同回旋单人跳

动作要领：两人分持绳子的两端站成 T 字型，绳子置于站正面一人的脚后；两人共同回旋绳子，由站正面的一人做跳跃；一人跳跃数次后，换另一人跳。

3. 共同回旋单人绕圆跑步跳

动作要领：两人分持绳子的两端站成 T 字型，绳子置于站正面一人的脚后；以站侧面一人为圆心，两人共同绕圆回旋绳子，由站正面的一人做跑步跳；一人练习绕圆跑步跳数次后，换另一人练习。

（五）集体跳法

1. 跳绳跑迎面接力

可以单人也可以双人。

2. 跳龙尾

方法为两人一组，一人持绳子的一端，另一端触地，左右摇摆绳尾，绳尾始终不能离开地面；另一人移动脚步踩绳尾。可以两人跳，也可集体跳。

3. 闯三关

方法为两人一组，六人分成三组做摇绳动作，每组摇摆的速度必须一致，每组间隔距离不宜过远，以摇绳不碰到为准。当绳摇到最高点时，每两个队员为一队，挽手从绳下快速奔跑而过。可将三关改为四关、五关，也可将闯关的人数改为一人。

三、跳绳比赛

常规跳绳比赛的规则有：

1. 以跳的次数决定名次

在规定的时间内，谁跳过摇绳的次数多，谁就是胜者，包括个人的短绳和集体的长绳。

2. 以先到终点的顺序决定名次

在规定的距离内，以先到达终点（或回到起点）的顺序来决定名次（行进类跳绳）。

3. 以花样多少决定名次

以跳绳花样的多少来决定名次。

第八节　射　　箭

一、射箭概述

（一）射箭简介

射箭是借助弓的弹力，有控制地瞄准一定的方向或目标，在一定的距离内比赛准确性或比赛远度的竞技体育运动项目。目前，国际射箭联合会（简称国际箭联）规定的正式比赛项目有：射准射箭、野外射箭、越野射箭、地靶射箭、滑雪射箭、射远射箭等，其中射准射箭是国际箭联开展的主要项目，分为室外射准射箭和室内射准射箭。

（二）射箭的特点与价值

1. 射箭的特点

（1）力与动作的合理性。

射箭运动的一般过程是在持弓臂与拉弓臂的作用下，弓产生形变使弓产生弹力，当射手做撒放动作后，弓的弹力通过弓弦作用于箭，使箭向前运动。在射一支箭的全过程中，箭射得准与不准，关键是靠人的操作，这说明合理、准确的动作与用力是射好一支箭的基础。

（2）准确性。

射准射箭比赛比的是谁射得准，因此，准确性就是射箭的最突出的特点。

2. 射箭的价值

射箭具有健身、修身养性等多方面的作用，是人们增强体质、培养意志品质的一种较好的手段。

（1）强身健体。

在进行射箭的时候，一定要保持身体各部位的动态平衡。为此，在一般情况下，射箭运动的实施都需要在事前进行全面的身体素质训练，这些训练可以有效增强肩、胸、背、腰、臂、腿等部位肌肉，同时还可以提高射箭人员的心肺功能，从而达到强身健体的作用。

（2）塑造身形。

射箭人员在射箭的时候，身形一定是端正的，因为这项运动本就是一项扩胸运动，所以不能在射箭的时候含胸、塌腰、后仰、撅臀，长时间维持射箭姿势的话，射箭人员自然也就能够保持挺拔的身形身姿。

（3）修身养性。

射箭练习能实现射箭人员在心理及技术上的自我突破与完善，能有效激发射箭人员自身的能动性，使之在射箭过程中谨慎思考并形成胆大心细的良好作风。

二、射箭的基本技术

根据射一支箭的动作程序，射箭的基本技术可分为准备部分、基本部分和结束部分。

（一）准备部分技术及要求

1. 审靶（观察自己射的靶子）

基本要求：练习者进入场地后，首先要观察好自己所射的靶位，以及场地上的情况和周围的环境，并对光线、风向等客观因素可能带来的影响做好思想准备。

2. 选位

基本要求：起射线上应有自己固定的站立位置，较理想的位置是站在靶的中心线上。

3. 站立（起射时两脚站立的姿势）

（1）侧立式。

侧立式又称平行式，是射箭运动中一种基本的站立姿势，要求两脚开立同肩宽，站在起射线两侧，脚外展，尽量紧靠靶的中心线，如图 8-8-1 所示。侧立式采用人体的基本站立姿势，比较自然。该姿势不易对躯干产生过分扭转，初学者采用此种站立姿势比较适宜。

（2）暴露式。

暴露式又称斜向站立式。要求两脚分开站在起射线两侧，两脚脚尖连线与靶的中心线约成 45°，右脚与起射线平行，脚尖紧靠靶的中心线，如图 8-8-2 所示。采用此种站式，躯干有较大幅度扭转，因而两脚之间的距离应适当宽一些。由于这种站式使人在射箭时躯干扭转较大，参与工作的肌肉较多，所以必须使体重平均落于两脚，使两膝稳固不动。

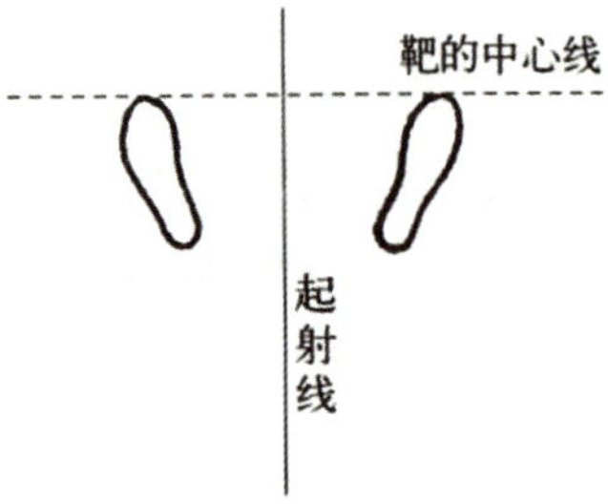

图 8-8-1　侧立式

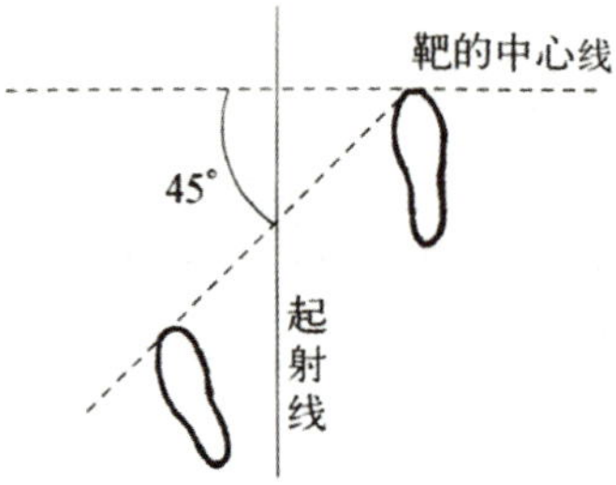

图 8-8-2　暴露式

4. 搭箭

搭箭的方法多种多样，这里介绍最常用的方法：先将箭尾槽插入弓弦的箭口部位，并将箭杆置于箭台上，然后把箭杆压入信号片下，如图 8-8-3 所示。

5. 推弓

（1）推弓的基本要求。

①弓把与手的接触面应尽量小。

②开弓后，弓与手的压力方向应通过腕关节桡侧（尽量靠近关节中心）。

③手指屈肌不要参与工作，并做到最大限度放松。

④推弓的施力点要始终落在弓把的同一位置上，做到对位推弓。

（2）推弓的方法。

①低推法：弓把抵在掌部，推弓的施力点在鱼际上，弓的压力落在桡腕关节上。手部肌肉和桡腕关节周围肌肉的紧张程度可以相应减小。

②高推法（用虎口推住弓把）：此种方法的支撑点与桡腕关节处在同一水平面上，即手和前臂形成一条直线，手掌不完全接触弓把，手指自然下垂保持手掌的水平姿势。采用此种方法，触弓的施力点比较集中，而且也比较接近于弓的中心部位，如图 8-8-4 所示。采用这种推法，在固定桡腕关节时需要较大的肌肉用力，推弓手容易出现不稳定情况，用重磅级弓的学习者不宜采用这种推弓方法。

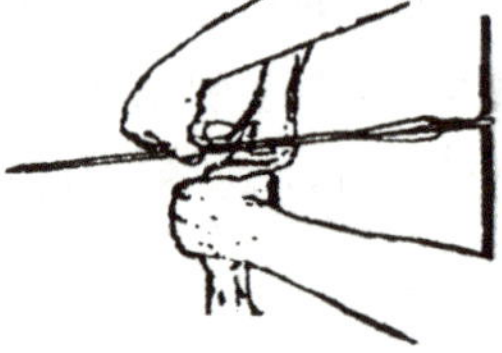
图 8-8-3　搭箭

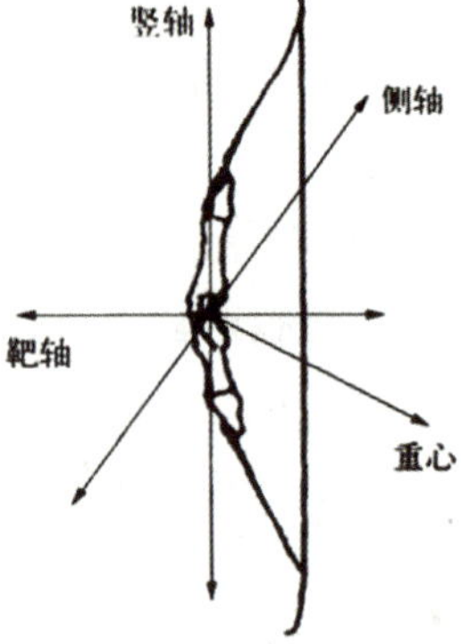

图 8-8-4　高推法

6. 勾弦

勾弦动作由食指、中指、无名指完成。拇指和小指不参与勾弦。为防止其干扰，拇指应自然弯曲指向掌心，小指可自然弯曲或自然伸直靠在无名指上。手腕要放松，并同手背连成一条直线，如图 8-8-5 所示。

勾弦时，弦位于三指末节指骨靠近关节处，箭在食指和中指之间，但拉弓的负荷应均匀地分配到三个手指上。勾弦的三指形成一个特殊的钩子，将弦勾住，如图 8-8-6 所示。勾弦手的任务就是勾弦，除将弓弦牢牢勾住外，不参与其他任何工作。因此，手的其他部位必须处于最大限度的放松状态，否则勾弦手任何多余的紧张，都会影响射箭动作。

图 8-8-5 手腕放松

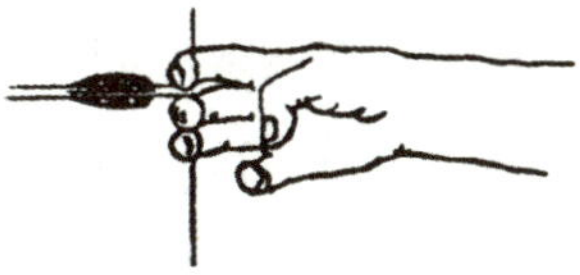

图 8-8-6 三指勾弦

7. 转头

做好推弓和勾弦动作后，在保持身体姿势不变的情况下，头部自然转向靶面。在选择头部最佳位置时，学习者除考虑到自己的特点外（如鼻子的高低、下巴的长短等），还要注意下列两点。

（1）转头后眼睛应自然平视箭靶。

（2）颈部肌肉要自然放松，否则会对背部和肩带肌肉的用力产生不良影响。

（二）基本部分技术及要求

1. 举弓

左手持弓，右手勾弦，头部自然转向靶面，眼睛平视前方，两臂举起，高度一般以使拉弓臂在眼睛的水平线上为宜，弓与地面垂直，箭要成水平并同拉弓臂的前臂连成一条直线，两肩自然下沉，调整呼吸，准星对准黄心或黄心垂直线上方的某一个固定位置。通常采用以下两种举弓方法。

（1）高位举弓。

弓举起后，眼睛、准星和黄心垂直线上方的某一点连成一条直线。举弓的高度一般与眼睛持平。这种举弓方法在开弓前使两肩能最大限度地舒展放松，背部肌群也能预先拉长放松，对开弓和开弓后的固定姿势都是十分有利的。

（2）水平举弓。

弓举起后，眼睛、准星和黄心连成一条直线。举弓的高度一般与下颌持平，如图 8-8-7 所示。

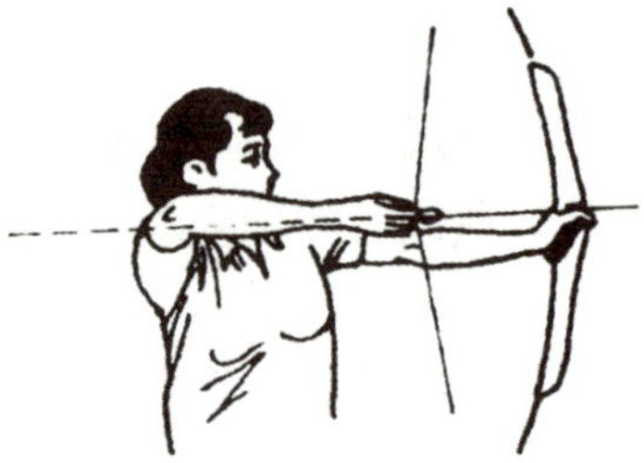

图 8-8-7　水平举弓

2. 开弓

开弓是指借助持弓臂的伸展和拉弓臂肩带（肩胛骨）内收的力将弓拉开，持弓臂对准靶心直推，拉弓臂在前者的同一延长线上直拉。

基本要求是举弓稳定以后，利用两肩带肌肉的力量，采用前撑后拉的方法，沿最短距离将弓拉开。开弓的具体方法，由举弓动作来决定，如采用高位举弓法的练习者，在开弓过程中，眼睛不要离开准星，以检查准星是否偏离了黄心的垂直线，是否已接近黄心，以便在弓弦到位的同时，准星也进入黄心。

3. 靠弦

（1）靠弦的方法（勾弦手的定位方法）。

①颌下定位。基本要求是拇指自然弯曲指向掌心，食指靠在颌骨下面。弓弦对正鼻、嘴和下巴的中央，如图 8-8-8 所示。

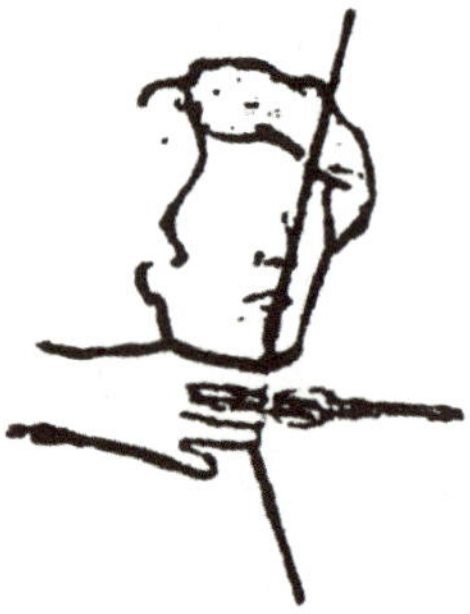

图 8-8-8　颌下定位

②侧向定位。基本要求与颌下定位相同，只是开弓后弓弦靠在嘴右角处（左手持弓者）。这种靠弦方法带有一定的补偿性质，一般适用于前臂较短的练习者。采用这种方法可以加大锁骨和肱骨的角度，使前臂的纵轴更接近于射箭面，有利于后背肌群的用力。

（2）靠弦——基本姿势的形成。

靠弦到位基本姿势就形成了，这是射箭运动基本技术中的重要一环，是射好一支箭的基础。它使各部位的肌肉在开弓以后继续保持连续性紧张以平衡弓的张力，这是各部位肌肉持续正确用力的前提条件。基本姿势形成，射箭运动的基本用力——直线用力也就形成了。

直线用力是指，持弓臂向用力方向（靶心方向）前撑和拉弓臂依靠后背肌群（主要是菱形肌和斜方肌中部）的积极牵引向相反的方向运动，从而形成了两个力量相等、方向相反，并作用在一条直线上的力。

基本姿势形成以后，总的要求是身体端正，体重平均落于两脚之上；塌肩舒胸，动作层次清楚，左右用力对称；整个动作自然轻松，稳固持久。

4. 继续用力

继续用力是指，开弓后各部位肌肉不间断延续用力的过程。继续用力不是一个孤立的动作，它在完成开弓和基本姿势的过程中都在不停顿地进行，并随着瞄准的进行而不断地加强。具体是指加强持弓臂的内旋前撑和拉弓臂后背肌群的柔和用力，即所谓“舒展两肩”的用力。它是整个射箭技术节奏清晰、稳健流畅的基础。

在继续用力的过程中，练习者应注意持弓臂的前撑力和拉弓臂的后拉力，必须同时而缓慢不间断地进行。它们应该是对称平衡力，其大小相等，方向相反。

（1）两臂在继续用力过程中的工作状态。

①不应将持弓臂的前撑理解为向前的位置移动，其是负责前撑用力的肌群在不断增大抗力的同时，相应地增加肌肉的收缩力，使前撑力和不断增大的拉弓力保持动态平衡。因此，持弓臂的前撑并不是位置移动，而是指肌肉用力的变化，属静力支撑。

②拉弓臂的后拉在不断增加肌肉用力的同时，有向拉弓方向的位置移动，这是拉弓臂在其用力过程中的特点之一。拉弓臂在其用力过程中的后移主要依靠后背肌群（菱形肌和斜方肌中部）的收缩力，肘关节及腕关节周围的肌群应最大限度地放松，以防干扰后背肌群的合理用力及一些错误动作的产生。练习者要保证拉弓臂肘沿水平方向向后移动，拉弓臂的运动形式应以肩关节为轴，使肘关节做向心运动，防止肘下垂，以免造成力量“内合”。

（2）继续用力与瞄准时间的关系。

继续用力是和瞄准同步进行的，因此，继续用力时间的长短应与瞄准时间相适应，拉响信号片的最佳时间应是在第一次相对稳定的瞄准时间里。

（3）信号片的功用。

目前，在射箭运动员所使用的弓上，都装有一个信号片。基本姿势形成以后，信号片被压在箭头的一个固定位置上，运动员继续用力，不断增大拉距，将箭头从信号片下拉出，使信号片落下，发出声响。声响给运动员两个信号：一是拉距到位，二是撒放。

5. 瞄准

在靠弦的同时，眼睛通过弓弦一侧的参照点、准星瞄向黄心构成一条直线的过程叫瞄准，如图 8-8-9 所示。

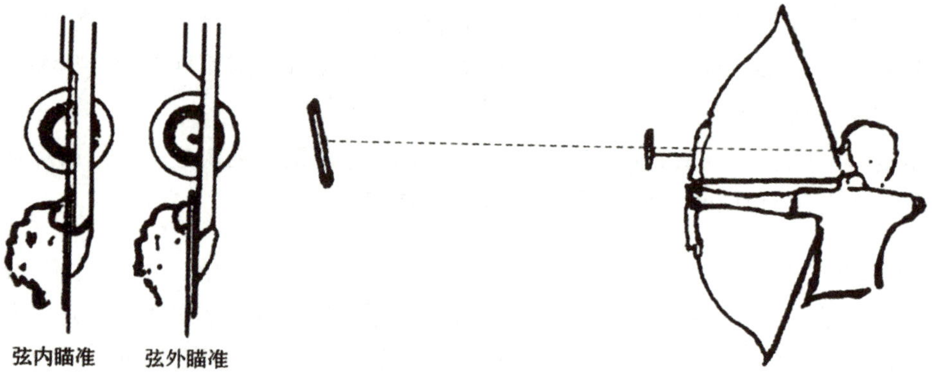

图 8-8-9　瞄准

瞄准应在弓的平面上进行。因为准星并不能决定平面在空间的位置，可根据弓，尤其是弦的垂直位置来确定。

6. 撒放

撒放动作是在瞬间进行的，其质量如何是决定箭命中与否的重要因素之一，我国古代称其为“画龙点睛”，说明了撒放在射箭动作中的地位。

正确撒放时的动作要求是推弓和拉弓所产生的两个相反的力要平衡、协调，形成一个自然协调的动作。

撒放目前大多采用滑弦微放的方式。具体过程是在持弓臂前撑用力的基础上，利用勾弦手三指肌退让的方式使弦滑离三指。由于后背肌群强有力地收缩，使拉弓臂形成复原的自然反作用力，所以当弓弦离开三指时，勾弦手会沿射箭面直接向后运动。

撒放过程中各部位动作如下。

（1）勾弦手。

当勾弦三指的末端关节弯曲角度小于 90° 时，才能将弓弦牢牢地勾住。在撒放时，三指有一个伸直过程，其过程主要不是取决于伸指肌的收缩，而主要取决于屈指肌的退让。退让得越快，弦在手指上滑动的时间越短，动作就越干净利索。但手指的动作伸得再快，也赶不上弓弦回弹的速度，所以不等三指伸直，在手指弯曲角度为 105° ～120° 时，弦已离开了三指。

（2）拉弓臂。

勾弦手的运动路线是由拉弓臂的运动路线所决定的，拉弓臂的运动路线又取决于用力的部位。拉弓臂的向后运动是通过背部肌群的收缩来实现的。正确的撒放动作的原动力应在后背肌群，特别是菱形肌和斜方肌中部。掌握了这一条，就抓住了撒放的根本，就能避免“松撒”等错误动作的出现，进而保证弓弦沿射箭面将箭射出。

从拉弓臂向后运动的路线俯视图看，瞄准时最理想的姿势是拉弓臂前臂的纵轴在箭的延伸线上（箭的延伸线通过肘关节中心，如图 8-8-10 所示）。但大部分练习者达不到这一标准，拉弓臂前臂的纵轴与箭的延伸线有一定的角度。

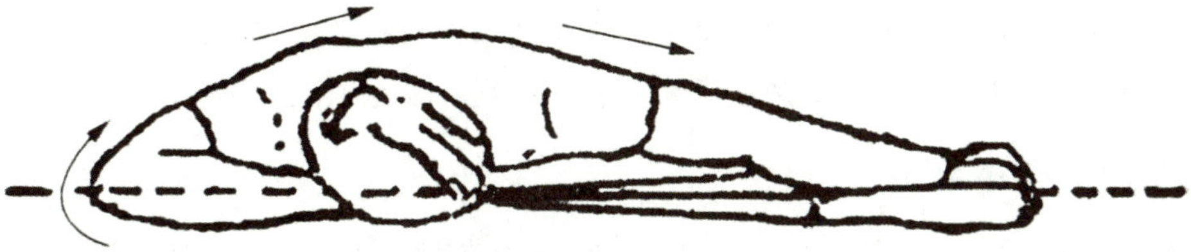

图 8-8-10　箭的延伸线通过肘关节中心

拉弓臂向后运动的动作是以肩关节为轴进行的。在继续用力的过程中，其运动方向是向箭的延伸线靠拢的，这使前臂纵轴接近或进入这条线。撒放时，拉弓臂沿继续用力的方向向后运动，使肘关节通过这条线达到预定的位置。

从正面看，拉弓臂的前臂在瞄准时应高于箭的延伸线，在撒放时应沿这条水平线向后运动。从侧面看，撒放后拉弓臂肘关节应超过人体重心垂线。肘的运动止点应在这条垂线之后或之上。

（三）结束部分技术及要求

1. 动作暂留

（1）撒放动作结束时保持正确姿势不变，射箭术语称之为动作暂留，暂留时间以 2 秒为宜。这不但强化了正确的射箭姿势，而且可使正确的用力得到进一步加强，在一定意义上还可以控制箭的飞行方向。即使撒放时动作做得不好，如果结束动作正确的话，则也可以在一定程度上减少箭的偏差。

（2）进行即刻反馈。即刻反馈在动作暂留里占有很重要的位置。练习者应在起射前的准备阶段发出如何射好这一支箭的指令性动作信息，当箭中靶，即刻进行反馈，及时总结这一支箭射的情况，并马上决定下一支箭如何射。反馈得越快、越及时，效果就越好。

2. 收势

收势是指一支箭起射过程全部结束时，将弓放下，使身体恢复到站立时的姿势。

第九节　毽　　子

一、毽子的起源与发展

毽子，又称毽球，起源于我国汉代，由蹴鞠发展而来，盛行于南北朝和隋唐，已有两千多年的历史了。经常进行这项活动，可以活动筋骨，促进健康。

在很多史书中，都有关于毽子的记载。《事物纪原》一书中记载道：“今时小儿以铅锡为钱，装以鸡羽，呼为毽子，三四成群走踢，有里外廉、拖抢、耸膝、突肚、佛顶珠等各色。”《帝京景物略》一书中记载道：“杨柳儿青，放空钟；杨柳儿死，踢毽子。”由此可见，毽子作为一种简便易行的健身活动，从古至今一直深受人们的喜爱。

随着踢毽子运动的普及，我国群众的踢毽子技术也得到了提高，各种踢法丰富多彩，高难翻新的动作层出不穷，不同风格争奇斗胜，使观者眼花缭乱，惊叹不已。

二、毽子的基本踢法

受不同文化影响，不同地方对毽子的称呼、玩法可能存在差异，但基本踢法是一样的，即盘踢（脚内侧踢）、磕踢（膝盖踢）、拐踢（脚外侧踢）、绷踢（脚尖踢）四种。

1. 盘踢

盘踢，即用左右两脚互换踢毽，如图 8-9-1 所示。

图 8-9-1　盘踢示意图

（1）动作要领。

全身放松，抬起右腿，小腿和踝关节放松，上身保持正直，收腹挺胸，髋关节、肩膀、手臂放松；膝关节带动大腿自然向外翻转，此时可以看到脚内侧；将大趾向下压，脚尖略微向上挑，脚内侧绷平，脚尖、脚跟与支撑腿保持在一条直线上，脚跟与支撑腿的距离保持一脚的长度，注意接触毽子的点在脚内侧的脚弓处，所以脚内侧抬起时要保持平稳，踢起毽子时是踝关节发力带动小腿往上摆动的（左脚相同）。

（2）常见错误。

①手臂不自然下垂：可将手背后，用左手握住右手来进行练习。

②抬脚过高：是指接踢毽子的时间点过早，应在小腿的 1/2 到 2/3 处踢毽子。

③上身过于弯曲：注意保持上身正直。

④过于紧张：在腰部挺直的基础上，身体其他部位逐渐放松。

（3）练习方法。

开始时，建议一踢一接，即单脚踢毽子后，用手自然接住毽子（两腿交替进行），注意毽子踢起的高度到腰部即可。在进一步练习时，逐渐练习两踢一接，即左脚、右脚各踢一下毽子后再接住，这样可使两腿得到同步锻炼。当动作灵活熟练后就不用再接，踢的次数越多越好。

2. 磕踢

磕踢，即用两腿膝盖部分互换踢毽子，如图 8-9-2 所示。

图 8-9-2　磕踢示意图

（1）动作要领。

首先抬起右腿，上身保持正直，抬起的高度为大腿与上身呈直角，小腿自然下垂，保持这个角度时大腿才会保持平稳，脚尖自然指地，两臂自然下垂，髋关节放松，注意踢毽点的位置，是在膝关节上方，这个部位最平；用膝关节带动大腿向上摆动，这点非常重要，磕起毽子的一瞬间用膝关节的爆发力，切记不要用髋关节发力。

（2）常见错误。

①磕起毽子很近身：抬腿过高与上身角度小于 90°，或磕的位置靠近身体。

②磕的力量不够：膝关节发力带动大腿向上摆动，切记不要大腿发力。

③磕起的毽子向前飞：触点偏前，过于收小腿紧张造成。

（3）练习方法。

开始时，练习者可将两大臂不动，小臂向前平伸与大臂呈直角，手心朝下。用手掌来感觉膝关节的发力是否正确，之后拿起毽子还是一磕一接，磕起的高度以手自然接住为宜。

继续练习时，练习磕两下一接，左腿右腿各磕一下再接住，这样可使两腿得到同步锻炼；在练习时也可一盘一磕，会起到复习与练习相结合的良好效果。

3. 拐踢

拐踢，即用两脚外侧互换踢毽子，如图 8-9-3 所示。

图 8-9-3　拐踢示意图

（1）动作要领。

用两脚外侧互换踢毽，大腿放松，小腿发力向体后斜上方摆动，勾脚尖，踢毽时大腿不得摆到体前，小腿向体后斜上方摆动不要过高，毽子和脚外侧相碰的一刹那，踢毽脚的内侧离地面一般不超过三十厘米，踢起的毽子高度随意。

（2）常见错误。

①踢起的毽子不高：不要抬大腿，踝关节发力带动小腿的摆动，用力要均衡。

②踢飞：用脚外侧中部，踝关节下方踢毽，因为这个部位最平。

③踢起后毽子很贴身：抬腿不宜过高。

（3）练习方法。

练习时，可像盘踢一样，采用一踢一接的练习方法。为了避免动作出错误，练习时，踢毽脚一侧可向墙或树木等，身体与墙（树木）的距离约与体宽相同，如果踢毽脚踢时碰到墙（树木），那么说明动作是错误的，要及时改正。

4. 绷踢

绷踢，即用脚尖外三趾部分互换踢毽子（其他部位踢出的毽子不稳，并且容易砸脚），如图 8-9-4 所示。

（1）动作要领。

大腿向前抬起，和上身的夹角为 150° ～160° ，不宜过高，小腿向前摆动，髋关节、膝关节要放松，踝关节的发力，要在踢毽子的一刹那，脚尖外三趾向上猛地用力，将毽勾起。踢起的毽子高低都可，但应避免忽高忽低，为以后的花样踢法打下基础。

（2）常见错误。

①弯腰翘臀：不要抬大腿，髋关节放松。

②用力过猛：踝关节发力要适当。

③大小腿一起抬：应是踝关节带动小腿向上发力。

（3）练习方法。

练习时，可采用一踢一接的练习方法，但在开始练习时要踢得低一些，一般不超过腰部，再低一些更好，这样能踢的次数多一些。为了避免动作出错误，练习时可面向墙壁或树木，距离约与体同宽，如练习时踢毽脚碰到了墙（树木），那么说明动作是错误的，要及时改正。

图 8-9-4　绷踢示意图

学思践悟

一、学有所思

（1）攀岩时所需的基本装备与工具有哪些？

（2）定向越野在行进过程中保持正确路线的方法有哪些？迷失了方向应该怎么办？

（3）露营时有哪些注意事项？

（4）在跆拳道比赛中如何“得分”？

（5）通过学习，你认为健美操有哪些方面的健身价值？

（6）在练习瑜伽时，有哪些注意事项？

（7）健身塑形的练习方法有哪些？

（8）飞镖的练习方法有哪些?

（9）跳绳的基本技术包括哪些?

（10）简述射箭技术动作的组成部分。

二、知行合一

龙门镖局，以镖会友，赛出欢乐

一、活动目的

通过有趣的飞镖活动，激发学生对飞镖的兴趣，培养学生的实践能力。

二、活动流程

（1）前期准备：镖盘及相应飞镖三套。

（2）现场调度：主持人1人，看分员、记录员3人。

（3）比赛规则：

投掷线至镖盘表面距离2.37米，靶心垂直于地面1.73米。由于比赛时间等原因，记分方法不按国际大赛标准执行。镖盘上共有10环，中心为10环计10分，向外依次递减。当飞镖在镖环交界处时以高分环计，例如，当飞镖在7环和8环交界处时计8分。比赛分淘汰赛、决赛两轮进行。淘汰赛每位选手投掷3镖，有效总分为最后得分。比赛前每位选手有3次投镖练习机会。

①选手必须在不借助其他任何设备的情况下用手投掷飞镖。

②选手在投镖过程中双脚严禁离地，如双脚离地，则为犯规，此镖不计分数。

③选手在每轮投镖的过程中，双脚不能以任何方式踩踏或超越投掷线，如踩踏或超越投掷线，此镖不计分数，不得重投；只记录投出有效镖的所得分数。

④飞镖在镖盘上停留5秒及以上为有效镖，被镖盘弹回、坠落地面时，该镖不计分数，且此镖不得重投。

第一轮为淘汰赛，将选手分组，每组前三名晋级决赛。

第二轮为决赛，第一轮分数清零，按本轮投掷成绩决出冠、亚、季军。

三、其他

比赛时为避免出现意外，其他选手和观众应保持适当距离，镖盘附近禁止站人，取镖时选手禁止投镖。